경성대학교 한국한자연구소 번역총서 2

일본의 한자

日本の漢字

NIHON NO KANJI
by Hiroyuki Sasahara

Originally published in 2006 by Iwanami Shoten, Publishers, Tokyo.
This Korean edition published 2023
by Youkrack Publishing Co., Seoul
by arrangement with Iwanami Shoten, Publishers, Tokyo

경성대학교 한국한자연구소 번역총서 ❷

일본의 한자

日本の漢字

사사하라 히로유키(笹原宏之) 지음
신웅철 옮김

역락

들어가며

한자는 고대 한(漢)민족이 중국어를 표현하기 위해 만든 문자였다. 그러나 한자의 표의적 성질로 말미암아 중국 주변에 있던 일본인이 그것을 모방하였고, 중국어와는 전혀 성질이 다른 일본어를 표기하기 위하여 여러 궁리를 해 왔다. 즉 한자의 근원은 중국이지만 일본에서는 일본어를 표기하는 문자로서 기능하고 있으며, 그것은 옛날 일본인들이 다양하게 시도한 주체적 노력의 결정체라고 볼 수도 있겠다.

그것은 갖은 방법으로 잘되든 못되든 갈고 닦은 성과이며, 그러한 영위는 아직도 진행중에 있다고 봐야 할 것이다. 또한 일본어의 글을 다채롭게 만들어 왔다. 이른바 신어나 유행어 같은 화려함과는 다른 맛을 느낄 수 있을 듯 하다.

그 중에는 중국 문헌을 전거로 삼는 한화(漢和)사전에는 '속자'로 되어 있거나 아예 실리지 않은 글자도 포함된다. 그러나 오히려 이러한 글자들로부터 한자를 일본인이 쓰기 편한 문자가 되게 하고, 나아가 일본어를 표현할 때 효과적인 문자가 되게끔 전용하고 개조와 창조를 거듭해 온 옛 일본인들의 모습을 찾아 볼 수 있을 것이다. 우리는 한자의 어원, 숙어나 고사성어 등을 통해 고대 중국에 대해 배울 수는 있으나 그것에만 속박될 필요는 없다. 한자는 일본인이 쓰기 편한 문자가 되게끔 적절한 표현이 가능하게끔 개량되어 왔다. 그러한 영위의 자취를 좇으며 일본의 한자를 다시금 이해하고 또한 그러한 영위의 산물인 일본의 한자를 자랑스럽게 사용해도 좋지 않을까?

이 책에서는 그렇게 일본인이 길러 온 한자들에 대해 논한다. 먼저 제1장과 제2장에서는 한자가 중국으로부터 어떻게 수용되어 일본화하였는지에 대해 서술한다. 또한 일상적으로 사용하는 한자에서 '당연한 것'으로 여겨지는 것들 이면에 있는 배경과 의의를 제3장에서 설명하고, 나아가서 풍성하게 존재하나 거의 '알려지지 않은' 일본의 한자가 갖는 여러 모습에 대해 제4장에서는 '집단', 제5장에서는 '지역', 제6장에서는 '개인'의 관점에서 정리하고, 제7장에서는 '외국'과의 관련성을 제시하면서 '일본인의 한자'가 어떠한 모습이어야 할지에 대해 다각적으로 파악한다. 이러한 실상에 관한 지식과 생각을 제시함으로써 <일본의 한자>

에 대한 종합적인 이해가 가능해질 것으로 본다.

문자나 기호에 의한 표기는 표층에만 한정된 것이 아니다. 더욱이 문자는 크게 보면 특정 문자 체계나 개개의 문자를 사용한 문화 전반을 알 수 있는 단서이기도 하다. 세계의 사상, 종교, 정치는 문자와 연관성을 갖는데, 가령 기독교권에서는 로마자, 그중에서도 그리스 정교권에서는 그리스 문자, 러시아 정교나 동유럽 등 구소련의 영향 아래 있던 지역에서는 키릴 문자, 유대교권에서는 히브리 문자, 이슬람교권에서는 아랍 문자, 그리고 유교, 불교, 도교가 널리 퍼진 지역에서는 한자라는 분포를 보이고 있다. 이러한 현상에서 사람들이 성스러운 경전에 쓰인 문자를 속세에도 적용하고자 했던 의식도 읽어 볼 수 있을 것이다. 관습화된 사물이나 현상은 뜻밖의 기원을 갖는 경우가 많다. 우선은 사실을 객관적인 눈으로 바라봐야 할 것이다.

한국어판 서문

2006년에 이와나미 서점에서 간행한 『日本の漢字[일본의 한자]』는 책 제목 그대로의 내용을 가진 일반인을 위한 전문 서적이다. 거기에는 기존의 한자나 일본어에 관한 일본 도서에는 없었던 내용들을 듬뿍 담아 보았다. 그것은 선인들의 업적을 바탕으로 저자가 개척하고 있는 한자학 및 일본어학의 문자와 표기 방면의 새로운 성과들이다.

판형이 작은 책이었지만 다행히도 간행 후 16년 동안 독자들의 꾸준한 사랑을 받은 덕분에 출판 불황 속에서도 현재까지 13쇄를 찍을 수 있었다. 인간이 진보하고 사회가 변동하면서 한자도 변화를 멈추지 않으므로 이 책의 내용 또한 최신 정보로 갱신하고자 개정을 거듭해 왔다.

딩 만[丁曼] 선생님이 번역하신 중국어판도 『日本的漢字』라는 제목으로 2019년에 신싱출판(新星出版)에서 간행되었다. 한자의 조국인 중국 땅에서 다행히도 여러 호의적인 서평을 받았고, 또한 많은 독자들의 호평을 받고 있다.

이와나미쇼텐에서는 이와나미 신서[岩波新書]의 자매판 격인 이와나미 주니어 신서[岩波ジュニア新書]에서 이 책의 후계를 잇는 『漢字ハカセ、研究者になる[한자 박사, 연구자가 되다]』도 2022년 3월에 출판되어 보다 젊은 연령층의 독자들을 고무하고 격려하는 동시에 현실과 근거에 입각한 실증적인 한자 연구를 촉진시키고자 노력 중이다.

이번에 일본과 한국의 학술적 가교로서 널리 활약중이신 신웅철 선생님이 경성대학교 한국한자연구소 총서의 일환으로 이 "일본의 한자"를 번역하는 수고를 도맡아 주셨다. 이 책에는 내가 제창한 개념을 포함한 일본의 독자적인 학술용어와 단어가 많음에도 불구하고 수많은 노고를 아랑곳하지 않고 완역을 이루어 주신 것에 깊이 감사드린다.

이 책에는 유사 이래 오늘날에 이르기까지 다양한 시대의 각종 사회, 그리고 궁극적으로는 개개인이 어떤 특정 상황에까지 이르는 다양한 차원에서 일본의 독특한 한자가 지닌 모습을 제시하였다. 그것의 매체는 손으로 쓴 글씨, 활자, 컴퓨터로 주역이 바뀌어 갔고, 서사자도 위정자, 학자, 종교인, 무사, 서민, 서예가,

작가 등으로 확산되어 왔다.

그러한 세계에서 으뜸가는 다양성을 자랑하는 문자와 표기에 대한 정책이나 규정을 만들기 위한 고투도 이 책에 소개해 두었다. 정체성과 관련 있는 지명이나 성명에서의 응용에도 괄목할 만한 전개를 보이고 있다. 그것의 배경이 되는 토양으로는, 역대 일본인들이 일본어와 함께 유지해 온 넉넉한 정신성, 그리고 섬세하고 너무나 독특한 정서성의 존재마저 읽을 수 있을 것이다. 그리고 비교가 가능하도록 한국어 속 한자에 대해서도 조금이나마 서술해 놓았다.

고대에 한자를 일본에 전한 한국에 사는 많은 분들이 이 책을 손에 들고 일본의 한자가 가진 특별한 세계를 엿볼 수 있는 창으로 삼아 주시기를 바란다. 그리고 일본과 일본인의 진정한 모습에 대한 이해로까지 이어지는 입구가 된다면 저자로서 큰 행복이 될 것이다.

2022년 봄

도쿄의 와세다대학에서　사사하라 히로유키 적음

차례

제2장

'圓'에서 '円'으로 — 속자와 국자의 탄생 · 43

제3장

자주 보이는 한자 • 101

제4장

문자를 통해 보이는 사회 • 149

제6장

혼자만의 문자 • 245

제7장

일본인을 위한 한자란? • 281

일러두기

1. 일본어 발음을 한글로 옮길 때에는 외래어 표기법에 따르는 것을 원칙으로 하였으나 필요에 따라 그렇지 않은 경우가 있다.
2. 한글과 한자를 병기하는 경우, 한국한자음-한자인 경우에는 ()로 묶고 그 이외의 경우에는 [ ]로 묶어 나타낸다. 또한 일본어 단어-한자의 대응이거나 번역문-원문의 관계인 경우에도 [ ]를 사용한다.
3. 일본어 단어의 발음과 뜻을 모두 나타내야 할 경우에는 '일본어 표기[발음: 한국어 의미]'로 옮기는 것을 원칙으로 하되 문맥에 따라 생략하거나 배열 순서를 바꾸었다.
4. 한자에는 필요에 따라 한국한자음과 함께 통용되는 새김을 [ ]로 묶어 달았다. 또한 한자는 정자체를 원칙으로 하되 필요시 일본 신자체를 취하였다. 신자체나 이체자에는 구자체 혹은 정자체(강희자전체)를 함께 제시한 곳이 있다.
5. 책 제목은 겹낫표, 편명이나 법령명 등은 홑낫표로 묶어 나타내었다. 그밖에 원문에 홑낫표 등으로 강조한 단어나 글자에 대해서는 한글로 옮기는 경우에는 따옴표로 강조하였고 한자나 가나 등으로 옮기는 경우에는 따옴표를 생략하였다.
6. 원문에는 본문에 ()로 묶어 설명을 더한 곳이 있는데 한국어 번역에서는 그 중 일부를 각주로 변경하였다.
7. 본문의 내용에 대한 옮긴이의 부연설명 등을 각주로 나타낼 때에는 지은이의 설명과 구분하기 위해 첫머리에 '옮긴이:'를 달아서 구분하였다. 또한 주요 인명의 이름에 병기된 생몰년은 옮긴이가 임의로 넣은 것이다.
8. 이 책에서 사용된 일본 역사의 시대 구분은 대략 다음과 같다.
【상고】나라(奈良) 시대(8세기), 【중고】헤이안(平安) 시대(9세기~12세기 말), 【중세】가마쿠라(鎌倉) 시대(12세기 말~14세기 전반), 무로마치(室町) 시대(14세기 중반~16세기), 【근세】에도(江戸) 시대(17세기~19세기 중반), 【근대】메이지(明治) 시대(1868~1912년), 다이쇼(大正) 시대(1912~1926년).

제1장

한자를 수용하다

— 일본의 다양한 문자 체계 —

세계의 문자와 일본의 문자

우리는 매일 수많은 문자에 둘러싸여 있으며 우리 자신도 또한 문자를 적는다. 일본인들이 평소 아무렇지 않게 읽고 쓰는 일본의 문자는, 사실 세계에 존재하는 수백 종류의 문자 체계 중에서도 대단히 희귀한 것이다. 그 문자의 기원은 대부분 일본 이외의 나라에서 탄생한 문자로 거슬러 올라간다. 외국에서 사용되는 수많은 문자 중에서 일본어를 표기하는 데에 쓸 만한 것을 골라내어 때로는 그 모습을 변형시키고 사용법을 바꾸면서 일본의 문자로 수용해온 결과이다. 일본인이 그렇게 만들어 낸 것들이 오늘날 다양성으로 가득한 일본의 문자라는 현실을 이뤄 낸 것이다.

일본어의 다양한 문자 체계

일본의 문자가 갖는 특질은 우선 문자체계의 풍부함을 들 수 있다. 오늘날 일본어는 일반적으로 '한자 가나 혼용문[漢字仮名交じり文]'으로 표기되지만 다음과 같은 표기도 광고전단

이나 포스터 등에서 볼 수 있을 것이다.

今年のX'masには、 +αのプレゼントがしたい！

이 문장 하나에 사용된 일본어의 문자 전체를, 유래나 성질별로 구분한 좁은 의미의 문자 체계(문자종)별로 분류하면 다음과 같다.

①한자 今 年
②히라가나 の に は が し た い
③가타카나 プ レ ゼ ン ト
④로마자 X m a s
⑤그리스문자 α

외래어를 포함한 일본어를 표기하기 위해 이처럼 다양한 문자 체계가 뒤섞여 있다. 일찌기 한자로 쓰인 한문이나 만요가나[万葉仮名]로 쓰인 노래가 나라 시대 이전부터 있었고 히라가나[平仮名] 또는 가타카나[片仮名]로 적은 일본어 문장도 헤이안 시대부터 등장했으며 로마자로 표기된 이야기 등이 무로마치 시대 말부터 존재했고 한자 폐지론, 가타카나 전용론, 로마자 전용론 등이 강력하게 주장되던 시기도 있었다. 자국어 표기에 다섯 종류나 되는 문자 체계를 혼용하는 표기 시스템은 세계적으로 매우 희귀하다고 할 수 있다. 대만의 젊은이들 가운데 일부에서 다소 유사한 현상이 확인되는 정도이다.

가나[仮名]에도 히라가나와 가타카나의 구별이 있다. 같은 기능을 갖는 표음문자 체계 두 종류를 병용하는 점도 특이하지만 에도 시대 이래로 글 안에서 역할을 나눠 사용해 왔다. 그리고 가나를 한자 옆에 배열한 '후리가나[振り仮名]'(요미가나[読み仮名])나 '오쿠리가나[送り仮名]'와 같은 표기 방식도 오래전부터 출현하였다. 새로이 부여된 독음을 運命(さだめ), 銃爪(ひきがね), 本気(マジ)처럼 나타내는 부류의 표기도 많다.[1] 국호인 '日本'부터 독음이 '니혼[にほん]' 또는 '닛폰[にっぽん]'으로 일정하지 않아서 한자로 적어 놓으면 어느

1 옮긴이: 첫 번째는 음독하는 것이 일반적인 運命[운명]이라는 한자 표기에 이와 유의 관계에 있는 고유어인 사다메[さだめ]를 독음으로 취하도록 한 것이다. 두 번째는 고유어 히키가네[ひきがね, 방아쇠]에 대해서 引き金라는 일반적인 표기 대신 단어가 지칭하는 대상물[방아쇠]의 형태적 특성에 착안한 銃爪[총의 발톱]이라는 한자 표기로 적은 것이다. 세 번째는 구어에서 주로 쓰이는 마지[マジ, 진짜]라는 단어를 유의어의 한자 표기인 本気를 빌어 적은 표기이다.

쪽으로 읽을지를 판단해야 한다는 점은 한자를 중시해 온 일본만의 현상을 여실히 상징하는 사례이다.

다양성과 복잡성

일본어의 문자 체계 종류는 여기에서 끝이 아니다. 학교의 게시판이나 노트에는 다음과 같은 문장이 있을 수도 있다.

英語Ⅱでは2月に二つの課題が出る。
[영어Ⅱ에서는 2월에 과제 두 개가 있다.]

이 짧은 문장에는 동일한 숫자 개념을 나타내는 문자를

① 한자 숫자 二

② 아라비아 숫자 2

③ 로마 숫자 Ⅱ

와 같이 세 종류나 사용한다. 한자 숫자는 한자이지만 ○을 한자라고 칭하기에는 거부감이 있을 것이다. 아라비아 숫자는 아라비아에서 쓰던 숫자가 서양에서 변형된 것이므로 서양 숫자

[洋數字]라고 부르기도 한다. 로마 숫자는 시계에 적힌 숫자로도 친숙하다.

二つ[두 개]는 2つ로 적기도 하고 히라가나로 ふたつ라 쓰기도 하는데, 이러한 다양한 표기도 중국어권 일각에서 다양한 숫자를 병용하는 계층이 있을 뿐 흔치 않으며 세계적으로 특징적인 현상이다. 二十歳[스무살]을 20歳이라 고쳐 적어도 はたち라고 읽지 못하는 경우는 없다. 또한 一試合3三振[한 시합에 삼진 3개]처럼 구분해서 표기하는 경우도 있으며, 8級と二段との対戦[8급과 2단의 대전], 二丁目2番地[2번가 2번지]와 같이 적는 사례를 보면 아라비아 숫자와 대비되는 전통성을 띠는 한자 숫자를 중시하는 의식을 찾아볼 수 있다. 이러한 표기들도 다양한 문자 체계이기에 가능한 표기이다.

컴퓨터 등에서 가나를 한자로 변환하는 것은 제조회사 별로 독자적인 소프트웨어 개발을 통해 이루어지고 있으나, 가장 널리 쓰이는 방법은 로마자를 키보드로 입력하여 우선 히라가나로 바꾸고, 그것을 다시 한자로 변환하는 방식일 것이다. k → ka → か → かn → かん까지 로마자를 통해 히라가나를 입력하고 나면 동일하게 かん[간]으로 발음하는 한자들이 '1感 2間 3官……'처럼 후보마다 숫자가 붙어서 제시되는데 마지막으로 아라비아 숫

자 '1'을 입력하여 입력할 표기를 결정한다. 이러한 과정에는 일본의 문자가 갖는 다양성과 복잡성이 반영되어 있다.

다채로운 표현을 낳는 유연성

지금까지 열거한 문자 체계의 이름만 보더라도 '漢'[중국], '로마', '그리스', '아라비아'가 등장하여 일본인이 문자를 운용하고 표기하는 방식에 투영된 유연함을 엿볼 수 있다. 오늘날 자국어를 일상적으로 표기할 때 가나나 로마자와 같은 '표음문자', 보다 세세히 나누면 k, a처럼 자음과 모음이 나뉘는 음소문자와 か처럼 나뉘지 않는 음절문자, 그리고 한자와 같은 '표의문자' 또는 '표어문자', 거기에 더해 숫자와 같은 순수한 '표의문자'를 함께 사용하는 나라는 한국과 일본뿐이다. 그나마 한국에서는 한자 사용이 감소한데다 표음문자는 보통 한글과 로마자만 쓰인다. 현대 일본어의 문자를 전체적으로 본다면 각종 문자 체계를 혼용한다는 것을 특징으로 볼 수 있을 것이다.

이 밖에 일본어 표기에 쓰이는 부호(기호) 또한 다양한 모습을 띤다. 일본어 표기에는 중국에서 유래하는 、나 。와 같은 부호와 함께 서양에서 건너온 ,와 +, !도 널리 쓰인다(X'mas의 '는 일본에서 많이 쓰인다). 더욱이 일본에서 만든 부호인 ※[2], 지도기호에서 차용된 '♨[온천마크]', 만화에서 유래한 땀이나 눈물방울을 나타내는 '0' 등 각종 부호가 유입되었다. 휴대전화 문자 등에는 표정 따위를 나타내는 이모지[絵文字, emoji]까지 구두점을 갈음하여 쓰이기도 한다.

일본의 문자와 부호가 갖는 일종의 잡종성은 여기서 멈추지 않는다. 절에 있는 무덤의 소토바[卒塔婆][3] 등에는 인도에서 건너온 범자(梵字)를 볼 수 있다. 고대 유럽의 룬문자도 영험한 부적으로 다뤄지기도 하였는데, 읽을 수 없고 의미 또한 알 수 없음에 따른 신비성이 범자와 룬문자의 공통점일 것이다.

이렇듯 여러 문자와 부호가 혼용되지만 현실 생활에서 혼란을 겪는 일은 없다. 그것은 평소 일본인들이 문맥이 아닌 자맥(字脈)[문자의 맥락]을 통해 그 글자가 어떤 문자 체계에 속하는 것인지를 순간적으로 판단하기 때문이다. 가타카나 ヘ와 히라가나 へ, 장음기호 ー와 一, 口[한자]와 ロ[가타카나], 力[한자]과 カ[가타카

2 고메지루시[米印]. 에도 시대에는 확인을 나타내는 표시 등으로 나타난다

3 옮긴이: 묘비 뒤에 죽은 이를 공양하기 위해 세우는 긴 나무 판자

내]와 같이 서체에 따라서는 거의 같은 형태가 되는 글자라도 앞뒤 글자를 보고 바로 변별하여 읽는다. 이러한 자맥은 글을 읽을 때도 쓰인다. 그렇기 때문에 女子高生ら致されるは 기사 제목을 보면 순간적으로 어떻게 끊어 읽어야 할지 알기 어렵다[4]. 이러한 일은 낯선 문자열을 익숙한 문자열로 간주하여 벌어지는 것으로 가짜 브랜드의 유사 상표나 로고 가운데 상당수는 이 점을 이용한다. 우리가 평소에 아이들처럼 글자를 하나하나 끊어 읽지는 않는다는 것을 알 수 있다.

도리어 다양한 문자 체계를 자유자재로 컨트롤하여 다채로운 표현이 가능해졌다. 가령 '사람'이라는 단어를 人이라고 적는 것과 ひと[히토]라고 적는 것은 각기 다른 인상을 줄 것이고, ヒト나 他人(ひと)라고 쓰면 더더욱 이질적인 뉘앙스를 줄 것이다.

金이라고 적으면 きん[금]으로 오해될 수 있으므로 カネ[가네: 돈]라고 적기도 하고, 楽보다 더 편안한 느낌을 주려고 가타카나로 ラク[라쿠: 편함]라 적기도 한다. 目処는 읽기 어려울 수 있으니 가타카나로 メド[메도: 전망]라고 쓰기도 한다. 人指し指[히토사시

4 옮긴이: 女子高生/ら致/される와 같이 끊어 읽으면 '여고생 납치 되다', 女子高生ら/致される처럼 끊으면 '여고생들 당하다'로 해석될 수 있다.

유비: 검지]라고 적으면 指가 중복되므로 人差し指로 적기도 하고, 子供[고도모: 아이]로 적으면 차별적인 어감이 풍길 것 같다 하여 子ども로 바꾸기도 한다[5]. マジ[진짜]라고 가타카나로 적으면 딱딱해 보이니 히라가나로 まぢ라고 적기도 한다. ラブ보다 らゔ(ラヴ)가 좋다며 발음은 같더라도 표기를 바꾸기도 한다. いい気持ち[좋은 느낌]을 똑같이 발음되는 E気持ち로 적거나 スカート[스커트]를 SK로 줄여 쓰기도 한다. 三이 아닌 3으로 적으면 나가시마 시게오[長嶋茂雄]를 떠올리는 사람도 있다[6]. 친구끼리 주고 받는 편지에 4649(よろしく)[부탁할게]를 적거나 326(みつる)라는 예명이 존재하는 것은 역사적 연도나 전화번호를 유사한 발음에 맞춰 외우기 쉽게 하는 것[語呂合わせ]을 역이용한 것이다.

5 옮긴이: 접미사 ども는 바로 앞에 오는 단어가 가리키는 대상이 여럿 있음을 나타내는 한편, 그것이 손아랫사람이거나 낮잡아 볼만한 대상이라는 부정적인 함의도 있다. 그러한 부정적인 의미가 供로 표기했을 때 도드라진다는 의미로 해석할 수 있다.

6 옮긴이: 일본 야구팬들 사이에서 3은 요미우리 자이언츠의 전설적인 야구선수 나가시마 시게오의 등번호(영구결번)를 연상케 하는 숫자라고 한다.

가나는 몇 개인가

이렇듯 일본의 문자를 자세히 들여다보면 그밖에도 자종(字種)이나 자체(字體)와 자형(字形), 서체(書體)와 서풍(書風)과 같은 글자의 형태와 더불어 글자의 쓰임, 나아가서는 단어의 표기법도 매우 다양하다는 점을 알 수 있을 것이다.

예를 들자면 문자 체계라는 것에는 구성하는 글자의 총량이 정해져 있는 것이 많다. 현대 영어의 알파벳이라면 자종으로는 26자가 되겠고 각각에 대문자와 소문자가 있다. 그러나 일본의 가나는 일반적으로 47개나 50개쯤이라는 불확실한 숫자를 떠올리게 되지 않는가? 특징적인 예를 들자면 は, ば, ぱ는 하나로 간주해야 할지 셋으로 헤아려야 할지, ゃ, っ, ー, ゑ 등은 한 글자로 인정할 수 있을지와 같은 문제는 판단하는 사람에 따라 일정하지 않다.[7] 게다가 오늘날 쓰이는 히라가나와 가타카나 외에도

7 옮긴이: は, ば, ぱ는 각기 다른 자음을 갖는 음절을 나타내지만 は라는 글자에 탁점[゛]이나 반탁점[゜]과 같은 보조기호가 붙어 파생된 글자이기 때문에 독립된 글자로 간주할 수 있을지에 대한 판단이 엇갈릴 수 있다. 한편 ゃ는 다른 글자 뒤에 붙어서 비로소 하나의 음절을 나타낼 수 있고, っ, ー는 주변 음소에 의존적이라 고정된 음가를 갖는다 할 수 없으며, ゑ는 현대 일본어 표기에는 일반적으로 쓰이지 않는 글자라는 각기 특수한 사정으로 인해 사람에 따라서는 독립적

변체가나[変体仮名]가 쓰이는 경우도 아직 존재한다. 예전에는 はな[하나]와 같은 여성의 이름에 쓸 수 있었고, 그 밖에 天ぷら[덴푸라: 튀김], 生そば[기소바: 순메밀국수]처럼 일본요리점 간판이나 노렌[暖簾], 상품에 아직도 남아 있다. しるこ[시루코: 팥죽], せんべい[센베이: 전병과자]도 마찬가지이다. お手もと[오테모토: 일회용 젓가락] 등은 오래도록 명맥을 이어오는 노포(老舗)의 느낌을 자아내면서 길한 글자[8]를 모아 표기한 예도 있지만 개중에는 まるか(滿留賀)[마루카: 메밀국수 전문점 상호]처럼 거의 읽을 수 없는 변체가나를 사용한 간판마저 찾아볼 수 있다. 그러한 글자들을 어떻게 헤아릴지도 사람마다 의식이 다른 것 같다.

또한 あ, え, ア, エ와 같이 보통 탁점을 찍지 않는 가나에도 탁점을 달아서 あ゙, い゙ 처럼 괴로워하는 음성 등을 나타내는 예마저 일부 만화나 텔레비전 자막, 편지글 등에서 발견할 수 있다.

으로 카운트할지 망설여질 수 있다.

8 옮긴이: '오테모토'에서 '모'와 '토'의 표기에 쓰인 변체가나가 각각 茂[무성할 무]와 登[오를 등]에서 유래하는 것을 '길한 글자'라고 지칭한 것으로 생각된다.

다양성은 개개의 글자마다 볼 수 있다

개개의 한자는 원칙적으로 형태, 발음(한자음), 의미(자의, 字義)를 겸비한다. 하나의 형태에 여러 개의 한자음, 여러 개의 자의가 공존하는 경우가 적지 않다. 한자는 이미 중국에서부터 그러한 밑바탕을 갖추고 있었는데, 일본에서는 전래된 시대나 지역(방언)에 따라 고음(古音), 오음(呉音), 한음(漢音), 당음(唐音) 등의 한자음이 병존한다. 서로 다른 한자음이 뒤섞인 숙어도 생겨났다. 예를 들어 言語는 한음인 ゲン[겐]과 오음인 ゴ[고]를 합쳐 ゲンゴ[겐고]라고 읽는 것으로 정착하였다. 그러면서도 言語道斷을 읽을 때는 오음으로 ゴンゴ[곤고]라고 읽는데, 이렇게 하나의 글자가 여러 한자음으로 읽히는 일이 드물지 않다. 또한 '동음이의자(同音異義字)'도 다수 발생하였다. コウ[고], ショウ[쇼]라고 읽는 글자를 찾으려다가 한화사전(漢和辭典)의 음훈색인이나 컴퓨터, 휴대폰의 한자변환 과정에서 놀라는 일이 있을 것이다.[9]

9 옮긴이: コウ[고]와 ショウ[쇼]로 읽는 한자의 수는 300~400개가 넘을 정도로 많다. 가령 コウ로 읽을 수 있는 한자 중에는 弘(홍)과 公(공)처럼 한자음 수용 당시부터 일본어 음운체계에서 변별하기 어려워서 동음이 된 경우도 있지만, 甲(갑), 江(강), 劫(겁), 功(공), 高(고), 口(구)처럼 처음 한자음 수용 당시에는 /kap, kaũ, kop, koũ, kau, kou/와 같이

자의에 대해서도 일본에서 파생되거나 발생한 것이 더해져서 일자다의(一字多義)인 것이 오히려 당연시된다. 生 등의 한자에는 실로 수많은 일본어가 대응한다.[10] 한자를 훈으로 읽는 것[訓読み] 자체는 고대 한반도에서도 찾아볼 수 있고 베트남에서 쯔놈[字喃]이라 부르는 문자 중 일부에도 나타나는 것이지만 오늘날에는 중국어 방언에서 몇몇 찾아볼 수 있는 정도이다. 체계적인 형식으로 한자를 훈으로 읽는 것은 일본에만 남은 방식이다. 외국문자를 자국어의 어휘[訓]로 읽는 방식이 정착된 문자 체계도 세계적으로 흔치 않다.

훈[11]을 갖기 때문에 반대로 하나의 독음에서 여러 한자를 상정하게 되는 경우가 있다. 예를 들어 はかる[하카루]에는 量る[측량하다], 計る[계산하다]를 비롯하여 한자 표기가 다양하게 갖춰져 있다. もの[모노]는 物[사물]과 者[사람]로 구분하여 적으며 とり[도리]도 鳥[새] 이외에 '닭'이라는 의미로는 鶏라고 적기도 하고 간지

각기 다르게 발음되다가 일본어 음운체계의 통시적인 변화로 인해 현대 일본어에서는 동일한 발음이 된 것들도 존재한다.

10 옮긴이: 生에 대해서는 일본의 상용한자표 상에 등재된 훈만 헤아려도 10개[いきる, いかす, いける, うまれる, うむ, おう, はえる, はやす, き, なま]이며 실제 문자생활에서는 더 많은 훈이 쓰일 것이다.

11 옮긴이:한자의 독음으로서 정착된 일본어 어휘

(干支) 등으로는 酉라고 표기하기도 한다. 이러한 예들은 국어사전등을 편찬할 때에는 서로 다른 단어로 인정하여 '동훈이의자(同訓異義字)'로 볼 것인지 같은 단어의 세부적인 의미 차이에 따른 표기상의 구별로 간주할 것인지가 문제로 떠오른다.

또한 새롭게 두 글자 이상의 한자어를 만들 때 그것을 음과 훈 가운데 어느 한쪽으로 통일하지 않으면 重箱読み[주바코요미: 음독+훈독]나 湯桶読み[유토요미: 훈독+음독]라며 멸시하기도 하였지만 이것도 문자와 관련한 일본의 독자적인 의식이다. 두 글자 이상의 한자어[熟字] 단위로 일본어 훈독하는 것을 '숙자훈(熟字訓)'이라고 부르는데 그 중에는 和泉[이즈미: 지명]의 和나 大和[야마토: 지명]의 大처럼 독음과 무관한 글자[黙字]가 있거나 似而非[에세: 사이비], 八月一日[호즈미: 성씨]처럼 한자의 글자 수가 가나보다 많은 것이 있다. 不忍池[시노바즈노이케: 지명], 親不知[오야시라즈: 사랑니]와 같이 중국어의 어순으로 적는 것도 있다. 無墓や[하카나야: 덧없다][12]는 본래 한자의 독음(음훈)에서 소리만 빌린 표기[当て字]지만 이것 역시 중국어의 문법에 따른 어순으로 배열되어 있다.[13]

12 이하라 사이카쿠[井原西鶴], 『호색일대녀[好色一大女]』 권3 참조.

13 옮긴이: 이것은 墓[하카: 무덤] + 無[나(시): 없다]의 훈의 의미는 취하지 않고 발음만을 따온 표기인데, 이 두 글자를 '무덤이 없다'라는 뜻의 한

한자의 형태 차원에서도 일본 특유의 이체자인 약자 등처럼 자체(字體, 글자의 골격)를 달리하는 한자가 생겨났다. 한자는 상형문자에서 비롯되었고 다시 그것들을 조합한 글자가 대다수를 차지하기 때문에 자획이 복잡해진 경우가 적지 않다. 广[집 엄]과 발음을 나타내는 黃[누를 황]을 합쳐 廣[넓을 광]이 만들어졌고 日[날 일]과 발음을 나타내는 翟[꿩깃 적]을 배열하여 曜[밝을 요]를 생성하는 식이다. 그것을 간략하게 해서 廣을 広, 曜를 旺이라고 적는 것도 일본인이 창안한 것으로 짐작된다.

한자의 수용

한자는 지금으로부터 3000년 이상 거슬러 올라가는 은나라 시대의 중국에서 기원한 문자이므로 고대 중국의 사회상을 깊숙이 반영하고 있다. 예를 들어 民[백성 민]이라는 글자의 자원(字源)은 눈동자를 바늘로 찔러 장님으로 만든 노예를 나타낸다는 설이 있다. 만일 이것이 옳다면 그와 같은 잔인한 상태를 이

문 어순인 無墓로 나열하였다.

한자를 통해서 우리는 날마다 보는 셈이지만, 이 글자를 볼 때마다 그것을 떠올릴 필요는 없을 것이다. 전통적인 한자 연구의 방법을 통해 한자가 가진 본래의 뜻[本義]을 아는 것은 고대로부터 이어진 한자에 대한 체계적인 이해로 이어져 학문으로서도 중요하다. 그러나 오늘날 우리가 民主(민주), 民族(민족) 등으로 사용할 때 각각의 글자가 갖는 근원적인 상황을 하나하나 의식하는 것은 일상적으로 큰 의미를 갖기 어렵다. 일본인이 한자를 본격적으로 수용한 것은 해서가 성립되고 각 한자의 본래적 의미도 상당히 변화하고 난 시기였다.

일본인은 기원후 6세기부터 7세기에 이르는 스이코[推古] 천황 재위 시절부터 본격적으로 중국 대륙이나 한반도와 같은 이웃으로부터 유교, 불교, 도교 등의 사상과 종교 등을 수용하였는데, 거기에 항상 개재된 것이 그 문헌들 속의 한자였다. 즉 일본인은 정신적인 면에서도 한자의 영향을 항상 받아 왔다는 것이다. 그것은 고대로부터 긴 세월이 흐른 뒤인 에도 시대 말기, 메이지 시대에 서양문화를 수용하면서 고도로 추상적이고 문화적인 한자어를 창안하게 된 원점이었다고 할 수 있다.

일본인들은 처음에 한자를 신비한 문양으로 인식했던 것으로 보인다. 그러한 인식은 중국의 거울을 본떠 만든 방제경(仿製鏡)

등에서 확인되는 변형된 한자의 꼴을 통해 엿볼 수 있다. 그러나 도래인들을 통해 점차 중국인이 쓴 한문을 읽고 이해할 수 있게 되었고 스스로 한문으로 의사를 표명할 수 있게 되었다. 그러나 한문은 고전 중국어이며 일본어와는 문법구조가 전혀 달랐다. 그렇기 때문에 일본어 문법에 맞춰 적은 변체한문(變體漢文)이 등장한다. 또한 한자에 일본 고유어[야마토코토바]를 대응시켜 일본식으로 읽을 수 있도록 했다. 이러한 것들은 한반도에서 이미 이루어졌던 방법이므로 도래인들에게서 배웠을 것이다.

馬 犻 犙

일본인이 중국이나 한반도에서 사용되는 한자를 모두 흡수한 것은 아니었다. 예를 들어 자종(字種)으로 두고 보자면 중국의 한자 가운데 한 살짜리 말을 뜻하는 馬(환)이 있다. 또한 두 살 된 소를 뜻하는 犻(패), 세 살짜리 소를 뜻하는 犙(삼)도 있었다. 그리고 한자사전에는 세세한 금속 부품과 관련해서 쇠금변[金]이 들어가는 글자가 다수 실려 있었다. 그러한 한자들은 대부분 중국에서 어느 한 시기에 특정 사회 안에서 쓰이던 것들이었다. 그러한 글자들은 일본에는 뿌리내리지 못했다.

일본화된 한자의 극치
- 국자의 탄생

일본에서는 한자에서 의미를 제거하여 표음적으로 사용하는 만요가나[万葉仮名]가 발달했다. 이것은 중국에서 불경 번역과 같은 외국어 수용에서 사용되었던 방식이다. 만요가나는 복잡한 한자의 꼴을 그대로 살린 것이었으나 점차 글자의 형태를 허물어뜨려 적게 되었다. 이것을 소가나[草仮名]라고 한다. 보다 적은 힘으로 적고자 하는 '필기의 경제성'이 작용한 결과였다. 글자의 허물어짐은 더욱 진행되어 마침내 새로운 표음문자 체계로서 히라가나[平仮名]가 확립되었고 일본어를 고스란히 적을 수 있게 되었다. 가타카나[片仮名] 또한 만요가나의 일부[片]를 떼어 별개의 표음문자 체계를 갖추었다.

한자의 형태는 당시의 중국이나 한반도에서 쓰이던 것이 유입되었고 한편으로는 일본에서 독자적으로 변화한 것도 나타났다. 중국이나 한반도에서 전해진 한자만으로는 충분하지 않을 때에는 한자에 새로운 용법을 부여했고, 나아가 중국에서 한자를 구성하는 방식을 본따서 일본에서 새롭게 만든 한자, 즉 '국자(國字)'를 만들어 내기에 이르렀다. 국자에는 일본의 술과 관련한 糀[고지: 누룩], 酛[모토: 술밑], 일본도와 관련한 錵[니에: 칼몸의 구름같은 무늬], 鎺[하바키: 칼몸과 손잡이의 경계에 다는 쇠 장식] 등처럼 일본 고유의 문화와 관련한 문자가 다수 존재한다.

국자 중에는 일본에서 만들었더라도 중국에 똑같은 자체(字體)를 지닌 한자가 이미 존재하는 경우가 있다. 이처럼 제각기 만들어졌으나 우연히도 동일한 자체를 갖는 현상을 '충돌'이라고 한다. 이러한 충돌은 같은 언어 안에서도 일어난다. 예를 들어 중국어의 說은 본래 '기뻐하다(열)'와 '설명하다(설)'라는 전혀 다른 두 단어를 나타냈었다. 이러한 충돌을 회피하기 위해서 '기뻐하다'라는 의미로는 부수를 고쳐서 悅이라는 한자를 쓰게 된 것이다.

한자의 자종과 자체가 일본화하고 가나가 생겨난 한편, 한자의 발음도 일본어에 영향을 주면서 일본화했다. 일본어에는 본래 탁음(濁音)과 발음(撥音), 촉음(促音) 등이 음운으로 확립되어 있지 않았다. 그러나 한자와 함께 한자어가 대량으로 들어온 결과로 그와 같은 외래음이 일본어 안에 융화되었고 점차 고유어에서도 그러한 음운이 받아들여지게 되었다. 한편으로는 한자의 음독도 일본 고유어의 발음처럼 변해간다. 한자의 발음에만 존재하던 성조(사성 등)는 일본에서는 거의 수용되지 않았다. 또한 일부 한자는 편방(偏旁)에서 유추한 관용음도 생겼다.

'메기'를 '은어'라고 읽다

- 국훈과 일본식 한자어

한자의 의미도 일본의 독자적인 전개를 보인다. 그것은 스이코[推古] 천황 시절부터 흔적이 남아 있다. 중국에서 건너온 鉾[칼끝 모]는 ほこ[호코: 양날 검을 긴 막대에 꽂은 무기]라는 훈으로 읽히는데 '호코'가 나무[木]로 된 부분이 있는 무기라는 점에 착안하여 일본에서 桙라고 적기도 했다. 桙[사발 우, 그릇이름 모]는 중국에서는 찻잔이나 그릇 등을 뜻한다. 이 ほこ와 같이 일본의 독자적인 의미가 더해지면 그것은 '국훈(國訓)'이라 불린다. 중국에서는 '메기'를 의미하던 鮎[메기 점]이 '은어[あゆ]'로 읽히게 된 것이나, 중국에서는 '노을'이라는 의미였던 霞[노을 하]가 '안개[かすみ]'를 가리키는 것도 국훈이다.

한자는 여러 글자가 모여 한자어[熟語]를 이루고 성구, 문장,

글을 이루는 요소가 되기도 한다. 또한 한자어라고 하기는 어렵지만 만요가나 표기 중에는 일본인다움이 엿보이는 것을 찾을 수 있다. 이를테면 야마베노 아카히토[山部赤人]의 시가에는 孤悲라고 적고 こひ[사랑]로 읽는 곳이 있다.[14] 이것은 옛 도읍인 아스카[明日香]를 회고하는 마음을 가리키는데 이렇게 표기된 예가 『만요슈[萬葉集]』를 통틀어 30번 가까이 등장한다. 여행을 떠난 오토모노 야카모치[大伴家持]에게 보낸 오토모노 사카노우에노 이라쓰메[大伴坂上郎女]의 노래에 등장하는 加多孤妃[かたこひ: 짝사랑][15]등은 특히 '홀로 슬퍼한다'는 뜻이 담겼다고 봄직도 하다. こひ[사랑]에 대해서는 古非를 비롯한 다양한 만요가나 표기가 가능했지만 굳이 위와 같은 글자를 선택하여 적었다는 점에서 만요슈의 시가를 읊은 이가 담고자 했던 표현 의도를 찾아볼 수 있을 것이다.

시간이 흘러 에도 시대에는 はやり[하야리: 유행]라는 단어에 대해서 다양한 한자표기가 이루어졌다. 그 중에서도 流行이라는 표기보다도 더 많이 쓰인 것이 時花[16]인데, 중국에서는 이 단어

14 『만요슈[萬葉集]』 권3, 325번 노래 참조.

15 『만요슈[萬葉集]』 권17, 3929번 노래 참조.

16 이하라 사이카쿠[井原西鶴], 『남색대감[男色大鑑]』 등 참조.

가 이러한 의미로 쓰인 경우는 없다. 현재 널리 쓰이는 流行보다도 꽃[花]이 지니는 순간의 반짝임이라는 상징성이 효과적으로 드러난 것같다는 생각이 든다. 見事[미고토: 훌륭함]를 발음만 취하여 달리 표기한 美事[미고토]도 버리기 아깝지 않은가? 이렇듯 독음의 소리만 빌리는 표기[当て字]는 좋지 않다는 의식이 오늘날에도 깊다. 하지만 본래 土圭[도케이: 해시계]였던 것을 時計(시계)라는 표기로 적은 경우에는 이제 와서 되돌릴 수 없다고 많은 사람들이 느끼지 않을까? 한자의 형태와 발음과 뜻, 조합방식이 일본적으로 변용된 것은 일본에서 필요했던 한자에 대한 모색에 따른 것이었다. 이들 글자에서 그 결실을 찾아볼 수는 없을까?

일본 고유어[和語]에 한자를 대응시킨 것뿐 아니라 본래 음으로 읽는 한자를 조합하여 새로운 단어를 창조하기도 했다. 그것이 바로 '일본 한자어[和製漢語]'이다. 名月[중추절의 보름달]이나 書見[독서]을 비롯해 尾籠[무례함], 火事[화재], 大根[무]와 같이 일본 고유어를 한자로 표기한 후 그것을 음독하여 한자어스럽게 바꾸거나, 足りぬ[다리누: 만족했다]가 足んぬ[단누]를 거쳐 堪能[단노: 만끽](불교용어인 堪能(감능)에서 유래)가 되는 것과 같은 사례가 있다. 日用大工[니치요 다이쿠: 쉬는 날에 하는 목공 작업]는 日曜大工로 적는 것이 실태에 부합하는 것처럼 보인다. 어형이 바뀌기도 하는데

一所懸命[잇쇼켄메이: 한 곳에서 목숨 걸고 노력함]에서 一生懸命[잇쇼켄메이: 평생에 걸쳐 목숨 걸고 노력함]가 파생하였고 名誉[메이요: 명예]에서 面妖[멘요: 기묘함]가 생겨났다. 일본 한자어 중에는 메이지 시대에 유럽 언어에서 들어온 말을 중국 문헌을 의거해서 대량으로 생산한 經濟(경제), 勞働(노동)과 같은 단어가 있고, 소위 한자제한에 맞춰 표기가 바뀌어 정착된 世論[여론(輿論)], 選考[전형(銓衡)] 등이 알려져 있다.[17]

17 옮긴이: 제2차 세계대전 이후 한자 제한이라는 정책적 방향성 위에서 1956년에 국어심의회는 '동음 한자를 통한 고쳐적기[同音の漢字による書きかえ]'를 보고하였다. 이것을 통해 당용한자표에 등재되지 않은 한자(輿, 銓 등)가 쓰인 단어(輿論, 銓衡 등) 대신에 당용한자표에 수록된 동음의 글자로 고친 단어(世論, 選考)를 사용하도록 권장되었다.

제2장

'圓'에서 '円'으로

— 속자와 국자의 탄생 —

자주 쓰는 글자는 생략된다

- 자체(字體) 변화의 법칙성

한자는 일본어를 표기하는 문자로서 일본인에게 수용되어 갔다. 그 중에는 앞 장에서 살펴본 것처럼 만요가나와 같은 표음문자로 쓰이기도 했고, 그리고 일본 한자어와 다양한 용법에서 볼 수 있듯이 더 높은 표의성을 추구하는 경향도 존재했다. 그러나 어찌되었건 대체로 한자의 자획은 복잡하다. 이미 잠깐 언급했지만 문자에는 '쓰기 쉽게 변화'하는 '필기의 경제성'이라는 대원칙이 존재한다. 필기하는 데에 드는 힘을 경제화하는 원칙이라 불러도 좋겠다.

번잡함에서 간소함으로 바뀌는 것은 한자의 역사에서 흔히 볼 수 있는 현상이었다. 고대 중국에서는 그것이 서체 수준의 현상과 깊이 연관되었다. 전서체(篆書體)에서 예서체(隷書體), 초서체(草書體), 그리고 행서체(行書體), 해서체(楷書體)로 변화해 온 것은 한자를 사용하기 쉬운 방향으로 바뀌온 역사이다.

일본이 본격적으로 한자를 수용한 6~7세기 무렵 중국에서는 이미 해서로 필기하는 것이 일반적이었다. 후한(後漢)이 멸망하고서 수(隋)나라가 들어서기 이전인 육조(六朝) 시대에는 전란이 끊이지 않던 사회에서 식자층이 확대되면서 다양하고 방대한 자체('이체자')가 생겨났다. 蘇[되살아날 소]를 甦라 적는 것과 같은 '속자(俗字)'도 그때 생겨난 것이다. 속(俗)이란 정격(正格)이 아니라는 뜻인데 정격 문자인 '정자(正字)'는 이른바 '강희자전체'를 지칭하는 경우가 많다. 『강희자전(康熙字典)』은 청나라 강희 55년(1726)에 강희제의 명으로 편찬되어 가장 권위 있는 자전으로 꼽혀 왔다. '강희자전체'로 되돌리는 것이 '올바른' 문자로 직결되는가 하는 것에 대해서는 뒤에 서술하겠다. 아무튼 수나라와 당(唐)나라 시대에 이르러서 이체자 증가 추세는 진정되었지만 일본에는 그러한 속자들이 유입되었다. 당시의 금석문이나 목간, 쇼소인[正倉院] 문서 등에서 그 모습을 찾을 수 있다.

대체로 자주 쓰는 한자는 생략되는 경향을 띤다. 예를 들어 ヶ

는 一ヶ月[1개월]일 때는 か[카], 三ヶ日[정월 초하루부터 초사흘까지]에서는 が[가], 一ヶ百円[한 개 백 엔]일 때는 こ[코]로 다양하게 읽힌다. 오늘날 대부분의 일본인은 이 ヶ를 대충 가타카나인 것으로 알고 사용한다. 대개는 가타카나인 ケ[케]와 똑같이 적으며 탁음인 '가'로 발음될 때는 탁점을 달아서 ゲ로 적는 사례까지 있다. 하지만 본래는 가타카나 ケ와는 전혀 다른 글자이며 한자 箇[낱 개]에서 유래된 글자이다. 이 글자에서 ⺮[대죽머리] 한쪽을 딴 것이 个이다. 이것을 '一个'처럼 사용하던 것이 일본에서 가타카나와 혼효(混淆, contamination)되어 이러한 형태로 변화하였다. 현대 중국에서는 个(ge)를 정식 문서에 사용한다.

현재도 상용한자에 따른 표기는 一箇所이다. 단어로서 갖는 의미에는 箇(혹은 발음이 같고 의미 일부가 통용되는 個)라고 적을 정도의 '무게감'은 없으며, 동시에 一과 所와 같은 중요한 정보가 매몰되는 인상 때문인지 ヶ로 줄여서 표기하는 경우가 매우 흔하다. 이하라 사이카쿠[井原西鶴]의 『남색대감[男色大鑑]』(1687년 간행) 권3에도 "百ヶ日"과 같은 예가 이미 보인다.

히라가나 かい 가타카나 カ로 적는 것은 箇나 ヶ를 가나로 풀어 적은 표기인데 かい ヵ와 같이 작게 적는 것은 오쿠리가나(送

り仮名, 捨て仮名)[1]를 작게 적던 오랜 관습에 의한 것이기도 하고, か나 カ처럼 큼직하게 적으면 단어로서의 단위를 파악하기 어려워지기 때문이기도 할 것이다. 지명 등에서도 속격조사 が[가]를 ヶ로 적는 예가 있으며 보통명사에서도 焼野ヶ原[야케노가하라: 초토화된 땅]와 같은 표기를 볼 수 있다. 오늘날에 한정하더라도 지역마다 世田谷[세타가야], 千駄ヶ谷[센다가야], 自由が丘[지유가오카], 稲村ガ崎[이나무라가사키], 越谷市 越ヶ谷[고시가야시 고시가야]와 같이 표기가 제각각이며 지명이 앞에 붙은 시설 이름 표기는 각기 일정하지 않다. 정확한 표기를 알려면 각 시설 명칭에 ヶ가 있는지 없는지 확인해야 하는 형편이다.

속자와 오자의 경계

본래의 글자를 제대로 알고서 관습을 반영하여 획을 줄인 것인지, 본래의 글자를 제대로 모르는 개인이 오해해서 획을 줄인 것인지, 그 지점이 속자와 오자의 경계이다. 그 말인즉

1 옮긴이: 단어의 일부를 한자 밖으로 꺼내어 가나로 적은 것.

슨 오자라는 호칭은 사람의 의식에 따른 판단이며 시대와 사회에 따라 변화할 수 있는 이름표라는 것이다. 憂鬱, 鬱屈의 鬱[답답할 울]은 29획으로 현대 일본에서 사용되는 한자 중에서는 가장 획수가 많은 부류에 속한다. 에도 시대의 난의학자(蘭醫學者)들도 이 글자를 작게 적거나 할 때는 윗부분을 ッ처럼 적거나 하여 적절히 간소화했는데 이것을 두고 오자라고는 할 수 없을 것이다. 鬱에는 欝이라는 약자도 있는데 이 글자도 획수가 많고 어렵다. 옛날 일본인들에게도 어렵기는 매한가지였던 모양이라 '林四郎으로 적는 무식쟁이[林四郎の無学]'이라는 속담이 중세부터 전해져 온다. 이 글자를 읽을 수는 있어도 막상 쓰려고 하면 𪊊, 즉 林四郎를 세로로 늘어놓은 모양으로 잘못 적는 사람을 비웃는 표현이다. 『쓰레즈레구사[徒然草]』 상권에는 "소금 염[鹽/塩]의 편방은 무엇이오[しほといふ文字はいづれのへんにか侍らん]"라는 질문에 의사 와케노 아쓰시게[和氣篤成]가 "흙토변[土]이올시다[土へんに候]"라고 대답했다가 비웃음을 샀다는 이야기가 전한다. 이는 鹽이라는 정자를 모르고 속자인 塩으로 생각하여 대답했기 때문일 것이라고 풀이된다. 그러한 해석 자체에서도 속자를 멸시하는 의식이 엿보인다.

鬱 [illegible] [illegible]

일생동안 단 한 번만 사용할 것 같은 글자라면 사람들은 정성껏 적을 것이다. 그러나 오늘도 쓰고 필시 내일도 쓰게 될 글자라면 약자를 만들어서 계승해 갈 것이다. 즉 한자는 일상 속에서 사용 빈도가 높을 수록 생략된다는 말이다. 다시 말해 인간은 문자를 갈고 닦게 마련이고 그렇게 스스로의 것으로 만드는 것이다. 그러한 요구가 사회 전체에 공유되는 경우도 있다.

沸騰(비등)의 沸[끓을 비]는 일찍이 沷라는 약자가 분명히 존재했다. 그런데 1981년에 제정된 상용한자표에서도 약자화되지 않고 당용한자표에 실린 정자로 계승되었다.[2] 佛[부처 불]의 약자인 仏만큼은 눈에 띄지 않았기 때문에 채택되지 않은 것이리라. 글자 자체가 나타나는 빈도가 낮았기 때문에 약자의 필요성도 상대적으로 낮았다고 생각해 볼 수도 있다. 또한 窃[훔칠 절]은 중국에서 생겨난 竊의 속자였다. 이 역시 꼴이 복잡하였기 때문에 비슷한 발음을 가진 切[끊을 절]로 아래쪽 구성요소를 교체한 것이

2 옮긴이: 당용한자와 상용한자에 대해서는 제3장에서 자세히 다루고 있다.

다. 이러한 속자는 메이지 시대에도 이미 활자로 흔히 사용되었다. 현행 신자체가 공포되기 전의 활자는 모두 강희자전체를 썼을 것이라는 생각은 환상에 지나지 않는다. 더군다나 그 시절이라한들 강희자전체에 준하는 자체로만 손글씨를 적는 사람은 드물었다. 『강희자전(康熙字典)』의 표제항으로 실린 자체 중에조차 '소위 강희자전체'[3]와는 부합하지 않는 자체가 포함된다.

글자는 쓰일수록 변화한다

사용빈도가 가장 높은 한자 10개를 여러 매체마다 뽑아보면 미디어에 따라 다른 부분도 있지만 상위를 점하는 글자

3 옮긴이: '소위 강희자전체'란 당용한자 자체표가 공포되기 이전까지 근대 일본의 출판물 등에 쓰이던 강희자전에 의거한 표준적 자체를 말한다. 구자체(舊字體)와 거의 같은 의미로 쓰이곤 한다. 『강희자전』에서 정자(正字)로 규정한 자체 중에는 피휘나 결필과 같은 관습으로 인해 의도적으로 변형되었거나 그밖에도 통일성이 결여된 자체가 존재한다. 근대 일본의 출판물 등에서 '강희자전체'라는 이름으로 통용되던 자체는 이러한 문제점을 해소하고자 『강희자전』에 정자로 규정된 것 이외의 자체를 채택한 경우도 있다. 따라서 엄밀한 의미에서는 '강희자전체'라고 할 수 없으며, 앞에 '소위'라는 수식이 붙게 된 것은 그러한 까닭이다.

는 대개 비슷비슷하다. 『아사히 신문[朝日新聞]』의 예를 뽑으면 다음과 같다[4].

日 一 国 十 大 会 人 年 二 本

모두 의미나 용법상으로 기본적인 한자뿐이며 자체 면에서도 획수가 한 자릿수인 것들이다. 国[나라 국]은 國이라는 11획짜리 자체에서 3획을 줄인 형태인데 붓을 움직이는 거리도 단축되었다. 会[만날 회](6획)도 會(13획)에서 획수를 절반 이상 줄인 것이다. 11위에서 20위까지는 '三 中 長 出 政 五 月 事 者 社'이다.

손으로 쓸 때 長[길 장]의 아래 부분은 초서에서 보이는 镸처럼 이어서 적는 경우가 있으며 事[일 사]도 초서로 적거나 亊처럼 생략되거나 한다. 또한 こと나 コト처럼 가나로 표기되는 경우도 있다. 이어서 40위까지를 보면 党, 時, 前, 議와 같이 이미 약자가 채용된 글자[黨→党], 가나로 표기되는 경향을 띠는 글자[時→とき,

4 横山詔一, 笹原宏之, 野崎浩成, エリク=ロング, 『新聞電子メディアの漢字——朝日新聞CD-ROMによる漢字頻度表——』(国立国語研究所プロジェクト選書 1), 三省堂, 1998년. 참조.

トキ], 초서체나 약자로 적는 경우가 있는 글자 등을 볼 수 있다. 역시 '글자는 쓰일 수록 변화한다'라는 경향을 간파할 수 있다.

줄이다, 잇다, 흘려적다
- 다양한 생략의 힘

일반적으로 언어를 문자로 적기 위해서는 눈을 사용하고 손을 움직이는 등, 단순히 말을 내뱉는 대화에 비해 더 많은 에너지가 필요할 것이다. 여러 생각이 머릿속에 차례차례 떠올라서 서둘러 노트를 꺼내 적어 보지만 못 다 적기도 하고, 강연을 들으며 한마디도 빠짐없이 적고자 해도 도무지 쫓아갈 수가 없어서, 속기술을 구사할 수 있었으면 좋겠다 싶은 생각을 할 때가 있다는 점에 비춰봐도 그것은 알만한 사실이다. 그러한 필기 행위에 요구되는 과대한 에너지를 조금이라도 절약하기 위해 문자에는 여러 레벨에서 에너지를 절약하는 방법을 찾아볼 수 있다. 한자에서 쇼모쓰가키[抄物書, 쇼모노가키]라 불리는 약자나 약합자

(略合字)가 대량으로 파생되고,[5] 또한 표음문자인 가나가 생겨난 것도 이러한 동기가 크게 작용했기 때문이다.

우선 문자열 레벨로는 문자열을 단축하기 위해 다양한 노력이 이루어지고 있다. 일본의 공학 계통 학회 등에서는 '컴퓨터'라는 단어를 コンピューター가 아닌 コンピュータ로 마지막 장음기호[ー]를 생략하여 적는 것이 통례인데, 그 이유 중 하나는 빈번히 쓰이는 단어의 길이를 줄이기 위해서였다고 한다. 또한 문자열이 긴 경우 맨 첫 글자나 중심이 되는 글자만 뽑아서 적는다. 예를 들어 렌가[連歌]를 적는 종이인 가이시[懐紙]에는 두 번 이상 등장하는 지은이 이름은 한 글자로 줄여 적는 규칙이 있었다. 지금도 유엔 안전보장이사회를 '유엔 안보리', 수요일을 '수'라고 적는 것은 보편성을 띠며 어형적으로도 줄임말로 정착되어 있다.

필기에 들이는 힘을 아끼기 위해 문자 체계 자체를 교체하기도 한다. 에도 시대에 사람 이름에 흔히 쓰이던 '~右衛門[에몬]'

---

5 옮긴이: 쇼모쓰가키[抄物書]는 주로 승려 등이 자주 적는 한자나 한자어에 대해서 편방을 생략하거나, 그것을 한 글자처럼 합치거나 해서 간편하게 적는 표기 방식이다. 예를 들어 懺悔(참회)를 忄忄, 娑婆(사바)를 女女, 醍醐(제호)를 酉酉, 縁覺(연각)을 ヨヨ, 摩(마)나 魔(마) 등을 广, 釋(석)을 尺, 般若(반야)를 舟에 若를 합친 글자로 적거나 金剛(금강)을 釗으로 적는 것 등이다. 보다 자세한 설명과 예시는 본 장의 뒷 부분과 제4장에서 확인할 수 있다.

은 발음 자체도 본래 '우에몬'에서 '에몬' 또는 '에무'로 줄어든 것으로 보이는데, 표기할 때도 독특한 형태의 초서로 적거나 '~衛門' 부분을 '~エ門'이나 '~エ門'처럼 가타카나로 바꿔 적기도 했다. 오늘날 '텔레비전'이라는 단어를 가타카나[テレビ]로 적는 대신 간편하게 'TV'로 적거나, '센티미터'를 가타카나로 적기보다는 간편하게 ㎝로 적는 것과 유사하다. 언젠가 메모지에 다음과 같이 적은 것을 본 적이 있는데 이것은 분명 電話[전화]라는 단어를 Tel로 대체한 것이다.

おTelください

또한 서체를 바꿔 절약을 꾀하기도 했다. 문장 전체를 연면체(連綿體)로 이어 적기도 하고 특정 한자만 초서체로 흘려 적기도 한다. 에도 시대의 글쓰기에서 빼 놓을 수 없었던 候(そうろう)는 일본에서만 볼 수 있는 극단적인 초서체가 다양하게 나타났고 결국엔 ゝ처럼 변해서 거의 기호에 가깝게 쓰이게 되었다.[6] 御도 마찬가

6 옮긴이: 候[소로]는 술어 뒤에 붙어 청자에 대한 정중함을 나타내는 보조동사이다. 候는 핵심적인 의미를 갖는 단어는 아니지만, 구나 문장의 끝에 주로 등장했기 때문에 통사 단위의 경계를 알게 하는 중요한 조연이었다 할 수 있다. 본문에서 언급된 '극단적 초서체'로의 이행은

지 현상이 일어났다.[7]

昼와 尽도 晝[낮 주]와 盡[다할 진]의 초서체가 그대로 해서화한 것이다. 현재 중국에서 쓰이는 专(zhuān, 專)과 买(mǎi, 買) 등도 마찬가지이다. 그렇게 초서체를 거친 해서체로서 현저하게 약체화한 글자는 부수 중에도 찾을 수 있다. 辶, 辶[책받침]의 본래 꼴은 辵이지만 그것을 포함하는 한자가 자주 출현하면서 이렇게 흘려 적은 형태로 자리 잡은 것이다. 阝[좌부방, 阜]과 阝[우부방, 邑]도 마찬가지이고 만요가나에서 히라가나가 발생한 것과도 공통성을 찾아볼 수 있겠다. 手가 扌[손수변]이 되고 心이 忄[심방변]이 되며 肉이 月[육달월]이 된 것도 미관상의 이유와 글씨를 적을 때 드는 힘을 줄여 경제화하기 위해서였다. 예전에는 肉 모양 그대로 적는 문헌도 있었지만 그러한 방법은 쇠퇴했다.

한문 훈독에 많이 사용되는 문자열도 두 글자 이상을 한 글자로 묶는 '합자(合字)'로 변화시켜 공간 확보와 필기에 드는 수고

그러한 배경과 무관하지 않을 것이다.

7 옮긴이: 御[고, 오]는 존경이나 상대에 대한 정중함 등을 나타내기 위해 체언 앞에 붙는 접두사이다. 候와는 반대로 구나 문장의 첫 머리에 주로 나타나기 때문에 마찬가지로 통사 단위의 경계 파악을 위한 단서를 제공하는 단어이다. 候와 마찬가지로 '극단적 초서체'가 나타난 배경도 이러한 특성과 관련이 있을 것이다.

를 줄였다. トキ[~(할) 때], トモ[~(할)지라도], ト云[~라 한다/하는] 등을 𪜈, 𪜈, 𪜈으로 한 획을 공유하는 합자로 만들어서 자간을 없애고 붓을 놀리는 거리도 근소하게나마 단축했다. コト[~(하는) 것], シテ[~하고/하여] 등은 훈독 부호 등으로 쓰이던 것에서 ヿ, ㇱ와 같은 약자가 만들어졌다. シテ는 〆(しめ)와 비슷한 형태로 적기도 한다. 히라가나에서도 こと[~(하는) 것], より[~로부터], さま[~님]처럼 자주 쓰는 단어에 대해서는 연면체로 적은 듯한 합자 ゟ, ゟ, 𪜈가 생겨났으며 활자로도 메이지 시대 이후 종종 사용되었다. 이것을 읽지 못하는 사람들이 많아졌지만 ゟ는 아직도 신문 지면의 세 줄 광고에 쓰인다.

가나로 대체하다, 기호를 사용하다

무언가를 적으려다 한자가 생각나지 않으면 우선 가나로 적어 두는 경우가 있다. 또한 어떻게 적는지 알지만 획수가 많아 적으려면 번거로운 경우 会議[회의]를 会ギ[会의]로 적기도 한다. 벽보나 간판에 事務所[사무소]가 事ム所[事무所]로, 메모에 中野[나카노]가 中の[中노]로 적혀 있을 때도 있다. 대학교 수업 중

칠판에 影響[에이쿄: 영향]을 AK로 적어서 때우는 교수도 있다고 한다.

손으로 적을 때가 아닌 컴퓨터로 문자를 입력할 때도 힘을 절약하기 위한 노력이 이루어진다. 컴퓨터 상에서 멀리 떨어진 곳에 있는 상대와 실시간으로 대화하는 느낌으로 주고 받는 채팅에서는 문장 끝에 (笑)나 그것을 서둘러 입력한 w로 마치는 것도 이상하지 않다. 휴대폰 문자에서는 쉼표나 마침표 대신 스페이스가 쓰이기도 하고, '가장'을 뜻하는 부사 一番[이치반]을 1番으로 '한 순간'을 뜻하는 一瞬[잇슌]마저 1瞬이라 적는 사람일지라도, 시간을 나타내는 '세 시'는 3時가 아닌 三時로 적는 경향이 보이는 것도 입력의 경제화에 따른 것이다.

문자의 일부를 기호로 바꾸어 생략하는 방법도 있다. 옛날에는 불경에서 月輪(월륜)을 月○이라고 적거나 수학 서적에서 零(영)을 ○으로 적는 경우가 있었다. 간단한 서류나 가까운 이와 주고 받는 편지의 주소란에는 杉並区[스기나미구]를 '杉.'과 같이 마침표를 찍어 생략하기도 하는데 이것은 영어에서 유래한 방법일 것이다.

연월일과 시간도 <2005년 5월 10일 오전 5시 30분>은 <'05. 5/10 am 5:30>로 적도록 거의 정형화되었다. '주식회사'는 ㈱,

'유한회사'는 ㈲로 줄이기도 한다. 우편 마크 〒는 逓信[테이신: 체신]의 첫 글자인 テ[테] 혹은 T에서 유래했는데 郵便局[우체국]을 〒局이라고 줄여서 적기도 한다. 그리고'〒주소'라고 되어 있으면 주소 앞에 '우편 번호'를 함께 적고 〒三百円이라고 되어 있으면 배송료라는 것을 이해하고 300엔을 준비한다. 2005년 중의원 선거에서는 텔레비전 개표 방송 자막에서 '우정 민영화'를 '〒민영화'라고 표시하기도 했고 '〒찬성', '〒반대'로 축약되기까지 했다.

주소를 적을 때에는 '~가[丁目], ~번지[番地], ~의[の]'와 같은 것들은 하이픈으로 대체하곤 한다. 일본에서는 예로부터 위나 앞과 같은 가까운 곳에 있어서 그것을 가리킨다는 것이 자명한 글자를 一, ヽ, ゝ 등으로 적어 대체하는 방법이 쓰여 왔다.

관습화된 약자

같은 문자를 거듭 적어야 할 때 사람들은 같은 일의 반복을 피하고 싶어 한다. 컴퓨터나 휴대폰으로 입력할 때에도 번거로운 표기를 짧은 단어로 쉽게 불러올 수 있도록 설정해 놓거나, 변환 예측 기능을 사용하거나, 복사하여 붙여넣기를 하는데 마찬가지로 반복을 피하고 싶어서일 것이다.

중국에서는 이미 은나라 시절부터 반복 기호 '='가 발명되어 쓰이고 있었다. 이것은 上이나 二에서 유래되었다고 하는데 이것에 더해 중국에서는 ヒ, 丶, 일본에서는 人, 仌, 𠂉 등의 변형을 낳으면서 줄곧 사용되었다. 이마저도 〻, ゝ, 丶 등으로 더욱 생략되었다. 일본에서는 한자 同[같을 동]의 이체자 仝과 뒤섞여 생긴 々(同の字点) 이 정착하였다. 이 々은 정해진 '음훈' 없이 기본적으로 앞에 붙는 한자의 독음을 반복하는 기능만 가지므로 한자도 문자도 아닌 기호로 분류된다.

한자를 다른 간단한 한자로 대체하여 적는 방법을 취하기도 한다. 예를 들어 年齢三歳[연령 3세]는 年令三才라고 적곤 한다. 齢과 歳 모두 상용한자이지만 동음인 다른 상용한자로 간략화한 표기이다. 이것은 관습화되어 NHK에서도 자막의 시인성을 위해 이러한 사용을 허용했다.

상용한자 이전의 규범이었던 당용한자(當用漢字, 1946년 내각고시, 1850자)에서는 다수의 속자를 신자체(新字體)로 채택했는데, 그 중에는 畫[그릴 화, 그을 획]의 속자인 畵를 다시 간략화한 画와 같은 글자도 존재한다. 획수가 너무 많은 것은 간략화하였지만 그 정도는 아닌 경우에는 그대로 존치된 것도 있다. 賣[팔 매]는 売가 되었고 비슷한 형태를 갖는 讀[읽을 독]도 読으로 줄인 약자가 채용되었지만, 賣의 아랫 부분인 買[살 매]는 기존의 형태로 채용되는 바람에 획수가 역전되었다. 鑑[거울 감], 議[의논할 의] 등 획수가 많더라도 약자를 채택하지 않은 것도 잔존한다. 門[문 문], 職[맡을 직] 등도 널리 쓰이는 약자가 있었지만 채택되지 않았다. 關[관계할 관]은 門을 적고서 门과 关의 점을 합쳐서 위에 걸쳐서 적은 関이라는 약자도 곳곳에서 발견된다. 생략이 한층 더 나아간 것이다.

䒑 茉

약품과 관련한 직종에서는 하루에 몇 번이고 적어야 하는 藥(약)을 䒑처럼 일본한자음[ヤク, 야쿠]을 연상케 하는 가타카나 ヤ[야]를 마치 소리부[音符]인 양 적는 사람이 있다. 에도 시대에는 난학자(蘭學者)나 한의사를 비롯하여 많은 사람들이 藥을 薬, 심지어는 茉처럼 줄여 쓰기도 했다. 이러한 약자는 초고뿐 아니라 깔끔하게 옮겨 적은 원고나 인쇄본에도 남아 있다. 한의사이기

도 했던 안도 쇼에키[安藤昌益][8]도 사용했고 이하라 사이카쿠[井原西鶴][9]의 작품에도 그렇게 적은 사례가 있는 것으로 보아, 흘려적은 글자를 그대로 '순간 냉각'하듯이 해서체로 고친 것이 그 글자를 자주 쓰는 사람들 사이에서 고정화된 것으로 보인다.

현실의 문자 생활에서는 이러한 생략 방식이 복합적으로 이루어졌다. 상점에서 쓰는 전표는 좋은 사례라 할 수 있다. 은닉하고자 하는 의도가 덧붙어서 암호화하는 경우마저 있다. 장사꾼 집안에서는 장부를 적을 때 다양한 암호적 기호가 사용되었다.

8 옮긴이: 안도 쇼에키(安藤昌益, 1703~1762)는 에도시대 중기의 사상가. 본업은 의사였으며 봉건사회의 제도와 관습을 비판하고 철저한 평등주의를 주장했다.

9 옮긴이: 이하라 사이카쿠(井原西鶴, 1642~1693)는 에도시대 전기의 문예작가, 시인. 우키요 조시[浮世草子]라는 오락성이 강한 통속소설 작가로서 『호색일대남(好色一代男)』, 『호색일대녀(好色一代女)』, 『일본영대장(日本永代蔵)』, 『남색대감(男色大鑑)』과 같은 명작을 다수 남겼다.

'淚'보다 '泪'
- 쉬운 이해를 위한 변형

한자의 자형 구성과 사용 방식은 육서(六書)라 불리는 상형(象形), 지사(指事), 회의(會意), 형성(形聲), 전주(轉注), 가차(假借)라는 원리로 나뉜다. 대부분의 한자는 앞의 네 원리에 의거해서 만들어졌으며 그것을 추측하는 것이 자원(字源)을 탐구하는 학문인 소학(小學)이다. 그러나 개개의 글자는 머나먼 옛날에 만들어지고서 서체가 변화하고 글자의 꼴이 크게 변형되었기 때문에, 글자의 꼴을 언뜻 살피기만 해서는 어떤 원리로 만들어진 것인지 알기 어려운 경우가 많다. 한자는 점획이 복잡하고 다양한 표정을 갖기 때문에 悲[슬플 비]가 영락없이 슬퍼하는 얼굴로 보이기도 하고 猫[고양이 묘]가 고양이의 머리 모양으로 보이거나 薔薇(장미)가 장미의 꽃과 잎, 줄기처럼 보이기도 한다. 그것은 개개의 글자의 유래와는 무관하게 인상에 의한 것인데, 모든 한자가 상형문자라고 생각하는 사람들의 의식 속에도 유래와 무관한 인상에 좌우되는 면은 없는지 주의할 필요가 있다.

먼저 회의화(會意化), 즉 문자와 문자의 의미를 합쳐서 재창조한 문자의 예를 살펴보자. 甦[되살아날 소]라는 글자는 '다시[更] 살아나다[生]'라는 회의 문자로 육조시대에 새롭게 만들어진 것인데 그 이전 시대에는 蘇生(소생)의 蘇가 '되살아나다'라는 의미로 쓰였다. 그러나 본래 蘇는 차조기라는 식물을 뜻하기도 했기 때문에 기능을 분담하려 했을 가능성이 있다.

현재 일본에는 甦生(소생)은 스스로 되살아나는 것, 蘇生(소생)은 남이 되살아나게 해 주는 것으로 구분하는 사람도 있다. 甦는 일본에서는 蘇甦(そせい)[소생]으로도 쓰였다. 또한 更[다시 갱]이라는 요소가 음을 나타내는 형성(形聲) 문자로 오해하여 甦生이라고 적고 コウセイ[갱생]이라고 읽게 되었다. 蘇와는 서로 다른 글자가 된 감이 없지 않다.

이것은 자체가 단어에 영향을 주어 어형을 변화시킨 예이다. 표의성이 높은 속자체를 중국에서 가져와 거기에 새로운 해석을 가미한 것이다. 한 단어를 한 글자로 표기하고자 하는 욕구에서 창출된 일본 한자(국자)에 회의(會意) 문자가 많은 것도 한자에 대한 표의성을 추구한 결과일 것이다. 글 안에 문자 대신 그림을 넣는 행위는 산토 교덴[山東京傳][10]의 통속소설[戲作] 등에서 선례를 찾을 수 있다. 어떻게 읽는지는 명확하지 않아도 의미가 전달되

10 옮긴이: 산토 교덴(山東京伝, 1761~1816)은 에도시대 후기의 통속소설 작가. 우키요에 작가로도 활동했다.

는 이모지가 사람들의 사랑받는 것과 밑바탕에 흐르는 것은 같지 않을까?

애당초 한자 중에는 발음을 나타내는 부분과 의미를 나타내는 부분으로 이루어진 형성 문자가 차지하는 비율이 압도적으로 높아서 약 80%에 이른다. 예를 들어 '치다'를 나타내는 轢[칠 력]은 차(車)가 사람을 '치는' 것을 즐긴다[樂]는 뜻이 아니다. '력'이라는 발음을 樂[락]으로 나타내는 것이다. 마찬가지로 淚[눈물 루]는 戾[어그러질 려]가 발음을 나타내는데 그것을 의미만 나타내는 目[눈 목]으로 바꾼 이체자가 泪이다. 이 글자는 특히 일본에서 에도 시대 통속소설 등에 매우 자주 사용되었다. 눈[目]과 물[水]을 합쳐 '눈물'을 나타내는 문자는 고대 이집트의 신성 문자[Hieroglyph]에도 존재하는데 인류의 근원적 발상에 따른 문자라고도 할 수 있겠다. '루'라는 발음이 연상되는 자체보다는 '눈물'이라는 단어나 상황을 떠올리게 하는 자체를 선호한 것이다. 마쓰오 바쇼[松尾芭蕉][11]는 다음과 같이 노래하였다.

11 上野洋三, 櫻井武次郎,『芭蕉自筆 奥の細道』, 岩波書店, 1997년. 참조.

行春(ゆくはる)や鳥啼(とりなき)魚の目は泪

[떠나는 봄이여, 새는 울고 물고기 눈에는 눈물이로다]

'눈물'이라는 단어의 한자표기는 당용한자 제정 이후 일본의 국어정책 상 涙가 규범으로 자리 잡았다. 하지만 泪는 문예 작품이나 만화, 노랫말 등에 여전히 널리 쓰이며 인명용 한자에 추가해 달라는 요청도 적지 않다.

'王'과 '玉'

- 구별을 위한 변형

한자는 점과 획이 복잡하게 뒤얽혀 있지만 구조에는 규칙성이 있기 때문에 전혀 다른 유래로 생겨난 한자가 '우연히도 닮은 꼴'이 되는 일이 적지 않다. 開[열 개]와 閉[닫을 폐]의 모양이 비슷하다는 것은 엘리베이터에 탔을 때 재빨리 열림이나 닫힘 버튼을 누르려는 순간에 느끼지 않을까?[12] 王[임금 왕]과 玉[구슬 옥]은 전서(篆書)로는 둘 다 점을 찍지 않았으나 예서(隸書)로 넘어 오면서 글자의 꼴이 닮게 되었기 때문에 '구슬 옥'에는 점 하나를 더 찍어서 구별하게 되었다. 土[흙 토]에도 점 하나를 더한 圡나 𡈽와 같은 꼴이 일본인의 성씨 등에 쓰이기도 하는데 이것 또한 士[선비 사]와의 차이를 더욱 두드러지게 하기 위한 것이었다.

글자 간의 충돌을 회피하기 위해서 변별의 기능을 지니는 점이나 획을 늘리는 것은 로마자에도 있었다. 그리스 문자에는 P[로]와 Π[파이]가 있었는데 이것이 로마자에서는 둘 다 P와 같은 모양이 되었다. 그래서 이 둘을 명확히 구별하기 위해서 한 쪽에는 선을 추가하여 R이 되었다. Z 중간에 짧은 선을 더해 Ƶ처럼 적는 것은 2와 구별하기 위함이고, 숫자 7을 7과 같이 적는 것은 숫자 1과의 구별을 위함이며, 숫자 0을 Ø로 적는 것은 로마자 O와 명확히 구별하기 위한 것이었다.

이러한 충돌은 사용하는 집단이나 시대가 다르다면 문제가 되지 않는다. 이하라 사이카쿠[井原西鶴]는 『호색일대남(好色一代男)』에서 鑰[쇠 륜]을 '자물쇠[かぎ]'라는 단어를 적을 때 사용했다.

12 옮긴이: 일본에서는 엘리베이터 '열림', '닫힘' 버튼에 한자 開와 閉가 적혀 있는 경우가 흔하다.

본래 鑰[자물쇠 약]으로 적었어야 했겠으나 획이 번잡하여 가운데 口 셋을 생략한 것이다. 요즘도 이름에 鑰이 들어가는 사람이 그와 같이 줄여서 적는 경우가 있다. 한편 근래에는 불교 의식에서 사용하는 '경쇠[おりん, お鈴]'라는 단어를 御鑰으로 적기도 한다. 이 글자를 '자물쇠'로 읽는 사람과 '경쇠'로 읽는 사람이 서로 다르고 이와 같은 사용법을 접하는 사람도 소수이기 때문에 문제가 되지는 않고 있다.

잘못 익힌 한자

男 妹 若 英

한자의 꼴을 변화시키는 요인으로는 그 글자를 쉽게 기억하려고 유추하거나 다른 글자와 섞어서 기억하는 경우가 있다. 손으로 적은 글자를 세세한 부분까지 살펴보다가 심상치 않은 글자가 눈에 띄곤 한다. 그리고 글씨를 적은 본인에게 물으면 초등학교 1, 2학년 때 배우는 男[사내 남], 妹[누이 매]를 획이 틀린

줄도 모른 채 대학생이 되어서도 男, 姝와 같이 잘못 쓰고 있었던 것이다. 초등학교 6학년 때 익히는 若[같을 약]을 줄곧 若로 적는 성인도 있고, 4학년 때 학습하는 英[꽃부리 영]도 아래 부분이 央인 줄을 모르고 英이라고 생각하는 사람이 적지 않다. 이것은 한 사람이 잘못 적은 글자가 다른 사람에게 감염되는 것처럼 모종의 영향 관계가 있다기보다는 글자를 적는 사람들에게 개별적으로 발생하는 것이라 공통 오자라고 불린다.

祭

일본의 축제에서 참가자들이 걸치는 전통 의상이나 부채 등에 祭[제사 제]라는 글자가 큼직하게 에도모지[江戸文字]라는 서체로 적혀 있곤 한데 보통은 祭와 같은 꼴로 적는다. 이것은 癶이라는 요소를 포함하는 한자가 거의 드문 와중에 일상생활에서 사용빈도가 더 높은 発[필 발]이나 登[오를 등]이 간섭을 일으킨 것일 듯하다.

團[둥글 단]을 적으려고 口[큰입구몸] 안에 専[專의 신자체]를 적거나 廣[넓을 광]을 적으려고 广[엄호밑]에 黄[黃의 신자체]을 적는 이가 적지 않다. 그것은 익숙하지 않은 모양의 글자를 자신이 이해하고 있는 글자의 범위 안에서 처리하고자 하기 때문이다. 이것도 유추 작용에 의한 것이지만 결과적으로는 역사적으로 존재했던 필사 서체와 동일하거나 가까운 모양이 되기도 한다.

일본의 상용한자표에서는 売[賣: 팔 매], 区[區: 지역 구] 등과 같은 신자체(新字體)를 채용한다. 이러한 신자체는 상용한자표 이외의 한자(표외자)에는 적용하지 않는 것이 인쇄업계의 암묵적 원칙이었으나 점차 표외자의 글자꼴에도 영향을 미치곤 했다. 새롭게 등장한 이른바 '확장 신자체'가 한자 본래의 형태를 무분별하게 바꿨다며 거부감을 보이는 이도 적지 않다. 冒涜[冒瀆: 모독], 森鴎外[森鷗外: 모리 오가이], 麺[麵: 면], 掴[摑: 칠 괵] 등이 유명하다. 한편 濱田[하마다], 進陟[진척], 顰蹙[빈축] 등은 강희자전체로 '바르게 적겠다고' 취한 글자들이지만 자세히 보면 少가 점이 하나 더 찍힌 少로 되어 있는 경우가 흔히 있다. 어쩌다 점을 찍은 것이 아니라면 이와 같은 미세한 차이는 통합한 것이라고 할 수 있다.

예전에는 보다 대담한 이체자도 존재했다. 賂[뇌물 뢰]를 賂로 적은 것이 에도시대 문서에 나타난다. 이것은 편방이 各이라면 '뢰'보다는 '각'이나 '락'이 연상되어 표음성이 낮다고 느꼈기 때문일 것이다. 또한 装束[장속]의 첫 글자는 裝 또는 襞으로 적는 일이 에도시대에는 많았다.

장식이나 길흉을 의식한 변형

문자에는 앞서 말한 것처럼 자주 사용되면 생략된다는 대원칙이 존재하지만 개중에는 글자 형태에 대한 해석을 우선시한 몇몇 예외가 있음을 살펴보았다.

더욱 극단적인 예로는 의도적으로 글자의 모양을 아름답고 돋보이도록 꾸민 경우가 있다. 옛날 중국에서는 전국시대 진(秦)나라에서 쓰인 주문(籒文)이라는 서체 가운데 상당수가 대단히 번잡한 형상이었으며 월(越)나라에서는 장식적인 형태인 조충서(鳥蟲書)가 생겨났다. 이보다 후대에 발달한 인장용 서체 역시 알아보기도 재현하기도 어려울 정도의 독특한 형태를 갖는다. 또한 서예라는 예술적 관점에서 글자의 짜임 상 공백이 두드러지는 경우에는 中을 中과 같이 적는 것처럼 빈 곳에 점획을 더하는 '보공(補空)'이라는 기법이 있었고 정반대의 수법도 존재했다.

길흉에 대한 의식이라는 특수한 동기에서 만들어진 이체자도 있다. 鉄[쇠 철]은 구성요소를 뜯어보면 '돈[金]을 잃는다[失]'로 풀

이될 수 있어서 장사할 때 쓰기에는 좋지 않다는 이유로 구자체인 鐵을 쓰거나 '돈[金]을 화살[矢]로 쏘아 가져온다'라는 의미를 담아 鉄로 쓰는 경우가 흔히 보인다. 실제로는 이런 글자를 사용했다가 아이가 시험에서 한자를 틀렸다는 원성을 듣고 간판을 고치느라 도리어 돈만 더 쓰게 되었다는 이야기를 들은 적도 있다. 국철 시절에 큰 적자에 시달렸던 JR그룹도 'JR동일본 여객철(鉃)도 주식회사' 와 같은 로고에 앞서 설명한 모양의 글자를 사용한다. 이러한 사례는 말에 서린 '영험한 힘[言靈, ことだま]'을 느끼고 금기어라는 것이 아직까지 남아 있는 것과 마찬가지로, 문자에도 '영험한 힘[文字靈]'이 깃들어 있다고 믿고 글자의 모양에서 주술적인 작용을 찾는 것이다. 이는 전국시대에는 적장의 이름은 목을 친 것처럼 적으라는 신앙이 존재했던 것과 같은 맥락이며 부적과도 이어지는 생각이다. 무대에 설 때 긴장하지 말라고 人[사람 인]을 손바닥에 세 번 적어 삼키는 것과 같은 주술도 밑바탕은 마찬가지일 것이다.

천황, 쇼군, 조상, 부모 등의 이름에 포함된 한자는 가급적이면 적지 않았다. 만일 불가피하게 적어야 한다면 중국에서 전래된 방식인 '결필(缺筆)'을 취하여 한 획을 줄여서 쓰기도 했고, 吉을 吉처럼 다 적지 않는 일본적인 현상도 나타났다. 같은 성씨를 쓰더라도 방계는 종가와 다른 글자 모양으로 적는다거나, 예명일지라도 격이 낮은 쪽은 정자체인 澤을 쓰지 않고 약자체인 沢을 쓴다거나 하는 일본만의 독특한 관습도 남아 있다. 일본 장기의 말 이름도 격이 높은 은장[銀] 뒤에는 해서체로 金이라고 적혀 있고, 격이 낮은 보병[步] 뒤에는 金이라는 글씨를 심하게 흘려서 と에 가까운 모양으로 적는 것도 서체와 지위를 연결 짓는 생각에서 비롯되었을 것이다.[13]

결혼식 예물 물목에 포함된 '스루메[마른 오징어]'를 '寿留女'로 적는 것처럼 좋은 한자로 취음하여 적는 일은 다양하게 이루어진다. 개점을 축하하는 화환에는 賛江[さんへ: ~씨께]와 与利[より: ~로부터]라고 적는다. 칡 전분으로 만든 떡인 '구즈모치'를 久寿餅라고 적는 것은 일본어의 '구즈(くず)'를 히라가나로 적었을 때

13 옮긴이: 일본 장기에서는 말이 적진 안에서 움직이거나 들고 날 때 승격시킬 수 있는데 그것을 표시할 때 말을 뒤집어 놓는다. 이렇게 말을 뒤집을 것을 상정하여 뒷면에도 각기 다른 글씨가 적혀 있는데, 본문의 내용은 말의 격에 따라 서체를 달리하는 것에 대한 언급이다.

오는 거북한 어감을 뒤덮기 위함이었을 것이다. 일반적인 상품인 '두부(豆腐)'도 부정적으로 해석될 수 있는 腐[썩을 부]를 기피하여 좋은 뜻을 갖는 富[부유할 부]를 취음하여 豆富라고 적는 일이 늘고 있다. 이것은 상품의 이미지 미화에 큰 몫을 하는 모양이다. 그것과 차별화하기 위해서인지 宀[갓머리]에서 점을 뗀 冨를 쓰는 豆冨까지 등장한 실정이다. 豆付로 적는 예도 오래전부터 존재했다. '春夏冬二升五合'이라고 적고 'あきないますますはんじょう'[장사 더욱 더 번창][14]라고 읽게 하는 장사꾼 집안의 희서[戯書, ざれがき]도 그 연장선상에 있는 것일까? 또한 인명이나 지명 등의 고유명사에도 이런 표기가 적지 않다. 지명에는 가자(嘉字)와 호자(好字)를 사용하라는 명령은 나라시대 이전부터 내려졌었다.

---

14 옮긴이: 春夏冬[봄 여름 겨울]은 '가을이 없다[あきない, 秋無い]'로 읽어 같은 발음인 '장사[あきない, 商い]'를 나타낸다. 二升[두 되]는 '되를 두 번[ますます, 升升]' 읽어서 '더욱 더[ますます, 益々]'와 같은 발음이 된다. 五合[다섯 홉]은 '한 되의 절반[はんじょう, 半升]'으로 읽어 '번창[はんじょう, 繁昌]'과 동음이 된다.

이체자를 분별해서 사용하다

같은 한자이지만 여러 자체(이체자)가 있는 경우에는 각각의 자체가 서로 다른 용법을 갖기도 한다. 着은 著의 속자였으나 본래 著에는 '나타날 저'와 '붙을 착'이라는 다른 의미와 발음이 공존하였고 후자를 着으로 나타내게 되었다. 이외에도 弔는 '조문하다'를 나타내고 그것의 이체자인 吊는 '매달다'를 나타내고, 總은 總合[총합, 종합]에 이체자인 惣은 惣菜[반찬]에 각기 쓰이며, 梁은 '들보'를 의미하고 대죽머리가 붙은 이체자인 簗은 어로 도구인 '어살'을 각기 뜻하는 것으로 일본에 정착하고 있음을 확인할 수 있다.

특정 상황에 구자체가 쓰이는 경우도 있다. 사찰과 신사, 축제 등에서 기부자의 이름을 게시할 때 기부액의 만 단위를 나타낼 때에는 신자체인 万이 아니라 구자체인 萬으로 적는다. 이것은 현대 일본인의 관점에서는 멋대로 글자를 바꾸는 것을 방지하기 위해 쓰는 갖은자[大字, だいじ]이다. 그것은 숫자를 멋대로 고쳐 적을 수 없도록 二 대신 貳로 쓰는 것을 말하는데, 현재 일본에서는 '대장성령(大藏省令)' 등의 법령을 통해 壱, 弐 등의 갖은자를 사용하도록 규정하고 있다. 기부액을 적을 때 萬을 쓰는 것

은 액수가 크다는 의식을 읽어낼 수 있을 것이다. 불교 의식에서는 지금도 御佛前 등과 같이 구자체가 많이 쓰인다.

헤이안(平安) 시대 이래로 일본의 전통 시가문학인 와카(和歌)나 렌가(連歌) 등에서는 '동자병(同字病)'이라고 해서 한 시가의 윗구와 아랫구에 같은 발음의 단어, 문자가 거듭 쓰이는 것을 흠으로 생각하여 기피하는 규칙마저 존재했다. 이렇듯 같은 글자나 단어가 거듭 쓰이는 것[差合, さしあい]을 금기시하는 약속은 하이카이[俳諧]에서도 이어졌다. 이 경우는 귀로 들을 때 거슬리는 것도 관여되었을 것이다. 『일본영대장(日本永代藏)』 권5에는 같은 행에 仏과 佛이 모두 사용된 부분이 있다. 이는 용법이 달라서 구분한 것이라기보다는 외형의 단조로움을 깨기 위한 변자법(變字, かえじ)이라는 표현 기법으로 볼 수 있다. 편지를 부칠 때 수신자명에 '国立國語研究所'라고 国과 國을 혼용하는 것을 오히려 통일성이 없다고 생각하는 것은 요즘의 감각이다.

이러한 표현들은 학식이라고 부르기에는 거창한 일종의 문화적 여유가 낳은 것들이었다. 그것은 근세의 문서에서 町이 계속 등장하니 자연스레 甼으로 적다가 이것도 계속 나오니 다시 町으로 적는 예에서도 엿볼 수 있다. 자주 쓰이는 國과 같은 한자는 흘려 쓰는 방식을 변화시키기도 했다. 근대 작가의 원고에서도 이러한 관습이 보인다. 활자로 옮기면 사라지기도 하지만 이러한 소양은 공유되고 있었다. 오늘날에는 이렇게 다양한 표기를 용납하지 않게 되었다. 편집자, 교정자, 그리고 저자까지도 '통일병'에 걸리곤 한다.

기존의 이체자가 각기 갖는 인상을 이용하고자 하는 의식은 자체를 선택할 때 작용한다. 스토리에 등장하는 '용'은 龍과 竜 중에 어떤 한자로 적을까를 선택할 때 서양의 드래곤이면 아무래도 竜이 좋겠다고 생각할 수 있다. 지명인 쓰루기다케[つるぎだけ]는 剣岳과 劒岳 중 어느 것이 좋을까를 선택해야 한다면 위엄이 느껴지는 산이니 근사하게 劒으로 해야겠다고 생각할 수 있다. 특히 상용한자표의 적용 대상이 아닌 고유명사는 손으로 적을 때의 관습, 다른 것과 구별하고자 하는 의식, 호적과 같은 제도를 통해 이체자가 사용되는 경우도 있다.

片 片

호적에는 메이지 시대 이래로 약자를 쓰지 않고 해서로 적도록 규정되어 있지만 현실적으로 가문의 관습이나 호적 담당자의 필벽, 그리고 개인의 취향이나 오해, 오기 등이 더해져 다양한 한자가 쓰여 왔다. 今[이제 금]을 仐, 片[조각 편]을 片, 𠂉, 柳[버들 류]를 栁, 桺로 적는 것들은 대개 당시의 손글씨에 영향을 받은 것이라 할 수 있다. 사이토[齋藤, 斎藤, 齊藤, 斉藤]라는 성씨가 혼인이나 이사, 전산화 등으로 호적을 옮길 때마다 그 'Y'로 적는 부분이 '了'로 바뀌거나 하는 등 자체가 왔다갔다하는 현상도 확인된다. 人[사람 인] 위에 잉크나 먹이 떨어져 亼이 된 예도 있었다고 한다. 또한 당나라 때에 편찬된 『간록자서(干祿字書)』에 따르면 호적에는 속자(俗字)를 써도 좋다고 되어 있다. 지금은 매우 세세한 자형에 대해서까지 집착하는 사례가 있다. 문자에 대해서는 신경이 쓰이는 것과 의식화된 것이 바로 '문제'가 되는 것이다.

필요한 글자는 만든다

앞서 일본인이라도 가나가 몇 글자인지를 정확하게 대답할 수 있는 사람이 많지 않다고 했다. 하물며 한자는 전부 몇 글자인지를 명확한 숫자로 나타낼 수 있는 사람은 드물 것이다. 이것은 조사를 하면 할 수록 새로이 한자로 간주할 만한 글자가 발견되고 또한 미세한 형태의 차이를 알게 되기 때문에 5만, 8만, 12만 등으로 정확성이 결여된 어림잡은 수치로 말할 수밖에 없는 것이다. 그렇게 끝도 없는 한자들 중에는 한자, 즉 중국의 글자라고 부르고는 있으되 일본인이 창조한 문자인 이른바 '국자(國字)'도 존재한다. 이하 국자가 탄생하는 구체적인 과정을 살펴보자.

𦬇 [illegible] [illegible]

필기의 경제성이라는 관점에서는 강의 기록에서 발생하는 예를 들 수 있을 것이다. 일반적인 담화를 기록할 때 실시간으로 손으로 적어 가기 위해서 속기가 이용되는데, 그것이 없었던 시절에는 가타카나가 쓰이거나 쇼모쓰가키[抄物書]라고 하는 생략된 표기가 이루어졌다는 것은 앞에서 언급하였다. 서둘러서 비좁은 공간에 작은 글씨로 적어 넣기도 하고 일시적으로 읽을 수 있다면 나중에 깨끗하게 다시 옮겨 적을 수도 있다. 메모라면 자기가 읽을 수만 있으면 문제가 되지 않는다. 그래서 불교 용어 중에서 자주 쓰이고 글자의 획이 복잡한 菩薩(보살)이라는 단어는 당나라에서 전래된 𦬇을 그대로 수용하였고(91쪽 그림의 오른쪽 상단에 보임), 菩提(보리)는 중국에서 쓰이던 艹를 받아들여 𦬇로 적었다. 이런 부류의 한자가 일본에서는 문학작품 등에도 사용되었고 지금도 승려가 적는 노트나 소토바[卒塔婆][15]에서 볼 수 있다.

はたらく[하타라쿠: 일하다], はたけ[하타케: 밭], こむ[고무: 넣다]와 같은 일본 고유어는 거기에 딱 들어맞는 한자를 찾기 어렵다. '밭'이라면 과실수나 채소 밭은 圃[채소밭 포] 같은 글자가 대응하지만 '상전벽해(桑田碧海)'[뽕나무 밭이 푸른 바다가 되었다]와 같은 사자성어에서 보다시피 田[밭 전]은 '논[た]'과 '밭[はたけ]' 어느쪽과도 대응하는 의미를 갖는다. 한편 일본인에게 '논[た]'과 '밭[はたけ]'은 서로 별개의 단어이므로 가능하다면 각기 나누어 쓰고 싶었을 것이다. 그러한 요구가 한자의 원리를 모방하여 새로이 働·畑·込와 같은 국자를 고안해내는 요인이 되었다. 예로부터 수많은 국자가 만들어졌고 그것이 여러 시대와 사회 안에서 취사선택된 결과가 오늘날 일본의 국자이다.

특히 고유명사의 표기에는 기어이 한자로 적고 말겠다는 의식이 반영된 경우가 많다. 민속학자 야나기타 구니오[柳田國男, 1875~1962]는 『성씨 이야기[名字の話]』(1911)에서 くろ[구로: 흙무더기]

15 역자: 망자를 공양하기 위해 묘비 근처에 세우는 가늘고 기다란 판자.

라고 읽는 국자 ⿰土丸가 오카야마현 서부와 남동부 일대에서 쓰인다고 언급하면서 だんご[단고: 경단]를 일반적인 団子(團子)로 표기하지 않고 '일본에서 만든 글자[和製の字]'인 ⿰米丸로 표기하는 지명이 있음을 밝혔다. 야나기타 구니오는 1884년 즈음에 내무성 지리국에서 제작하도록 한 방대한 지명 자료에서 이 글자를 발견했으나 이것은 도쿄제국대학에 기탁되었으나 관동대지진(1923년)으로 불에 타 잿더미가 되었다. 현재 ⿰米丸[단고]라는 지명은 일본 국토지리원의 지형도 등에서도 찾을 수 없는데, 『일본 지명 대사전(日本地名大辭典)』에 수록된 「고아자 명칭 일람[小字名一覽]」[16]을 모두 살펴보았더니 서로 동떨어진 지바현과 야마나시현에서 ⿰米丸山[다고야마/단고야마]가 두 곳, ⿰米丸田[다고다]가 확인되었다. 糰라는 한자도 있는데 마찬가지 발상으로 만들어낸 유사 사례인 듯하다. 실존하는 지명에 쓰이는 글자인데도 사전에 없으니 틀렸다거나 컴퓨터로 입력할 수 없으니 고쳐야 한다거나 하는 말이 종종 들려오는데 사실 본말이 전도된 의견이다.

중고부터 중세 이후에 軈[やがて: 이윽고], 扨[さて: 그러면], 迚[とても: 매우], 迚[とて: ~라며] 등과 같이 명사나 동사 이외의 단어를 적

16 역주: 원문의 小字(こあざ)는 지역공동체 기반의 자연촌락보다 작은 단위의 지명을 뜻한다.

기 위한 국자가 생겨났다. 만요가나만을 쓰던 시대와 달리 가나가 발명된 이후에도 한자로만 문장을 표기하려고 한 마나본[眞名本/眞字本]이 저술되었다. 여기에는 한자로 적는 것을 통해 말의 뜻을 명확히 한다는 목적도 있었다. 오늘날에도 일본인들이 귀로 듣고는 알기 어려운 단어에 대해서 그 뜻을 확인할 때에 '어떤 한자로 적나요?'라고 묻는 것은 한자 표기의 기능에 의존하기 때문일 것이다.

'가나[假名]'는 일본어를 평소 말하는 어순에 맞춰 일상적인 단어 그대로 적을 수 있기는 하지만, 그러한 '임시[假] 문자'를 버리고 '진정한[眞] 문자'인 '마나[眞名]' 즉 한자로 적어야 한다는 의식은 오늘날에도 살아 있는 듯하다. 졸업장에 히라가나가 섞인 본명 ふじ子[후지코]가 아니라 굳이 한자로 바꾼 冨士子로 적은 것을 본 적이 있는데 이것도 그러한 의식에 의한 표기였을 것이다. 제대로 된 무언가에는 한자로 적어야 한다는 이러한 의식은 수고를 마다치 않고 공을 들여야 공손함이 더해진다는 경어의 감각과도 일맥이 상통한다. 그러한 의식과 감각이 이러한 행위를 지탱하는 것으로 생각된다. 그래서인지 한자를 많이 외우는 것이 국어(일본어) 능력 함양의 전부라고 단순히 치부하는 경향도 존재하는 듯하다.

다양한 합자(合字)

총리를 역임했던 고노에 후미마로(近衛文麿)나 일본어 연구자 도키 젠마로(土岐善麿), 우키요에 화가 기타가와 우타마로(喜多川歌麿)와 같이 麿라고 적고 '마로'라고 읽는 국자가 있다. 두 글자 이상의 문자열을 한 글자처럼 적되 본래 문자열의 발음은 유지된 것을 합자라고 한다. 麻呂[마로]가 합쳐져 麿라는 합자가 되는 것은 붓으로 세로쓰기를 하던 시절에는 지극히 자연스럽게 일어나는 현상이었다. 나라시대의 쇼소인[正倉院] 문서를 보다보면 후대로 내려갈수록 사람 이름에 쓰인 麻呂라는 글자가 한 글자 반 정도 길이로 압축되고 마침내 麿라는 형태가 빈번하게 쓰이게 되는 현상이 관찰된다. 즉 합자는 두 글자가 서서히 합쳐져서 만들어진 것이다. 그리고 "필요한 글자는 계승된다". 요즘은 磨[갈 마]와 헷갈리는 경우가 잦은데 麻呂[마로]라는 만요가나가 합쳐져서 만들어진 글자라는 이해만 있다면 틀릴 까닭이 없다.

安倍仲麿 柿本人麿

中田武司・高橋良雄編,『宗牧筆 古今和歌集』, 桜楓社, 1975.

센자후다[千社札]나 핫피[法被]의 등판에 에도모지[江戸文字]로 적는 ⿰花⿱川戸[花川戸, 하나카와도, 도쿄 다이토구의 지명]와 같은 임시적인 합자는 '다키지[抱き字]'라고 한다.

"하나의 뜻을 하나의 글자로 나타내는 것을 우리나라 사람(일본인)들이 선호하는 결과로서 이른바 和字[일본 한자]라는 것이 우리나라(일본)에 생겨났다"[17]라고 하였듯이 한 단어로 의식되는 단어를 국자나 한자 한 글자로 적어서 나타내고자 합자가 만들어진다. 지명은 중국식으로 한자 두 글자로, 성씨는 한 글자 아니면 두 글자로 적어야 한다는 것도 제약으로 작용했을 것이다. 중세 말기에는 한약재를 한 글자로 나타내기 위해 일자명(一字銘)이라는 유형의 서적이 발달하였는데 그 안에도 합자가 확인된다. 또한 작고 적기 쉬운 한자나 비슷한 한자가 존재할 때 합자가 발생하는 경향을 볼 수 있다. 칸이 없는 종이에 세로쓰기로 한자를 이

17 山田孝雄,『國語史第九巻 文字篇』, 刀江書院, 1937

어서 적으면서 물리적으로 자연 발생한 것도 있을 터이다.

これは不幸の手紙です

↓

これは不幸の手紙です

↓

これは棒の手紙です

필사본은 필사자의 필기 습관이 묻어나게 마련인데, 더군다나 잘못 적어서 합자가 생기기도 한다. 일본에서 한때 유행했던 '불행(不幸)의 편지'는 일각에서 '봉(棒)의 편지'가 되어 나돌기도 했다고 한다. 같은 장난이라도 오늘날의 체인메일이 받은 글자를 그대로 전송할 수 있는 것과 달리, 한 장 한 장 손으로 적었기 때문에 不→木, 幸→奉이 되었고 동시에 그것이 합자가 되어 기존의 글자에 흡수된 것이다.

앞서 말한 바와 같이 한자는 표의성(表意性)이라는 근본적인 성질을 갖고 있기 때문에 각 개념 단위로 표기하려고 하는 특징을 가지고 있다. 한자는 사물의 형태를 본뜬 상형(象形), 사물을 추상적으로 나타낸 지사(指事), 그러한 글자 여럿을 합친 회의(會

意), 형성(形聲)이라는 여러 방식으로 글자를 만들 수 있다. 글자를 합쳐서 새로운 글자를 만들기 위한 구성요소 또한 풍부하게 존재한다. 그래서 "필요성을 인식하면 문자는 새로이 만들어졌던" 것이다.

'圓'에서 '円'으로

- 약자의 성립 경위

한자가 어떻게 만들어졌는지가 궁금할 때 한화(漢和) 사전이나 자원(字源)사전을 찾아보면 人[사람 인]은 사람을 본뜬 상형문자, 休[쉴 휴]는 사람과 나무를 조합한 회의문자 등과 같이 일정한 답변을 얻을 수 있다. 그러나 國[나라 국]의 약자인 国이 왜 囗[큰입구몸] 안에 玉[구슬 옥]이 들어 있는지를 찾아보려 해도 '國의 신자체'라든지 '國의 속자'와 같은 설명밖에 보이지 않는다.

'약자'가 어떻게 만들어졌는지를 알아보기 위해 일본의 '상용한자표'(1981)에 포함된 약자 중에서 3개를 선택하여 그 역사와 기원에 대해 살펴보기로 하겠다.

【国: 나라 국】 1945년 이전의 일본을 무대로 하는 텔레비전

드라마의 세트에 国과 같은 약자가 붓으로 적혀 있으면 '시대 고증이 잘못되었다'고 문제제기하는 시청자가 있다고 한다. '당시에는 國이라고만 적었으며, 1946년의 「당용한자표(當用漢字表)」로 생겨난 国이 존재했을 리가 없다'고 생각하는 것일 텐데 정말일까?

중국에서 國의 약자로 国을 쓴 것은 이미 한(漢)나라 때 예서체나 육조(六朝)시대 해서체에서도 볼 수 있다. 国은 囗[나라] 안에 王[임금]이 있다는 의미로 만들어진 약자였을 것이다. '나라'의 중심은 '임금'이 아니라 '백성[民]'이라는 취지로 㕵과 같은 자체도 나타나는데 이것은 國을 흘려 적은 글자 가운데 하나를 그렇게 해석한 것에서 비롯되었을 것으로 생각된다.

国은 중국보다 오히려 일본에서 헤이안 시대 이후에 많이 사용되었다. 『헤이케 모노가타리[平家物語]』의 고사본이나 『오쿠노 호소미치[奥の細道]』의 저자 자필본 등에도 쓰인 예를 찾을 수 있다. 이는 国에 丶을 더했다고 볼 수 있는데 이와는 별개로 囻처럼 國을 흘려 쓴 모양(다음 쪽 그림의 왼쪽)을 国으로 파악하여 발생한 약자로도 생각해 볼 수 있다.

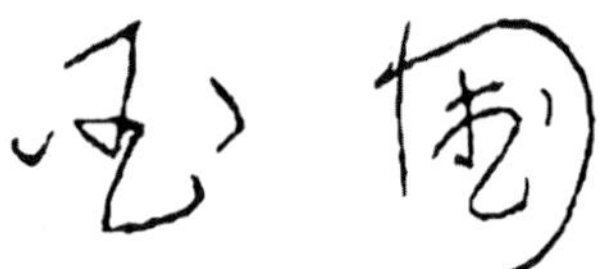

国은 1919년에 문부성 보통학무국 국어조사실의 「한자 정리안(漢字整理案)」에 國의 '허용체'로 제시되었으며 그 후 몇 번에 걸쳐 작성된 한자 정리안에서도 国과 경합하였다. 1946년에 발표된 「당용한자표」에서는 國뿐이었으나 国이 「활자자체 정리안(活字字體整理案)」을 거쳐 3년 후에 공포된 「당용한자 자체표(當用漢字字體表)」에서 '자체의 표준'으로 채용되었다. 이 国이라는 자체는 현재 중국에서도 사용되고 있고 한국에서도 종종 쓰이곤 한다.

【広: 넓을 광】 일본에서는 「당용한자표」에서 廣의 약자 広을 공식적으로 채용했다. 제1장에 언급한 바와 같이 이 약자는 国과는 달리 중국에서는 볼 수 없으며 지금도 한자권 안에서 일본에서만 통용된다.

왜 黃[누를 황] 부분을 厶[마늘 모]로 줄인 걸까? 첫 번째 이유로는 일본인들이 한자의 귀찮은 부분을 생략하고 싶을 때 厶나 云

과 같은 모양을 대신 사용하는 경우가 많았던 것을 생각할 수 있다. 云이 쓰인 예는 會[만날 회]→会처럼 중국에서도 볼 수 있으며 일본에서는 행초서로 흘려 적었을 때 云에 다소 가까운 형태를 갖는 轉[구를 전]→転, 傳[전할 전]→伝 외에 「당용한자표」에 채용되지는 않았지만 職[맡을 직]을 职으로 줄여 쓰기도 한다. 职와 같이 厶를 사용해 생략하는 예도 자주 볼 수 있을 것이다. 또한 다른 이유로는 '넓다'라는 의미와 히로[ひろ]'라는 일본어 훈을 갖는 한자 중에 宏[넓을 굉], 紘[끈 굉], 弘[넓을 홍]과 같이 厶가 포함된 글자가 있어서 그 영향으로 廣도 広이 되었다는 설이 있다. 이들 한자들은 모두 현대 일본 한자음으로는 '고[コウ]'로 읽으므로 동음이 된다.

그렇다면 広이라는 약자는 언제 생긴 것일까? 이것도 한화사전 등에서는 답을 찾을 수 없으며 「당용한자표」를 제정할 때, 즉 1945년 이후에 만들어진 것으로 추측되기도 했었다.

하지만 히로시마 시내에 있는 원폭 자료관을 방문했을 때 참혹했던 상황을 전하는 전시물 중에 제2차 세계대전 종전 직후의 전언을 촬영한 사진이 있다는 것을 알게 됐다. 그것에서 '広島ニ[히로시마에]'라고 손으로 적은 글자를 확인할 수 있었던 것이다. 이것은 1945년 10월의 것이므로 「당용한자표」가 제정 및 공포된

것보다 1년 앞선 것이다. 게다가 피폭된 이가 당시 가지고 있던 손가방에서도 '広島市[히로시마시]'라고 수기로 적은 글자가 명확히 확인되었다. 따라서 최소한 히로시마 사람들은 생활 속에서 広이라는 약자를 제2차 세계대전이 한창이던 시기에 사용했음을 당시의 유품을 통해 알게 된 것이다. 또한 도쿄의 어느 구에서 개최된 노인강좌에서 강연할 적에 성씨에 広이 들어가는 분이 역시나 1945년 이전에도 손으로 적을 때는 広으로 썼다고 가르쳐 주셨다. 불과 60년 전의 사실이지만 이미 아는 이가 거의 없게 된 것이다.

【円: 둥글 원】이제 圓의 내력에 대해 살펴보자. 「당용한자표」 신자체인 円이라는 약자체는 오늘날 百円[100엔], 円形[원형], 円い[둥글다], 円山公園[마루야마 공원] 등과 같이 쓰이고 있으나 중국에서는 일찍이 볼 수 없던 약자이다.

현재 중국에서는 圆[yuán]이 간체자로 채택되어 쓰인다. 화폐 단위에서는 필획이 간단한 元[yuán]이 공식적으로 쓰이고 있으나 지폐에서는 圓도 볼 수 있다. 일본 엔도 '日元', 미국 달러도 '美元' 등으로 표기한다.

그렇다면 円이라는 자체는 어떻게 생겨난 약자일까? 圓은 員

[수효 원]이 '원'이라는 발음을 나타내는데 헤이안 시대에는 이미 員을 丨으로 흘려 적게 되었고 이것을 해서체처럼 고친 冂도 나타났다(아래 그림의 구카이(空海)의 친필 참조).

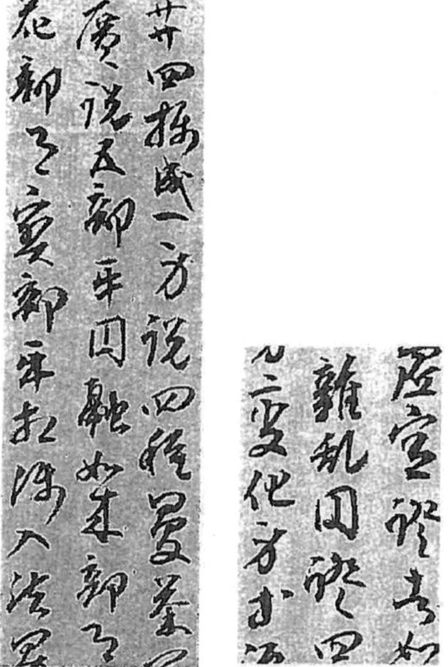

空海「三十帖策子」(仁和寺蔵 佐和隆研·中田勇次郎編 『弘法大師真蹟集成 縮印版』法蔵館, 1975)

엔친[圓珍], 엔닌[圓仁]과 같은 승려들의 이름 등에서도 사용 빈도가 높은데 자획은 비교적 복잡하기 때문에 간소화된 것이리라.

'円' 활자형의 변천[18]

그 후 冂은 무로마치 시대의 쇼테쓰본[正徹本] 『쓰레즈레구사[徒然草]』 등에서도 사용되었는데 그 과정에서 자체의 안정성과 서기의 용이성을 추구하여 冂 아래의 가로획(一)의 위치가 점점 올라가게 되었고(『운슈오라이(雲州往來)』 등) 오늘날의 円과 같이 변화했다. 이것도 세로획(丨)의 길이가 짧으면 그 만큼 붓을 움직이는 수고가 절감된다는 점에서 필기의 경제성에 따른 것으로 볼 수 있다. 그 중 가로획(一)이 점차 위로 올라가는 일반적인 모습은 여러 시대에 손으로 적은 문헌에서 확인할 수 있다. 물론 근세와 근대에도 아직 冂이라는 오래된 자형을 유지한 예는 있으며

18 文化庁文化部国語課編『明朝体活字字形一覧』, 1999년.

『호쿠에쓰 셋푸[北越雪譜]』(1836-1842 간행) 등에서 볼 수 있다.

손으로 적은 자체가 변화하는 추이를 좇아 메이지 시대에는 명조체 활자도 아래 가로획이 위로 올라간 활자가 만들어지고 점차 지금의 円에 가까워진다. 그 계기는 메이지 시대 초기에 일본의 화폐 단위로 圓이 채택되었기 때문일 것이다. 1871년에 공포된 「새 화폐에 관한 조례[新貨條例]」에는 圓을 채용함이 명시되었고 바로 앞 해의 연도가 적힌 二十圓짜리 금화 등도 발행하였다. 이러한 화폐 단위 채용은 円이라는 약자가 고정화되는 데에 결정적인 역할을 한 것으로 생각된다. 미국의 보조화폐인 '센트'를 본따서 오쿠마 시게노부[大隈重信]가 圓 아래에 설정한 것으로 전하는 錢[센: 전]은 손글씨로 적을 때는 오른쪽 편방만 떼어 戋처럼 줄여서 쓰는 경우가 많았으며, 그보다 옛날에는 중국을 모방하여 夕으로 쓰이기도 했다. 또 다른 단위를 나타내는 厘(리)도 원래는 釐(리)라는 한자의 대용이었다. 이처럼 사용빈도가 높아짐에 따라 약자 사용이 확산되어 정착하였던 것으로 보인다. 한편 일본 만담가[落語家]들의 이름에도 종종 圓을 쓰곤 하는데 여기에 대해서는 円으로 적으면 그 사람다운 이미지가 사라진다는 관념이나 이름을 함부로 바꾸거나 틀리는 것은 실례라는 의식이 작용한 것으로 보인다. 단위를 나타내는 글자에 대해서는 그런 의식이 작용한다는 이야기를 들은 적이 없다.

1908년에는 국가기관인 문부성 국어조사위원회가 작성한 『한자 요람(漢字要覽)』에서 円의 가로획(一)이 아직 낮게 그어진 자체를 '별체(別體)'로 인정하였다. 1919년에 나온 문부성 「한자 정리안」에는 지금과 같은 모양의 円이 圓의 '허용체(許容體)'로 정의되었고 1931년에 임시국어조사회가 제시한 「상용한자표(常用漢字表)」에서는 円의 가로획이 다소 내려간 형태이기는 하지만 그것을 '간이 자체(簡易字体)'로나마 정식 자체로 채용하였다. 1937년에 국어심의회에 의한 「한자 자체 정리안(漢字字體整理案)」에서도 '손으로 적을 때에는 대개' 円(가로획이 낮음) 등과 같은 간소화한 자체가 쓰이는 것을 인정하고 円의 가로획이 상당히 위로 온 형태를 채택하였다. 그로부터 4년 후에 나온 「표준한자표(標準漢字表)」에서도 일반적으로 사용해도 무방한 간이 자체로서 명시했다. 이렇듯 1945년 이전부터 이어져 온 일련의 움직임에 따라 1946년에 공포된 「당용한자표」에 '간이 자체'로 채용되었고 3년 후에 나온 「당용한자 자체표」에서 '자체의 표준'이라는 위치를 획득한 것이다.

지금까지 살펴본 것처럼 약자는 중국이나 일본 등지에서 한자 사용자의 대다수를 점하게 된 민중들이 길러낸 글자이다. 그

대다수는 사전에는 좀처럼 채택되지 않았고 손 글씨로나마 면면히 생명력을 유지해 왔으나, 일본에서는 그 중 일부가 1945년 이후에 제정된 「당용한자표」를 통해 공인된 것이다.

日本の漢字

日本の漢字

나루체[ナール体]와 에도모지[江戸文字](간테이류, 勘亭流)

글자의 모양에 대해 보충을 하자면 자체(字體), 즉 글자의 뼈대에 대해서는 같은 개념을 갖고 있더라도, 자형(字形), 즉 적거나 인쇄 혹은 화면에 표시되어 구체화한 형태에는 차이가 있을 수 있다. 오노노 미치카제[小野道風], 후지와라노 스케마사[藤原佐理], 후지와라노 유키나리[藤原行成] 등이 일으킨 일본풍[和樣] 서풍이라든지, 가부키 간판이나 광고에 쓰이는 간테이류[勘亭流][19] 등과 같은 에도 문자[江戸文字]의 서체라든지, 기다유부시[義太夫節]와 조루리[浄瑠璃]의 대본[丸本, 院本]의 서체라든지, 나루체[ナー

19 1779년에 오카자키야 간로쿠[岡崎屋勘六, 호는 간테이(勘亭)]가 창시한 서체.

ル体] 등과 같은 일본산 글꼴 디자인에서 부드러운 선과 같은 일본적 특징을 찾아볼 수 있다. 최근에도 스티커 사진에는 '복실복실 글꼴[モコモコ文字]', '젤 글꼴[ジェル文字]'라고 불리는 독특한 질감으로 글씨를 넣을 수 있는 기종도 출시되었다고 한다. 또한 國(国)이나 특히 일본에서 많이 사용된 候, 御 등의 한자에 대해서는 일본 특유의 초서체까지 생겨났다. 이러한 현상에서도 자주 쓰이는 글자는 생략된다는 필기의 경제성 원리가 작동함을 엿볼 수 있다.

좋은 점만 취하면서 생겨나는 다양성

이처럼 대단히 복잡한 상황 속에 존재하는 일본의 한자(국자 포함)에 대해서는 일찍이 에도 시대부터 비판이 싹터 왔다. 그리고 현실에서 일본인들은 다량의 한자, 그리고 한자에서 유래하는 가나를 사용하면서도 '서양 문자[横文字]'에서 이상을 추구하거나 혹은 그것을 동경해왔다. 로마자는 16세기에 일본에 전해진 이래로 일본인이 선호하는 문자가 되었으며 에도시대에는 간판에 로마자를 사용하지 말라는 관청의 명령이 등장하기까

지 했다. 그러한 로마자나 아라비아 숫자, 서양 문자에서 유래한 부호 등에서조차 형태나 용법 등의 측면에서 일본 특유의 변용이 발견된다. 예를 들어 도표 등에서 반복을 나타내는 서양식 기호인 " [중복 부호]는 일본에서 에도시대에 붓으로 적을 때 쓰이던 ハ와 유사한 부호와 뒤섞여 〃로 변형되어 정착되었다. 인용을 나타내는 " "[큰 따옴표]도 마찬가지로 형태가 변하였다. 또한 숫자 5, 8 등도 서양 사람들과는 다른 형태로 적는 경우가 많은 듯하다.

게다가 일본에서는 그러한 문자를 배열하는 방향에서조차 다양성을 찾아볼 수 있다. 문자의 배열 방향은 고대에는 여러 종류가 있었으나 일본에서는 세로쓰기와 가로쓰기가 지금도 여전히 병존한다. 세로쓰기에는 왼쪽에서 오른쪽으로 적어 나가는 예외적인 용법이 있는가 하면, 가로쓰기에도 오른쪽으로 적어 나가는 통상적인 쓰임 외에 일부 간판이나 자동차 등에 왼쪽으로 적어 나가는 경우가 남아 있다.[20] 그러한 특수한 방식을 취함으로써 오래된 상점이라고 인식시키기 위한 것도 있고, 주행 중인 자

20 옮긴이: 영업용 운수 차량의 측면에 업체명이나 브랜드명을 도장할 때, 운전석(전두부)을 기점으로 한쪽에는 왼쪽→오른쪽(カンガルー便), 다른 한쪽에는 오른쪽→왼쪽(便ールガンカ)으로 글자를 배열하기도 한다.

동차 표면에 적혀 있더라도 사람들이 읽기 쉽도록 하는 선전 효과를 노린 것도 있다. 이렇듯 글자를 적어 나가는 방향이 혼재된 것도 중국과 서양의 영향을 받은 결과라고 할 수 있다. 서양에서는 간판이나 게시물 등 한정된 상황을 제외하고는 세로쓰기는 하지 않는다. 또한 중국이나 한국에서도 가로쓰기가 주류가 되고 있으며 일본처럼 세로쓰기와 가로쓰기를 병용하는 곳은 세계적으로도 매우 희귀하다.

에도 시대에 민란을 일으킬 적에 쓰곤 했던 '가라카사 연판장[傘連判状]'이나 마쓰나가 데이토쿠[松永貞徳]를 중심으로 하는 하이카이[俳諧] 유파에서 저술한 『곤잔슈[崑山集]』에 실린 시구 등은 글자를 어디서부터 읽어야 하는지 알 수 없게 되어 있다. 특히 가라카사 연판장과 같은 방식은 지금도 롤링페이퍼[寄せ書き]에서 볼 수 있는 형식이다. 한자는 본래 세로쓰기를 위한 문자로 발달해 왔지만 오늘날 가로쓰기를 하게 되면서 事[일 사]의 마지막 획(亅)의 끝이 다음 글자의 첫 획을 향해 レ처럼 오른쪽으로 삐쳐 올라가는 경우마저 볼 수 있게 되었다.

이처럼 전 세계의 문자와 기호 및 배열방법에서 좋은 점만을 따왔다는 점과 그것을 자신들에게 맞도록 개량해 가는 유연하고 자유로운 태도는 일본의 문자가 갖는 다양성과 깊이 결부되어 있다.

무질서인가, 풍요로움인가?

현재 일본의 문맹 퇴치율은 세계 최고 수준이라고 하며 일본 국내에서는 일반적인 문자라면 널리 통용된다. 하지만 외국에 나가면 일본의 한자나 가나는 일본어를 이해하는 사람이나 필담이 가능한 일부 중국어 화자, 한국어 화자를 제외하면 거의 통하지 않는다. 현대 일본인이 일본어를 표기하기 위한 다채롭고 특수한 문자들로 둘러싸여 있고, 게다가 그것들을 능숙하게 다루고 있다는 사실은 세계적으로도 주목할 만한 일이다. 일본인은 외국에서 귀국했을 때 일본의 문자가 지닌 아름다움을 처음 알게 된다는 이야기를 종종 듣는다. 실제로 필자 또한 경험한 적이 있다. 이는 일본의 문자가 갖는 특이성에 대해 대부분의 일본인이 의식하지 못하는 것과 관련된다.

이러한 일본의 문자가 갖는 다양성은 맞춤법을 확립하고 정리 및 개선해야 할 필요가 있는 무질서한 상황으로 보아야 하는 것일까? 아니면 자유로운 선택이 가능하고 보다 나은 방향으로 나아갈 여지가 있는 풍요로운 상태로 파악해야 하는 것일까? 그것의 답은 문자를 사용하는 이들, 즉 일본인 개개인의 의식에 달려 있다. 이러한 지금의 상태는 일본인이 외래어를 수용하여 일본식 영어를 창안할 정도로 변용시켜 온 태도나, 연말연시에 교회에서 크리스마스를 보내고 사찰에서 제야의 종을 치며 신사참배로 새해 첫날을 맞이하는 것처럼 고유의 문화 속에 외래문화를 적절히 받아들여 소화하고 자신들에게 맞도록 개조해 온 정신과 맥을 같이한다고 할 수 있다.

제3장

자주 보이는 한자

'당용(當用)한자'의 탄생

중국에서는 은나라 때 이후로 수만 종류의 한자가 만들어졌다. 그 중에서는 다시 자체만 다른 이체자가 파생되었다. 이들 중 대부분 중국 문헌 등에 사용되거나 사전에 수록되어 일본에 전래되었다. 일본에서는 일본어를 표기하기 위해 그 중에서 필요한 것을 엄선했다. 그리하여 일본 내에서 일반성을 지니는 한자 그룹이 형성되어 갔다.

패전 이듬해인 1946년에 연합군의 점령 하에서 한자폐지론이 고조되던 가운데 「당용한자표」 1850자가 제정되었고 그로부터 3년 후(1949년)에는 자체의 표준을 명시한 「당용한자 자체표」가 공포되었다. 이것은 모두 내각 고시(告示)와 훈령에 의거해서 이루어졌다.

'당용한자'에서는 「당용한자표」와 「당용한자 자체표」를 통해 이른바 신자체(新字體)가 300자 이상 채택되었다. 여기서 글자 수를 확언하지 않는 것은 애당초 구자체(舊字體)의 개념부터가 불명확하기 때문이다. 특히 개개의 한자에 대해서 어떤 모양이 구자체인가에 관해서는 상용한자표에서 명시한 것과 한화사전에 규정된 것이 다를 수도 있고, 또한 한화사전들 간에도 의견이 분분

한 것들이 있다. 더구나 개념 정의 자체도 여러 설이 있어 명확하지 않다. 한편 패전 후의 혼란한 틈을 타서 새로운 약자가 만들어졌다는 비판은 지금도 찾아볼 수 있다. 그러나 당용한자의 신자체는 1945년 이후에 창작된 것이 아니다. 근거 없이 만들어진 것이 아니며 실제로는 거의 모두가 당시에 손 글씨에서 쓰이던 '속자'들을 채택한 것이다. 그 중에는 오자(誤字)에 기원을 둔 것도 있지만 그런 것들을 포함하여 패전 이전부터 시도되어 온 「(구)상용한자표」, 「표준한자표」 등의 축적이 토대가 되었으며 당시 손으로 적거나 할 때 존재하던 약자를 공적으로 추인하는 것들이었다. 즉 활자로 쓰는 것을 공인한다는 것이 신자체 채택의 취지였다.

그런 가운데 유일하게 1945년 이후에 창작된 약자가 畳[거듭 첩]라고 일컬어져 왔다(구자체, 이른바 강희자전체로는 疊). 그러나 그마저도 패전 이전에도 손 글씨로 쓰인 사례가 최근에 발견되었다. 그것은 소설가 나가이 가후[永井荷風]의 일기 『단장정일승(斷腸亭日乘)』에 나타난다. 이와나미쇼텐[岩波書店] 판으로 92쪽, 1936년 9월 부분에 나가이 가후가 자필로 그린 집의 배치도가 사진으로 붙어 있다(다음 쪽 그림). 거기에 '畳四畳半[다다미 4첩 반]' 이라고 적혀 있다. 첫 번째 畳은 글자 아랫부분이 흘려 적혀 있으나 윗부분은 확실히 田 한 개로 되어 있다. 두 번째 글자는 초서로 적혀 있다. 나가이 가후가 임시로 만든 약자가 우연히 패전 후에 창조된 자체와 일치한 것이 아니라면 일각에서는 통용되던 자체였을 가능성이 있다.

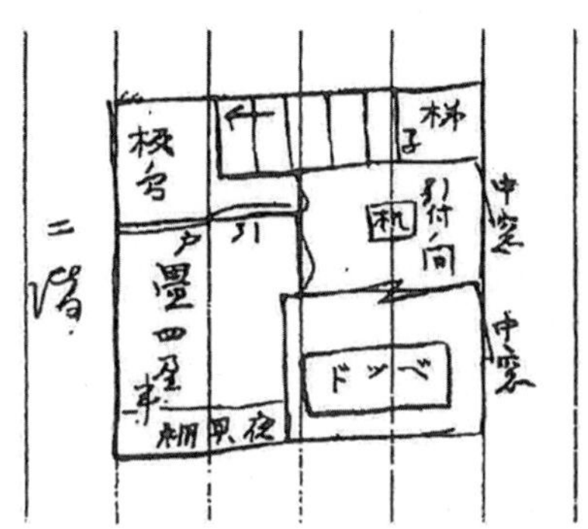

永井荷風『新版 断腸亭日乗』4, 岩波書店, 2001년.

1945년 이전에는 尊[尊: 높을 존], 髙[高: 높을 고] 등과 같이 필사체를 중심으로 하는 이체자의 전성기였다. 손으로 쓴 글씨에는 그 밖에도 다양한 약자가 존재했는데 畱[머물 류]는 留와 畄가 모두 쓰였고 門을 门으로 적는 등 그 밖에도 많이 사용되었다. 나쓰메 소세키[夏目漱石]도 모리 오가이[森鷗外]도 원고에는 약자를 쓰곤 했다. 때로는 그대로 활자로 옮겨지기도 했다. 이른바 강희자전체만으로 글을 쓰는 사람은 거의 없었으며 그러한 현실 가운데 선별된 것이 바로 신자체였음을 이해할 필요가 있다.

한자 제한이 완화된 '상용(常用)한자'

당용한자를 대신하여 1981년에 제정된 「상용한자표」는 95개 자종(字種)이 추가되었을 뿐만 아니라 당용한자가 지닌 한자제한의 성질을 완화한 '기준'이라는 성격의 것이기도 했다. 약자 채택도 灯[燈: 등잔 등], 挿[插: 꽂을 삽] 등 당용한자 시절에 준하여 이루어졌다. 그러나 潟[개펄 석]처럼 많이 쓰이고 필기의 경제성 원칙에서 泻, 滆, 汸 등과 같은 약자가 이미 존재하더라도 이른바 강희자전체가 채택된 것도 있다. 이 글자는 고유명사에 쓰이는 경우가 태반을 차지하며(제5장 참조) 潟은 현재도 니가타[新潟]현, 아키타현 미나미아키타군 오가타[大潟]촌 출신자들 대부분은 올바르게 적을 수 있다. 한편 그 주변 지역 사람들은 臼 부분을 白로 적거나 그 아랫부분을 勿로 적거나 하여 제대로 적지 못하는 경향을 보인다.

효고현 아시야[芦屋]시의 芦[아시: 갈대 로]는 상용한자는 아니지만 2004년 개정에서 '인명용 한자'로 추가되었다. 이 한자는 강희자전체로는 蘆(蘆)이고 국어심의회 답신 「표외한자 자체표(表外漢字體表)」(2000)에도 강희자전체가 인쇄표준 자체로 등재되었다. 그러나 간이관용(簡易慣用) 자체로 여겨지는 芦가 인명용 한자에 채택된 것이다. 이것은 활자로 쓰이는 빈도, 자녀의 이름에 사용하고자 하는 요청 등에 따른 결과이며 필기의 경제성 원칙이 시책에 반영된 최근의 사례이다.[1]

마음속의 사전

많은 수의 한자가 수록된 것이라면 대부분의 사람들은 사전을 떠올릴 것이다. 한자와 직접 관련된 사전으로는 한화사전과 국어[일본어]사전이 있다. 한화사전은 한자를 풍부하게 실은 것으로 생각되곤 하는데, 실제로 만 종류 정도의 한자를 실은

1 또한 상용한자표는 본서가 출판된 이후인 2010년에 개정되어(필자도 위원으로서 관여) 2,136자로 증가하였다. 이때 개정된 사항 가운데 본서의 내용에 관련되는 변화는 본문에 *을 달았다.

한화사전이 여러 출판사에서 출판되고 있고 본 적도 없는 한자가 대량으로 수록되어 있다.

그러나 한편으로는 뜻밖에도 실리지 않은 한자도 있다. 가령 第[차례 제]의 약자인 才를 실은 사전은 드물다. 자종의 차원에서도 일본인의 성씨인 구사나기[草彅]에 쓰이는 彅도 최근까지 사전에 실려 있지 않았다. 그것은 사전 편찬자가 놓친 게 아니라면 '올바른 글자만 싣는다'고 하는 규범의식에 따라 선별했기 때문일 것이다. 특히 메이지 시대 이후에 출판된 한화사전은 전통적인 한적(漢籍)에 등장하는 한자를 모아 한문 독해를 주된 목적으로 삼은 것이었다. 자원(字源)에 대한 추측과 한적에 실려 있는 변용의 결과를 기록하고자 하는 성질이 강했으며 문자의 역사를 기록하는 역할은 충분히 하지 못했다.

사실 사전이라고 부를 수 있는 것은 종이로 제본된 책이 아니더라도 존재한다. 컴퓨터에서 쓰이는 전자사전과 인간의 뇌 안에 있는 심적 사전이 그것이다. 책자로 된 사전, 전자 사전, 그리고 심적 사전에 수록된 한자에는 각각 특징이 있다. 그러한 각각의 특성을 이해해서 조화를 이루는 것이 중요하다. 심적 사전에는 많은 단어들이 수록되어 있다. 나폴레옹이 '내 사전에는 불가능이란 단어는 없다'라 말했다고 전하는 일화도 현실적으로는

그의 이해 어휘에 대한 내용으로 봐야 할 것이다. 그러나 뜻밖에도 이 일화는 개개인의 뇌리에 사전이 존재한다는 사실과 부합한다. 또한 심적 사전에는 문자도 그것의 독음[読み]과 함께 저장되는 것으로 생각된다. 仔猫[고네코: 새끼 고양이], 唄う[우타우: 노래하다], 倖せ[시아와세: 행복], 躰[가라다: 몸], 禿びる[지비루: 닳아 벗겨지다] 家[우치: 집], 混*む[고무: 혼잡하다], 陽当[히아타리: 햇볕]와 같은 표기에는 상용한자표에서는 인정하지 않는 규범에 벗어난 자종, 자체, 용법을 내포한다. 그 존재가 너무나 당연하여 규범에 어긋난다는 것을 알아차리기 어렵기도 하며 많은 국어사전과 한화사전에는 수록되어 있지 않다. 갑자기 나타나는 유행어나 신어 따위와는 달리 수록할 만한 계기를 찾지 못하는 것일지도 모르겠다. 그러나 의식적으로 익히고 자연스러운 접촉을 통한 경험에 의해서 형성되었으며, 무질서하지만 날마다 갱신 중인 마음속 사전에는 수록되어 있을 것이다. 컴퓨터나 휴대전화에서 일본어를 입력하기 위해 사용하는 변환 사전은 그것들을 뒤쫓는 경향이 있지만, 종이 사전에서는 그것을 기술하는 방침 상 한계가 있기 때문에 현실을 왜소화하는 감이 있다.

‘本気[진지함]라고 적고 マジ[진지함의 속어]라고 읽는다’라는 표현은 젊은층을 중심으로 상당한 인지도를 보인다. 이것은 다치하라 아유미[立原あゆみ]가 그린 『本気(マジ)!』라는 제목의 만화에서 비롯되었을 것이다. 잡지에서 연재되다가 단행본으로는 1987년부터 출판되었다. 어린이뿐 아니라 전철 안과 같은 곳에서 어른마저 꾸짖는 상투적인 표현으로 '만화책만 본다'라는 말이 있다. 분명 글로만 접했을 때 단련할 수 있는 상상력을 잃을 가능성은 있다. 하지만 한자에 한해서는 만화책이라 해도 지은이의 세계관까지도 투사한 것 같은 난해한 한자를 가나 적은 독음과 함께 알게 되는 경우가 적지 않다. 만화책으로 익힌 약자를 쓴다고 고백하는 이도 있고, 鰯[이와시: 정어리]라는 글자를 한자의 편방이 슬롯머신처럼 돌아가는 게임을 통해 익혔다는 사람도 있다. 또한 CD에 포함된 가사집에서 偲[시노부: 추억하다]라는 글자를 처음 알고 직접 사용하고 싶어졌다는 부류의 이야기를 접하기도 한다.

종이나 기계가 아니라 사람의 마음이기 때문에 호불호도 있다. 예를 들어 중국의 '용'은 신자체인 竜보다는 구자체인 龍이 좋겠다는 것은 그 형태와 이미지가 부합한다고 의식되기 때문일 것이다. 呪[저주할 주]보다 이체자인 咒가 더 섬뜩하다고 느끼는 것은 형태 자체가 생소한 점과 관련된 듯하다.

심적 사전에는 개인적인 오류가 정착하기도 한다. 어렴풋한 기억이라고 자각한다면 종이사전이나 전자사전 등을 통해 확인하려고 할 것이다. 그러나 앞 장에서 예시한 것처럼 초등학교 1학년 때부터 男을 男인줄 알고 익히고 나면 평생 그대로 사용하게 될 수도 있다. 본래의 자체도 그런 모양이라고 생각해버려서 '보아도 보이지 않게' 되는 것이다. 이는 컴퓨터나 전자사전의 글자가 화면상에서 도트로 표시되면서 획이 생략되더라도 그 글자라고 인식할 수 있게 하는 능력이기도 하지만 양날의 검과 같은 것이다. 상용한자가 아닌 蝶[나비 접]은 오른쪽 편방을 葉[잎 엽]으로 알고 있는 사람이 많고 실제로 그렇게 잘못 적는 경우가 많다. 蝶과 蠂[메뚜기 섭]은 중국에서는 전혀 다른 의미로 쓰인다. 일본인들이 착각하는 이유는 枼[나뭇조각 엽]보다 葉을 훨씬 자주 접한다는 점과 나비[蝶]가 잎사귀[葉] 근처를 노닌다는 이미지 때문일 것이다. 그러한 인식으로 인해 잘못 적는 사례는 喋[재재거릴 첩], 楪[들창 엽]처럼 다른 글자에서도 관찰된다.

다채로운 '문자생활'과 사전

『강희자전(康熙字典)』을 자체의 표준으로 삼는 것은 중국에서 마지막으로 황제의 칙명으로 편찬된 자전이라는 점과 이

사전의 이름이 풍기는 인상 탓이 크다.[2] 실제로는 대강 훑어보기만 해도 부수별로 또는 글자마다 자체의 통일성이 충분하지 않음을 금방 알 수 있다. 현행 한화사전에도 자체가 잘못된 경우는 있다. 瀧[여울 랑]이 있어야 할 획수에 한 획이 모자란 瀧이 실려 있는 중형 자전도 있다. 龍의 立의 첫 획을 가로획으로 바꿔 다시 만들 때 손으로 잘못 쓴 글자를 바탕으로 틀리게 만들어진 글자일 것이다.

瀧 瀧

이러한 종이 사전에 비해 마음속의 사전은 학교에서 교육 받거나 현실의 다양한 미디어와 접촉하면서 구축되어 온 것이다. 물론 교과서에서 암기한 글자나 한자 받아쓰기에서 반복해서 나오는 글자는 대부분 사전과 중복되는 것이며, 교과서에 없는 한자라도 사전에서 찾아 외운 것이 포함된다. 그러나 우리는 책만 읽으며 살지는 않는다. 실제로 문자를 접하는 시간은 학교를 다

2 옮긴이: 강희(康熙)의 독음인 こうき[고키]는 高貴(고귀), 綱紀(강기)[나라의 큰 법]와 동음이다.

니는 동안보다 사회인이 되고나서가 압도적으로 길다. 그리고 학교를 다니는 시절일지라도 방과 후나 방학 등과 같이 교과서에서 떨어져 있는 시간이 많다. 언어생활 가운데 글자를 읽고 쓰는 생활은 '문자생활'인데 실로 대단히 다채로운 것이다.

어제는 몇 글자를 읽고 몇 글자를 적었는가? 매체별로 복기한다고 치자. 실제로는 거의 의식하지 않는다고 해도 텔레비전이나 컴퓨터, 휴대전화, 심지어는 노래방 기계와 같은 화면에서 얻은 문자 정보가 많음을 알게 될 것이다. 일상생활에서 화면을 바라보는 시간이 지면을 보는 시간을 압도하고 있다. 그 속에서 활자의 시대와는 다른 양상을 띠는 문자의 세계가 펼쳐진다. 그러한 현실에 발맞추어 날마다 갱신되는 것이 마음속의 사전이다. 誰*[누구 수], 頃[잠깐 경], 嬉[아름다울 희]는 일본인들이 국어 시간에 배우지 않는 글자이지만 젊은 층도 사용한다. 가게가 こむ[혼잡하다]를 込む가 아닌 混む로 적고, おなか[배, 복부]를 御中가 아닌 お腹로 적으며, 鮨·鮓(형용사 酸し[시다]에서 유래)[초밥]을 寿司, 寿し로 적고, 코스모스를 秋櫻이라 적는 것을 일본인들은 대개 언제 익혔는지도 모르는 사이에 습득한다. 그러나 사실 그것들 중 대부분은 국어사전이나 한화사전에는 수록되어 있지 않다. '月極 주차장'을 つきぎめ[월정액]라고 읽는다는 사실을 일본인들은 교실에서 배우지 않는다. 교과서나 신문에서도 보통 사용하지 않는 표기이다. 심적 사전에는 망각이나 혼란도 일어나지만 그야말로 인간적이라 할 수 있는, 현실에 입각한 유연성을 지닌다. 사전에는 결코 수록되지 않을지라도 ゆったり[느긋이]의 첫 글자 '유'를 동음어 湯[유: 따뜻한 물]로 대체한 湯ったり라는 표기는 온천 여행 상품을 소개하는 각 여행사 광고에서 상당한 보편성을 띠는 표기이다. 触れあい[후레아이: 교류]의 '아이'를 동음인 愛로 고쳐 적은 ふれ愛와 같은 표기도 마찬가지이다.

가나가와현 요코하마시 근처에는 이타치가와[狆川]라는 강이 흐른다. 이 狆는 중국에서는 큰 자전에 실려 있기만 할 뿐이고 불경을 제외하고는 사용된 흔적이 거의 없다. 하지만 일본에서는 이 강의 이름으로 가마쿠라 시대의 역사서 『아즈마카가미[東鑑]』에서부터 쓰여 온 역사가 있다. 鼬[족제비 유]라는 한자를 「犭[개사슴록변]」으로 바꾼 것이겠지만 '한화사전에 없는 글자이니 고치라'는 의견이 들어오기도 한다고 한다. 이렇듯 사전을 기준으로 삼는 규범의식은 흔히 볼 수 있지만 이 경우는 본말이 전도되었다고 할 수 있지 않을까? 현실에 존재하는 한자임에도 사전에 수록되어 있지 않은 것은 그 사전 편찬에서 누락된 것일 수도 있다.

변환 버튼으로 문자를 찾다
- 전자사전의 특성

전자사전도 지면이 아닌 화면으로 전달되는 형식의 사전이다. 기본적으로는 지면을 그대로 전자화한 것이라지만 용량의 제약 때문에 JIS 한자(후술)에 없는 한자[外字]를 많이 싣지 못한 것도 있고, 또한 워드프로세서, 컴퓨터, 휴대전화 등에서 가나와 한자를 변환해주는 것을 주 기능으로 삼는 사전이 있다. 후자는 일상적으로 사용되는 표기라면 특정 그룹에서만 사용될 뿐인 것이라도 사용자의 필요에 부응하는 것으로 판단되면 포함하는 경향이 있다. 예를 들어 もーむす[모-무스]라고 입력하면 아이돌 그룹의 이름인 モーニング娘[모닝구 무스메]로 변환되게끔 말이다. 또한 '기분이 침울해지는 것'을 젊은 세대들은 へこむ[헤코무]라고 표현하는데 가나로 적을 때는 へコむ, 한자로는 凹む로 흔히 표기되는데 이런 것들이 변환 후보에 포함되기도 한다. 일본어를 입력할 때에 도중에 한자가 있을 것 같으면 변환 버튼을 누른다. 그런 수고를 들여서라도 단어의 표기로서 적격인 그럴듯한 한자를 찾으면 그것을 집어넣으려고 한다. 그러한 생각이 이러한 최신 매체를 사용하는 오늘날의 젊은 세대들에게서 관찰되는 것은 흥미로운 일이다.

凹む[헤코무]는 배가 '꺼지다'라는 의미로 쓰일 때에도 같은 한자 표기가 사용되기도 하는데 몇몇 국어사전에는 수록되어 있기도 하지만, 그보다는 컴퓨터나 휴대전화의 변환 사전이 수요에 즉각적으로 부응하고 있다. 휴대전화의 변환 사전은 처음 발매되었을 때는 불량품에 가까운 것이었던 듯하지만 수많은 사용자들의 요청에 부응해 가면서 눈에 띄게 성장하고 있다.

사용 한자와 이해 한자

우리들 개개인의 언어능력은 가지각색이고 독서경향이나 독서량 등과 같은 언어행동도 제각각이다. 국어 점수에 정비례하는 것은 아니지만 언어나 문자에 대한 관심도는 개인차가 크다. '저 사람은 어려운 말을 쓴다'라고 했을 때는 표현이 어려울 뿐만 아니라 난해한 단어를 구사한다는 뜻이다. 특정 개인이 이해할 수 있는 단어를 '이해 단어[理解語]'라고 하며 그것의 집합은 '이해 어휘[理解語彙]'이다. 그리고 그 가운데 실제로 그 사람이 사용할 수 있는 단어를 '사용 단어[使用語]'라고 부르고 그것의 전체를 '사용 어휘[使用語彙]'라고 부른다. 큰 규모의 국어사전에는 수십만 단위의 단어가 실려 있지만 일반적으로 이해 어휘와 사용 어휘는 수만 개 정도로 수렴되는 듯하다.

문자, 특히 한자에 대해서도 '저 작가는 어려운 한자를 사용한다'라고 하는 경우가 있다. 단어와 마찬가지로 문자에도 '이해 한자[理解字]'와 '사용 한자[使用字]'가 있을 것이다.[3] '醬油[간장]이나 薔薇[장미]를 한자를 쓸 수 있는가?'가 화제가 되듯이 그것에는 개인차가 존재하며 한자 열풍의 상징인 한자검정이나 한자퍼즐, 한자퀴즈 등도 상급 레벨이 되면 난해한 글자들로 빼곡하다.

이해 자휘[字彙]는 보통 어느 정도를 말하는 걸까? 상용한자가 곧 이해 자휘인 것은 아니다. 상용한자더라도 전부 이해자는 아닐 것이다. 錘[つむ: 저울추 추]나 璽[옥새 새]에 대해서 독법이나 의미, 용법을 정확히 이해하고 있을까? 이런 것들은 과거에는 '당용한자'이기도 했지만 배운 기억조차 없다는 사람도 있다. 한편 岡*, 藤*, 也, 琢, 弘과 같은 글자는 의미나 독음은 알고 있다는 사람이 많지 않을까? 이들 글자는 반대로 상용한자에 포함되

3 어휘와 단어(單語)의 관계와 마찬가지로 전체 문자와 개개의 글자(單字)를 구별하는 것이 정확하겠으나 본서에서는 도리어 이해를 저해하게 될 것을 우려하여 모든 것을 엄밀하게 구분하지는 않았다.

지 않는데 말이다. 고유명사나 식물 일음 등으로 자기도 모르게 익혔을 것이다. 인명용 한자일지라도 崚[험준할 릉], 椛[자작나무 화] 같은 글자는 모르는 사람이 있다. 綻[터질 탄], 糞[똥 분] 등은 도리어 잘 아는 사람도 있을 텐데 상용한자에도 인명용 한자에도 들어 있지 않다. 평균적인 이해 자휘는 몇 글자라고 단언하기는 쉽지 않다. 椛가 樺[자작나무 화]의 이체자인 줄은 알지만 もみじ[단풍나무]라고 읽을 수 있는 걸 모른다면 이걸 이해자로 간주할 수 있겠느냐는 문제도 있다. 덧붙여서 근래에는 활자 기피나 한자 혐오가 거론되기도 하고 한자 능력 저하를 걱정하곤 하지만, 1945년 이전에는 대단히 많은 양의 한자를 아는 이가 극소수나마 있었으나 대부분의 사람들은 지금보다 한자에 대한 이해도가 낮았던 것으로 밝혀졌다.

한자를 접하는 상황은 줄었는가?

앞서 언급했지만 憂鬱(우울)에 쓰인 鬱(울)*은 어려운 한자 중 최강자로서 '읽을 수는 있지만 적지는 못 한다'고 흔히 말한다. 그러나 설령 뭔가 참고하지 않고서는 손으로 적지 못하

는 글자일지라도 컴퓨터나 휴대전화로는 키보드 조작이나 버튼 누르기를 통해 출력해낼 수 있는 시대가 되었다. 화면에는 거친 도트로 점획을 생략해서 표현된 글자로 표시되곤 한다. 그것들은 같은 글자더라도 기계나 글자 크기에 따라 다양하게 생략된 모양으로 표현된다. 그러나 마음속에서는 내가 아는 글자나 기억하는 모양과 같은 것임을 딱히 의식하지 않고도 판단할 수 있다는 점이야말로 심적 사전의 즉각적 반응력과 유연성이며 한자가 가지는 포용력이기도 하다. 애당초 모르는 한자라도 입력기에서 변환하여 뭔가 그럴듯한 한자가 나오면 그것을 쓰는 일은 앞서 언급한 '凹む' 이외에도 흔히 있을 법하다. 즉 이해자가 아닌데도 보자마자 사용하는 사태가 발생는 것이다. 다만 이해자가 아닌 한자를 문득 사용하는 것 자체는, 컴퓨터나 휴대전화의 입력 변환이 없던 시절에도 편지를 쓰거나 할 때에 종이 사전을 찾아서 유사하게 이루어지곤 했다.

요즘은 컴퓨터 때문에 손으로 글씨를 적을 일이 줄었다. 더구나 가나로 입력해서 한자로 변환하면 되기 때문에 한자를 잊게 된다는 말도 상투적으로 회자된다. 그러나 중국 한자 연구자인 아쓰지 데쓰지[阿辻哲次] 씨도 지적했듯이 한자를 잊는 일은 전자화가 진행되기 전에도 곧잘 있어 왔다. 해묵은 현상을 전자기기 탓으로 돌려 정당화하는 것에 지나지 않는 것 같기도 하다. 확실히 하루에 손으로 적는 글자 수가 평균 몇 십자에 지나지 않는 사람도 있다. 그에 따라 운동을 통해 강화되는 한자의 기억과 운용 능력을 저하시키기는 할 듯하다. 하지만 한자를 접하는 것 자체가 감소하는 것일까? 나쓰메 소세키[夏目漱石]조차도 하나의 글자를 쭉 바라보고 있다 보면 이상한 모양인 것처럼 느껴진다고 서술(『문(門)』 도입부)했듯이 게슈탈트 붕괴라는 현상을 일으키는 것은 인지상례라 할 수 있다. 한편 예부터 사람들은 사전을 통해 한자를 확인하고 또한 미지의 한자 표기를 찾아내거나 동시에 이해자로 체화해 왔다. 다만 지면 위에 있는 것은 찬찬히 들여다볼 수도 있고 반복해서 들여다볼 수도 있다지만 컴퓨터나 휴대전화 화면은 어떨까?

이해자라 하더라도 항상 옳게 사용한다는 법은 없다. 현실에서는 동훈이자(同訓異字)를 오용하거나 자체를 살짝 틀리기도 한다. 게다가 정확하게 기억하지만 사용할 때에 부주의로 틀리는 일도 있다.

오자의 배경

軠 禁

거리에는 제3자의 행동을 억지하기 위한 간판이나 벽보가 적지 않다. 그 중에 보면 종종 駐車(주차)가 軠車로, 禁止(금지)가 禁止로 적혀 있기도 한다. 駐車는 분명 이제는 말[馬]이 아닌 차(車)니까 납득 못할 것도 없지만 대부분은 단순히 뒷글자인 車(차)가 앞질러 나타난 결과일 것이다. 騂車라고 표기되기도 하고 한 장의 지도 안에 輵車까지 동일한 필적으로 적혀 있는 것을 본 적도 있다. 禁는 示[보일 시] 뒤에 오는데다 일본한자음으로는 발음까지 같은 한자인 止[멈출 지]를 대신 넣어 적은 것인데 단어가 아니어도 나타나는 현상이다.

斟酌(짐작)이라는 단어는 개개의 글자가 갖는 의미를 의식하기 어려웠던 탓도 있겠지만 옛 문헌을 살펴보면 斟斜, 斟勺, 酙酌, 斟酌, 醎酌 등 다양한 오자가 발견된다. 이처럼 단어 안에서 다른 글자에 영향을 받은 형태로 변화하는 것을 '동화(同化)'라고 한다. 이 밖에 醇酌도 볼 수 있다. 옛날부터 사람들이 다양하게 틀렸던 것이다. 이것은 시대를 초월하여 개별적으로 산발적이고 임시적으로 발생하는 오용으로 생각해 볼 수 있다. 이 중 어느 것도 정착된 관용으로까지 간주되지는 않는다.

현재는 連絡(연락)을 練絡으로 잘못 적기도 한다. 앞 글자인 連[이을 련]을 뒷 글자와 같은 부수(糸)이면서 車와 비슷한 모양의 요소를 포함하는 동음자인 練[익힐 련]으로 치환한 것이다. 講義(강의)를 講議라고 적는 학생은 아주 흔하다. 會議(회의)나 抗議(항의) 등과 혼효된 것일 수도 있겠지만 에도 시대의 사상가인 안도 쇼에키[安藤昌益]도 그렇게 적었다.

'혼효(混淆)'도 오자나 오용을 일으키는 한 요인이다. 專[오로지 전]에 곧잘 점을 찍거나 하는 것은 甫[클 보]가 들어가는 博[넓을 박]과 같은 글자와의 혼효에서 비롯된다. 한자 받아쓰기 시험을 실시하면 대학생들도 40% 정도가 점이 있는 꼴로 적어서 내는데 공통 오자라 할 수 있다. 이것은 무의식적인 오용일 뿐 아니라 전승성이나 타인에 대한 영향력도 미약하며 개개인이 제각기 만들어 내는 자체로 인식되기 때문에 이체자라고 하기는 어렵다.

한자는 표의성이 높고 다수의 구성요소를 갖추고 있는데다 다양한 조합방식이 있기 때문에 글자의 시각적 요소는 다양한 해석을 불러일으키기도 한다. 연구자들이 밝혀낸 자원(字源)과는 다른 통속적인 해석이 대부분이다. 마쓰오 바쇼[松尾芭蕉]가 栗[밤 률]을 '西(서쪽)의 木(나무)'로 분해하여 '서방정토와 인연이 있다'고 하면서 나라 시대의 고승 교키[行基]는 일생동안 지팡이나 기둥 등에 밤나무를 사용했음을 언급한(『오쿠노 호소미치[奥の細道]』) 것도 그러한 사례이다.

오늘날에도 人[사람 인]은 두 사람이 서로 의지하여 만들어진 글자이며 사람은 혼자서는 살아갈 수 없으니 서로 도와야 한다는 식으로 전개되는 교훈담을 종종 듣곤 한다. 그러나 고대 문자로 거슬러 올라가면 이 글자는 한 사람이 살짝 고개를 숙인 듯이 옆을 바라보며 오롯이 홀로 서 있는 모습을 그린 것임을 알 수 있다. 자원(字源)은 하나의 설에 지나지 않지만 그 가운데에서도 근거가 명확한 설명에 의거하는 태도가 필요하다. 이미지에 의지해서 현학적으로 그럴듯하게 말하는 것은 한자를 일본화하는 것이라기보다는 오해를 확산시키는 것에 지나지 않을 뿐이다.

鳩

통속적 해석이 새로운 한자를 만들어 내거나 정착시키기도 한

다. 이를테면 鳩[비둘기 구]의 이체자 중에 鳩가 일찍부터 존재했다. 이것은 馗[광대뼈 규] 등으로부터 영향을 받은 것일 수도 있는데 '업은 비둘기 구[抱き鳩]'라고 해서 작은 비둘기를 업고 있는 모양이라 재수가 좋다고 여겨져 상품명에 사용하기도 한다. 이것은 九[아홉 구]가 업은 새[鳥]가 작은 새는 아닌 것으로 보아 통속적 해석인 것은 분명하지만, 기존의 이체자를 선택 혹은 정착시킬 때 재수가 좋고 나쁨에 대한 인식이 작용한 사례일 것이다.

문자의 영적인 힘

이름을 통해 운세를 점치는 것은 메이지 시대 말기부터 다이쇼 시대에 걸쳐 일본에서 널리 퍼진 비교적 새로운 유행이다. '풍수', '손금', '점쟁이', '한의학' 등으로 대표되는 신비로운 이미지를 동반한 일본인의 중국관과, 옛부터 한자에게서 느껴지던 일종의 '심오함'을 합친 것이라고 할 수 있다. 예로부터 이름을 지을 때에는 한자가 강하게 의식되는 경향이 있어 다른 형태의 성명운 점사도 행해졌지만 일본에서는 이름의 본질은 부르는 이름 즉 발음이었다. 하지만 일본에서도 일자배령(一字拝領)

이라 해서 주군의 이름에서 한 글자를 받아 자신의 이름에 넣기도 했고, 조상이나 아버지의 이름에 쓰인 글자 중 하나를 자식에게 물려주는 관습은 지금도 남아 있다.

획수를 헤아릴 수 있는 해서체가 성립한 것이 삼국시대(3세기)이고 획수를 헤아렸다는 기록은 금나라 시대(12세기)부터 관찰되므로 한자의 역사에서 보면 오래된 것은 아니다. 따라서 획수가 한자의 본질이 아님은 자명하다 할 수 있다. 더구나 자체는 변화를 거듭하였고 이체자 파생이 이어졌고 획수는 몇 번이고 변했다. 획수를 세는 방법도 다양하다. 이름을 지을 때 글자의 모양에서 생겨나는 시각적 균형을 고려하는 것은 당연하다. 하지만 획수를 길(吉)하게 하기 위해 교제하는 상대를 바꾸거나 이름을 바꾸거나 이름에 쓰인 글자에 점을 더하거나 마침표를 찍거나 하는 것은 다시 생각해볼 필요가 있다. 이러한 획수에 대한 믿음은 恵[은혜 혜]에 점을 찍어서 획수를 늘리거나, 太[클 태]에 3획을 더하기를 바라서 汰[일 태]로 하거나, 優[뛰어날 우]에서 2획을 빼야 된다며 뜻은 차치하고 憂[근심 우]로 한다거나 하는 식으로 이름 짓기의 관습을 크게 왜곡시키기도 한다. 이는 넓은 의미에서 '한자의 이미지화'라고 볼 수 있을 것이다. 시설명이나 단체명에도 응용되기도 하는데 효과가 어떤지 궁금하다.

또한 문자에 서린 영험한 힘[文字靈]을 의식하는 것이 이체자 생성의 계기가 되기도 한다. 四[넉 사]는 오늘날에도 死[죽을 사]와 통하는 것으로 인식되곤 하는데 중세에서 근세에 걸쳐 四를 문헌에 기록하거나 비석에 새길 때 亖와 같은 이체자를 택하거나 亖, 㐅라는 이체자를 만들어서 사용하기도 했다. 숫자로서 4임에 변함은 없으나 이렇게 해서 불길함을 피할 수 있었다고 생각한 것이다. 오늘날 한자권에서 4호실, 4층, 4호관을 건너뛰거나 F로 바꾸기도 한다. 한편 九[아홉 구]는 일본에서는 苦[쓸 고]와 동음이라 회피하고, 중국에서는 久[오랠 구]와 동음이라 선호하는 등 차이도 있다.

문자에 서린 영험한 힘 같은 것은 믿지 않는 사람이 있다고 해도 가령 수첩에 다음 주 일요일 란에 큼직하게 死라고 적혀 있다면 역시나 기분이 안 좋을 것이다. 성씨에 들어가는 荒[거칠 황]을 荒으로 적는 학생이 있었다. 들어보니 亡[망할 망]이 들어가는 게 좋지 않아 이렇게 바꿔 적는 것을 할머니에게서 배웠다고 한다. 이 또한 문자에 서린 영험한 힘을 의식한 행위라고 할 수 있다.

'흥행 성공'을 위한 문자

가부키나 연극, 만담 등의 흥행성패는 예측하기 어렵다. 흥행 성공을 위해 갖가지 징크스가 생기게 된다. 에도시대의 가부키에 관한 문헌인 『게자이로쿠(戲財錄)』에는 가부키 작품의 제목을 지을 때 일곱 글자, 다섯 글자, 세 글자 등 홀수자로 하는 것이 좋다는 내용이 보인다. 그것 때문에 제목을 구성하는 글자가 짝수로 떨어질 것 같으면 국자(國字)를 만들곤 했다. 제1대 나미키 쇼조[並木正三]의 작품으로 1758년에 처음 상연된 가부키 『三十石艠始(さんじっこくよふねのはじまり)』의 제목에 등장하는 艠은 よふね[밤 배]로 읽는데 보통은 두 글자로 夜船라고 적는 단어를 한 글자로 고친 것이다. 이것을 가부키 작품명에 새 글자를 만들어 넣는 관행의 시초로 보기도 하지만, 그 전에도 이미 비슷한 사례는 존재했다. 같은 내용을 각색하여 1800년에 상연된 『花艠淀川語(はないかだよどがわばなし)』에서는 いかだ[뗏목]로 읽었다. 가부키의 허구적인 세계에 걸맞게끔 화려한 국자가 속속 만들어졌고 『가부키 연표(歌舞伎年表)』 등을 보면 몇 백 글자를 찾아낼 수 있다. 이러한 글자들에 대해서는 에도시대 당시에도 잘못 읽기도 하고 엄격한 비판이 속출하기도 했지만 통속소설[戲作]등의

작품명의 표기에도 비슷한 부류의 것이 관찰된다.

가부키를 비롯한 연극 등에서 '최종 공연일'을 뜻하는 千秋樂을 千穐樂으로 적기도 하는데, 이렇듯 상서로운 동물인 '거북(龜)'이 들어간 이체자로 고쳐 적는 것도 마찬가지 맥락일 것이다. 이것은 에도시대에 거듭된 화재로 공연장이 몇 번이고 불타 없어져 공연을 못하게 되곤 했었기 때문에 火가 들어간 글자를 기피하고자 穐(穐)라는 이체자로 고친 것으로 알려져 있다. 그 밖에도 穐를 あき[가을]라고 읽지 못하는 사람이 많다는 점에서 秋ない[가을+없다], 飽きない[실증나지 않는다]로 연결시키는 익살도 보이고, 복잡한 글자가 자아내는 '멋스러움'도 느껴진다. 스모 대진표에 '千穐万歳大々叶'이라고 적는 것도 마찬가지이다. 공연 간판에 쓰이는 간테이류[勘亭流](95쪽 참조), 요세모지[寄席文字], 스모모지[相撲文字], 센자후다모지[千社札文字] 등의 서체를 이른바 에도모지[江戸文字]라고 부른다. 이 서체는 손님이 많이 오기를 기원하고 스모꾼들이 쓰러지지 않기를 바라는 마음을 담아서 굵다란 선으로 적기도 하며, 흥행 성공을 기약하기 위해 오른쪽으로 갈수록 올라가는 모양으로 쓴다거나, 만사형통을 위해 안쪽으로 둥글둥글하게 적는다거나 하는 주술성을 동반한 기법이 가미되었다.

JIS 한자란 무엇인가?

자본주의 사회에서는 기업들이 경쟁적으로 더 좋은 공산품을 판매한다. 제조업체는 뛰어난 상품을 자유로운 발상으로 개발해 치열하게 경쟁하지만 A사의 제조물이 B사의 기계에서는 작동하지 않는다면 소비자는 불편을 겪게 된다. 공산품에는 호환성이 필요하며 그것은 컴퓨터 등의 정보기기에서도 마찬가지이다.

일본 경제산업성이 관할하는 '일본공업규격'은 통칭 JIS(지스)로 불리며 ㉿ 마크도 잘 알려져 있다. 한자에 관해서도 전자기기에서 표시할 때의 자종과 코드번호를 규정한 것을 'JIS 한자'라고 한다. 그것은 1987년 아직 통상산업성이었던 시절에 제1수준 2,965자, 제2수준 3,384자를 모아 제정되었다. 여기에는 일반적으로 쓰는 문자 외에도 행정정보, 지명, 인명에 나타나는 한자가 포함되었다. 폭넓게 사용되는 것과 기초자치단체명에 사용된 것은 제1수준에 수록되었다. 각종 분야에서 전자화가 진전됨에 따라 자종의 부족이 인지되어 현재까지 제2수준을 6자 늘리는 등 실정에 맞추려는 개정도 이루어졌고 보조한자 5,801자, 제3수준 1,259자, 제4수준 2,436자도 개발되었다.

국제적인 문자부호규격인 'ISO 10646'도 JIS 한자로 등록되어 전자기기로 표시할 수 있게 되었다. 휴대전화 메시지에서 '좋아해♥'가 '좋아해='나 '좋아해?'로 표시되는 등 이모티콘을 사용한 부분이 깨지기도 하는 것은 이모티콘이 JIS에 등재되지 않았기 때문이다.

JIS 한자는 전자기기의 정보교환용 규격에 지나지 않았지만 그것의 영향력은 컴퓨터의 보급과 함께 각 방면으로 깊이 침투해 갔다. 출판업계에서조차 간행물에 사용하는 한자는 JIS에 수록된 범위 안에서 해결하려고 한다거나 JIS에 실려 있는 한자나 이체자를 사용해서 원고에 충실하게 출판물로 옮기려는 경향을 만들어내고 있다. 예를 들어 事[일 사]를 손글씨로 적을 때 자주 쓰이는 이체자 亊는 제2수준에 채택되었는데 이것은 활자로 인쇄하던 시절에는 따로 주조하지 않는 한 인쇄물 상에 등장하기 어려웠었다. JIS로 채택되고 나서는 가나를 한자로 변환하는 소프트웨어에 こと[일]를 입력하면 후보 중 하나로 제시되기도 해서 인터넷 상이나 파일로 전달되는 원고, 손으로 적은 원고를 충실하게 옮겨놓은 서적에서도 쓰이고 있다.

灋 蕎 鬻 鼂

거듭 말하지만 사람은 자신이 문제라고 생각한 것이 '문제'가 된다. 일본인들이 흔히 접하는 銅鐸(동탁), 演繹(연역)을 銅鈬, 演䋚이라고 쓰는 걸 꺼려하는 사람이라도 난생 처음 본 砓(礋)의 자체는 딱히 신경 쓰지 않는 경향이 있다. 藝를 芸로 적는 것이 좋지 않다고 하는 사람일지라도 法(灋), 養(蕎) 등의 자체에 대해서는 별로 개의치 않는 것이 보통이다. 변호사 중에는 명함에 辯護士, 의사 중에는 간판에 醫院이라고 적는 이가 지금도 있다. 옛 한자만 쓰겠다는 사람일지라도 신경이 쓰이는 자체나 구성요소, 고집하는 글자에 관해서는 그렇다지만 엄밀히 살펴보면 모든 것에까지 미치는 경우는 극히 드물다. 자신의 습관만을 기준으로 삼는 경우도 있는데 구자체 사용을 희망하는 집필자일지라도 炒, 法, 郭까지 鬻, 灋, 鼂으로 해야할 것인지, 원고에는 가령 國만 구자체로 되어 있다면 그것에 모종의 표현의도가 있는 것인지, 그것을 남긴다면 어떻게 남길 것인지, 번각자나 편집자도 그러한 사항들을 판단하기 위한 안목이 요구될 것이다.

JIS의 1983년 개정에서는 堯(요)에 尭가 추가되었고 해상도의 제약 등으로 인해 鷗는 鴎로 변경되는 등 약자가 약 300자 정도 채택되었다. 메이지 시대 이후 활자의 변천 추세에 따라 1,022자의 자체를 제시한 『표외한자자체표(表外漢字字体表)』(2000)가 발표되었다. 이에 맞춰 2004년에는 대체로 강희자전체로 고치는 개정이 이루어져서 실제로 컴퓨터 상에서 이들 강희자전체가 표시 가능하게 되었다. 尭는 법무성의 인명용 한자에 채택된 자체를 가져온 것인데, 이것은 曉가 상용한자로 暁로 되어 있는 것에 기반한 약자(확장 신자체)이다. 확장 신자체에 관해서는 JIS 한자의 개정위원회에서도 당초 비판적인 의견이 나오기도 했지만 이내 보면 볼수록 점점 익숙하다는 소리도 들리게 되었다. 반복해서 보게되는 자체에 대해서는 친숙함이 생긴다. 그리고 친숙해진 자체를 자신도 사용하려고 한다는 경향이 여러 영역에서 확인된다.

유령문자를 추적하다

대규모 국어사전 안에는 수많은 표제어가 즐비하다. 그 중에는 실존하는 단어 외에도 '유령어[ghost word]'가 섞여 있기도 한다. 그것은 편집 작업 시에 잘못 기입되었거나 단어 인정 오류로 인해 새롭게 '단어'가 발생하고 말았고 그것이 삭제되지 않고 잔존하게 된 것을 말한다. 실제로는 존재하지 않았던 것이라는 점에서 '유령부원', '유령회사'와 같은 표현과 비슷하다.

妛

실은 그러한 현상이 한자에서도 일어나고 있다. 가령 컴퓨터로 JIS 한자 제2수준을 살펴보다 보면 발음도 뜻도 알 수 없는 글자가 의외로 많을 것이다. 그 중에는 妛[4]가 포함된다. 이것은 1978년에 JIS 한자가 공포된 이래로 왜 포함됐으며 발음과 의미는 무엇인지 줄곧 수수께끼로 여겨지던 글자 중 하나였다. 컴퓨터나 휴대전화 중에는 シ라고 입력하고 변환 후보를 살펴보면 이 글자가 제시되는 기종도 있다. 그러나 이것은 그저 비슷한 모양의 전혀 다른 한자의 음을 빌린 것에 지나지 않는다. 일본인의 성씨에 쓰인다는 것도 단순히 잘못 전해진 이야기이다.

4 임시로 '산일녀(山一女, やまいちおんな)'라고 읽기로 하자

이러한 유령문자가 출현한 것은 JIS 한자를 제정할 때에 그 글자가 어디에서 나온 것이며 무엇에 사용하고 어떠한 음과 뜻을 갖는 것인지에 대한 근본적인 확인이 이루어지지 않았기 때문이다. 그래서 1995년무렵부터 JIS를 관할하는 통상산업성(현 경제산업성)에서 제2수준까지의 한자 모두에 대해서 이러한 확인을 실시하는 위원회가 결성되었고 필자는 위원으로서 이러한 '유령문자'의 정체를 조사하게 되었다.

수수께끼인 '妛'의 정체

JIS 한자는 일반적인 한자 외에 지명·인명에 사용되는 한자를 망라하고자 제정된 것이기 때문에 이 '妛'도 어떤 출처가 있었을 것이다. 우선 이렇게 발음과 뜻이 불명확한 글자의 상당수가 국토지리협회의 『국토 행정구획 총람(国土行政区画総覧)』이라는 자료에서 온 것임이 밝혀졌다. 그 후 필자는 『국토 행정구획 총람』을 이 잡듯이 조사해 나갔는데 매월 추가되고 삭제되는 자료인 까닭에 20여년 치를 모두 조사하게 되었다. 옆으로 늘어놓으면 2미터 40센티미터가 넘는 거대한 자료더미이다. 그것을

下村(しもむら)・中村(なかむら)・宮前(みやまえ)・𡚴原(あけんばら)

아켄바라 (国土地理協会 『国土行政区画総覧』)

매 쪽을 샅샅이 훑어 가는 과정에서 예상을 뛰어넘는 다양한 발견들이 있었다. 역시 원전 자료를 살펴야 한다.

여러 가지 작은 발견을 거치면서 전체 분량의 반쯤을 봤을 무렵이었을까? 마침내 오른쪽 용례를 찾아냈다.

당시 근무하던 대학 연구실에서 이 부분이 눈에 들어왔을 때 '이거였구나' 그리고 '이런 일이 벌어졌었구나'라며 소름이 끼칠 정도로 놀라워했다. 본래 𡚴는 본래 山와 女을 세로로 합자한 𡚴[아케비: 으름덩굴]라는 국자로 이 글자가 사용된 지명 𡚴原[아켄바라]가 존재했던 것이다.

'으름딩굴'을 '山女'라고 적는 것은 옛 일본인들의 발상에 따른 것으로 중세에는 𡚴라는 합자가 출현했다. 다 그런 것은 아니지만 하나의 단어는 하나의 글자로 적고 같은 부류에 속하는 다른 표기와 맞추고자 하는 의식은 새로운 글자를 만들어내는 에너지의 한 부분을 차지한다.

그러나 같은 합자라도 麿[마로], 粂[구메]와 달리 활자로는 존재하지 않았다. 그래서 『국토 행정구획 총람』에 등재할 때 다른 글자에서 넙적한 山와 女를 오려내어 그것을 붙인 것을 사진 제판하여 인쇄한 것이다. 그때 붙여 넣은 종이의 그림자가 선처럼 비치고 말았고 그것을 문자의 획으로 오인한 작업자에 의해 妛라는 유령 문자가 등장하게 되었다는 사실을 마침내 밝혀낼 수 있었던 것이다. 그야말로 '유령인줄 알았더니'인 것이다. 이렇듯 헛수고 같은 생각이 들 만한 작업을 하고 싶어 하는 사람은 드물겠지만 이것을 실행할 수 있었던 것은 기적적인 상황이 있었기 때문이기도 하다.

이 실루엣이 있는 원본 지면을 복사해서 학생들에게 옮겨 적게 해 보면 역시 妛로 옮겨 적는 사람이 20% 정도는 존재한다는 점에서 이것은 사실이라 볼 수 있을 것이다.

이런 조사와 검토 작업을 거듭하여 출처 불명에 발음과 쓰임새 등의 실체를 확인할 수 없었던 유령문자는 100자 가까이 되던 것에서 몇 안 되는 숫자로 줄일 수 있었다. 오랜 세월에 걸친 한자의 포용력에 힘입어 彁를 제외하고는 옛 용례를 찾을 수 있었다. 검증 결과는 점진적으로 한화사전 등에도 반영되어 가고 있다.

제3, 제4수준을 제정할 때에는 교과서와 지명자료 등을 대량으로 조사하여 이러한 유령문자가 섞여들지 않도록 주의를 기울였다. 필자도 세상에 조금은 도움이 되었으면 하여 지명자료나 학술용어집 등 기타 확실한 자료를 통해 부족한 글자들을 추가하는 노력을 기울였지만 아직 불완전하다고 생각하는 부분이 있다. 제3, 제4수준은 ISO 규격에 채택되어 워드프로세서 소프트웨어에서 사용할 수 있게 되었다.

인명과 한자

과거에는 자기 자식을 위해 부모가 새로 글자를 만들어서 이름을 짓기까지 했다. 이것은 한국에서도 예전에 볼 수 있었고 중국어권에서는 지금도 행해지는 모양이다. 그것은 결코 수가 많은 것도 아니고 이른바 '무명'인 이가 대부분이기 때문에 잘 알려지지 않지만 드물게 명단이나 신문 지면에 나타나곤 한다. 湧[이쓰오]와 같은 예를 인명사전 등에서 볼 수 있는데 나고야 부근에서는 金[쇠 금]이 들어가는 글자를 새로 만드는 경향이 확인된다고 한다. 옛날에는 후시미[伏見] 천황의 중궁으로 사이온지 사네카네[西園寺実兼]의 딸인 에이후쿠몬인[永福門院, 1271-1342]이 있었는데 본명은 쇼시[鏱子]였다. 천황의 명으로 편찬된 와카집인 『교쿠요슈[玉葉集]』을 대표하는 가인이지만 그의 이름에 쓰

인 鐣은 한화사전에서 찾을 수 없다. 에도막부 말기 누마즈번[沼津藩]에는 이 글자를 쓰는 '오타 쇼노스케[太田鐣之助]'가 있었다. 또한 『공경보임(公卿報任)』에는 '鼎王'(鼎으로 되어 있기도 함)이라는 귀족의 이름이 있다. しょうおう[쇼오], じょうおう[조오]라고 읽는데 이 글자도 사전에 없다.

𪚥 [illegible] [illegible]

1852년에 도사[土佐, 지금의 고치현]의 스쿠모[宿毛]에서 태어나 훗날 오쿠마 시게노부[大隈重信]와 함께 입헌개진당(立憲改進黨)을 결성한 오노 아즈사[小野梓]의 어릴 적 이름은 '𪚥一[데쓰이치]'였다. 이것은 1868년의 보신[戊辰] 전쟁 출정자 명단에 붓으로 기록되어 있다. 64획에 이르는 한자와 1획밖에 없는 한자를 나란히 배열한 것이다. 『강희자전』에는 보이지 않지만 중국에서는 금나라 때에 도사들이 중심이 되어 편찬한 『오음유취사성편(五音類聚四聲篇)』(편해(篇海)라고도 함)이라는 자서에 나타난다.

龍 둘을 옆으로 나열하여 나는 용, 용이 나는 모습, 두렵다는 뜻을 나타내는 한자 龖[비룡 답, 삽]은 예부터 존재했다. 그것을 소

리부로 삼아 밑에 言을 붙인 글자 讋도 존재한다(襲도 옛날에는 윗부분을 그렇게 적었다). 그러던 것이 譶[말빠를, 수다스러울 답]의 영향인지 언제부턴가 글자 내부에서 龍이 증식하는 '동화'가 일어나 龍만으로 네 개인 자체(의미는 '多言' 즉 '수다')로 바뀌게 되었던 것이다. 적어도 최근까지 이 글자를 이름에 사용하는 사람이 여럿 있었다고 한다. 와세다대학의 시마 요시타카[島善高] 교수의 가르침을 통해 오노 아즈사의 어릴 적 이름에는 𪚥과 같이 龍 하나에 渋처럼 아래부분을 반복 기호로 갈음한 것도 발견할 수 있었다.

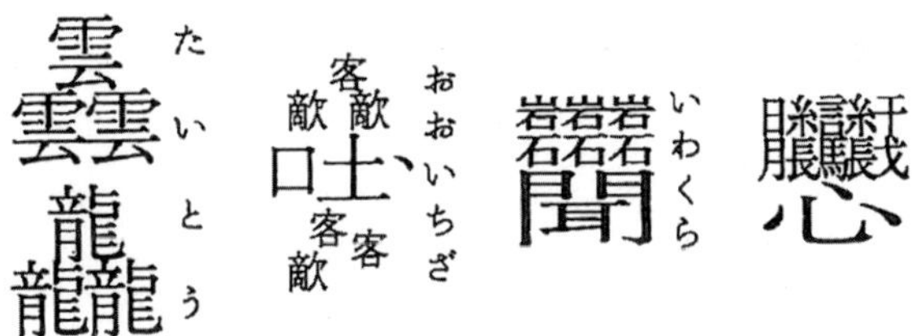

64획에 달하는 한자는 이 밖에도 興을 네 개 적은 𠔻이 같은 자전에 보이는데 발음이 政(정)과 같다는 것 이외에는 알 수가 없다. 다른 하나는 𪚥인데 이 글자는 문헌마다 발음과 의미가 일정하지 않다. 50획 대의 한자가 중국에서는 雷[벼락 뢰]를 네 개 적은 䨻 외에는 거의 없는 것을 보면 요컨대 64괘가 존재하듯이 가

장 큰 한 자리 짝수인 8을 곱한 64는 중국인에게 특별한 의미를 지니는 숫자였던 것 같다. 그러한 인식에 한자의 세계도 맞추려 한 결과일 것이다. 반면 일본에서는 유희적인 것을 포함해서 50획 대와 64획의 벽을 가볍게 돌파한 '이와쿠라[いわくら]' '다이토[たいとう]', '오이치자[おおいちざ]'와 같은 글자가 있다. '다이토[たいと]'는 雲 셋 龍 셋을 합친 성씨였다고 전하는데 '다이토[たいとう]'라는 두 글자짜리 이름의 가명이었던 게 아닐까 생각된다.

인명용 한자는 어떻게 결정하는가?

인명에 자주 나타나는 글자도 있다. 한자 昭[밝을 소]는 메이지, 다이쇼 시대에는 비교적 사용빈도가 낮았던 듯한데 昭和(쇼와)라는 연호에 쓰이게 되면서 '당용한자', '상용한자'에 포함되게 되었으며 직접적으로는 그 연호의 영향으로 昭夫, 昭二, 昭子와 같이 인명에도 많이 사용되기에 이르렀다. '인명용 한자'로 채택된 惇, 恂, 紘, 지금까지 채택되지 않은 斌, 陞 등의 글자도 오늘날의 일상생활에서 인명(후자는 중장년층의 인명)으로밖에 접할 기회가 없게 되었다.

자녀에게 지어 주고 싶은 이름이 있는데도 '인명용 한자에 포함되지 않다는 이유'로 관공서에서 거부당한 부모가 적지 않다. 당용한자가 제정되고 인명한자의 제한이 시작된 지 얼마 되지 않았을 무렵에는 당시 사용할 수 없었던 杏을 실수로 접수한 호적 담당자가 멋대로 글자 윗부분을 지운 否로 등록한 사례마저 발각된 바 있다. 이러한 제한을 둘러싼 문제가 끊이지 않는다. 반면 어떻게 읽을지에 대해서는 제한이 거의 없어서 愛로 적고 '러브'라고 읽거나, 聖夜로 쓰고 '이브'라 읽거나, 一二三라 쓰고 '왈츠'로 읽는 이름이 등장했다. 호적은 '眞字'를 중시하는 전통에 준거하여 독음은 달지 않는다.

이런 상황을 납득하기 어려운 부모들의 생각이 방송이나 최고재판소를 통해서 법무성을 움직인 적이 있다. 2002년 12월 텔레비전 방송에서 출연했던 국회의원이 법무대신에게 전하여 행정 당국의 추가를 촉구했다. 또한 최고재판소는 이듬해인 2003년 말에 '曽'을 포함하지 않는 인명용 한자는 위법이고 무효라는 결정을 전원 일치로 판시하여 사법적 판단을 내렸다.

법무성 법제심의회에 인명용 한자부회가 생긴 것은 2004년 봄의 일이다. '호적법'에 규정된 '상용평이한 문자'를 추가하는 부회였는데 필자는 그곳에서 인쇄물에 사용된 빈도나 JIS 한자의 수준에 따라 한자를 기계적으로 선별하기 전에 이름을 짓는 부모들이 원하는 한자에 대한 실태조사가 필요함을 주창하여 그것의 집계를 담당하게 되었다.

'僾'와 '腥'은 왜 인기가 있는가?

그 수가 예상보다 많았고 자종과 자체 모두 다양하여 집계가 어려웠다. 가장 필요로 했던 글자는 苺와 桔이었다. 전자는 1945년 이전에 인명용 한자의 제약 없이 이름을 짓던 시절에는 사용하고 싶어 하는 사람도 거의 없었던 글자이다. 후자는 桔梗, 桔平으로 짓고 싶다는 요청이 대부분이었으며 연예인이나 만화 캐릭터를 모방하려는 것도 많았던 것으로 생각된다.

작업 과정에서 僾[어렴풋할 애]라는 한자가 일본 각지 법무국으로부터 추가 요청이 올라오는 것은 기이하다는 생각이 들었

다. 결국 50개 법무국 중 절반에 가까운 21개로부터 요청이 있었던 것으로 밝혀져 상위 24위를 차지하는 결과 되었는데, 사실 이러한 한자를 본 기억이 거의 없었다. 漣[잔물결 련]이나 駕[멍에 가], 獠[오랑캐이름 로] 등처럼 연예계 등의 유명인 이름이나 예명, 애니메이션 캐릭터나 드라마 속 등장인물의 이름에서 힌트를 얻거나 모방하려던 것과는 다른 것이었다.

조사를 계속하면서 이 글자를 사용해 이름을 지으려는 부모들은 이것을 '아이'가 아닌 '호노카'라고 읽으려고 한 것임을 알게 되었다. 그것의 경과를 이렇게 상상해 본다. 우선 '호노카'라는 이름을 지으려고 생각한다.[5] 그래서 '호노카'라고 읽을 수 있는 한자를 찾는다. 한화사전 또는 전자사전을 꺼내 '호노카'로 읽을 수 있는 글자를 색인으로 찾아본다. 그러면 거기에는 몇몇 한자가 나열된다. 仄[기울 측]은 평측(平仄)을 모르더라도 灰[재 회]와 비슷한 모양이라 좋지 않다. 恍[황홀할 황]은 忄[심방변]에 光[빛 광]이라 괜찮을 것 같다(이 글자도 요청이 있었다). 그러나 恍惚(황홀)은 넋을 잃는다는 뜻인데 노인 문제를 다룬 소설 『황홀의 사람[恍惚の人]』 이후 뜻하는 바가 바뀌었다. 佛[부처 불]은 불교용품점의 이

5 실제로 인기 있는 발음의 이름이라는 것은 다른 조사에서도 알 수 있어 호칭으로서 이름이 갖는 본질에 부합한다

미지가 아기에게는 맞지 않는 느낌이다. 이런 글자들 끝에 '僾'가 있는 것이다. 바로 이거야, 사람을 사랑하고, 사람에게 사랑받고, 그리고 사랑하는 사람, 굉장히 괜찮은 글자를 찾았다, 라며 선택된 것은 아닐까? 그러나 색인은 본문을 찾기 위한 도구이다. 거기에 나오는 쪽수로 가 보면 '희미하게[호노카] 밖에 보이지 않는다' 즉 '희미하다'라는 의미의 글자라고 적혀 있다. 거의 같은 뜻의 曖는 인명용 한자로 수록되었다(나중에 상용한자가 되었다).

한자는 의미를 지니기 때문에 가나나 로마자와 달리 표의문자라고 불린다. 그런데 근래 이름 짓을 때의 양상을 보면 이러한 의미 이전의 이미지를 중시한 감각적인 한자의 쓰임이 눈에 띈다. 게다가 자획을 통한 점을 치는 비교적 새로운 관습이 강한 영향력을 가지고 있다.

또한 腥[비릴 성]을 추가해 달라는 요청이 5개 지역 법무국을 통해 접수되었는데 '세이[セイ]'라는 발음으로 이름에 쓰겠다는 사례가 있었다. 이 글자도 '비린내 나는, 비계, 날고기, 더러운, 추한'과 같이 이름에 쓴다면 부정적인 작용이 강한 뜻밖에 없지만 한자음으로 읽는다면 '세이[セイ], 쇼[ショウ]'라서 언뜻 보기에는 산뜻하다. 글자의 시각적 구성도 '달[月]'과 '별[星]'인 것처럼 보인다. 오늘날의 한자를 구성하는 '月'은 크게 달의 형상을 본 딴

'달월', 肉[고기 육]을 생략해서 만들어진 '육달월', 舟[배 주]가 간소화되어 만들어진 '배주월'이 있다. 그러나 오늘날에는 그것들 모두를 '달'이라고 생각하는 사람도 보인다. 그래서 '세이[セイ]'라는 이름을 지어야지 하고 한화사전이나 전자사전, 휴대전화 등에서 검색했을 때 나오는 한자들을 보다 보면 '月[달]'과 '星[별]'이 나란히 있는 것 같은 글자를 발견한다. 그 날 밤이 생각나는 낭만적인 글자구나, 또는 성씨와의 획수가 정확히 맞는구나, 하며 반사적으로 떠올려서 이름 짓는 데에 사용할 후보 글자에 올랐을 것이다.

한자에 일본어 단어를 붙인 국훈(國訓) 중에도 이러한 속해(俗解)를 따른 것이 있을 것이다. 그러나 가령 雫에 'しずく[시즈쿠: 물방울]'이라는 훈을 부여하고 그것이 인정되려면 늘 사회적인 용인을 필요로 한다.

감각으로 선정되는 한자

부모들이 요청한 글자 중에는 胱[오줌통 광]도 있었다. 月[달]의 光[빛]을 연상했을 것이다. 이름 지을 때 사용하는 글자는 한자의 의미라든지, 출처가 되는 문헌에서의 쓰임, 또는 조상과 부모 혹은 저명한 사람의 이름을 계승하거나 모방한 것이 중심이었으나, 이제는 글자에서 연상되는 이미지로 중심이 옮겨왔다. 자의(字義)의 존재가 한자가 갖는 본질이었을 터인데 그보다 명명자의 감성이 중시되는 것이다. 자획에 대한 집착까지 가미하면 이런 글자들을 사용할 수 있을 것처럼 생각될 수 있다. 다른 현에서 접수된 요청에는 膀[오줌통 방]도 있었다. 여러 건의 요청이 접수된 惷[어수선할 준] 등도 한화사전에서 의미를 알아 보면 충격을 받았을 것이다.

요청된 글자들을 모두 채택하자는 의견도 있었지만 현실적으로 이런 글자들이 무더기로 포함돼 있었다. 인터넷 상에서 쓰는 필명인 닉네임에서는 이미 이러한 것들이 사용되고 있지만, 판단력이 없는 영아의 그것도 본명에까지 이런 글자를 쓰게 해도 될까? 방송이나 인터넷의 화면상에서는 정형화된 JIS 한자라면 자유자재로 다룰 수 있다. 화면상에서는 차례차례 한자가 나타났다가 사라진다. 지면상의 활자와 달리 느낌은 뇌리에 쉽게 남길 수 있어도 멈춰 서서 천천히 생각할 여유를 주지 않는다.

이 2004년의 「인명용 한자 재검토안」에 '상용평이'하다는 이유로 糞[똥 분]이 포함된다는 사실이 신문과 방송에서 보도되어

물의를 일으켰었다(그 후 삭제). 그러나 어느 대학에서 이 글자를 보여줬더니 여자 대학원생이 이 글자를 이름에 쓰고 싶다고 했다. '茱糞美'라고 적고 '나루미'라고 읽으면 될 것 같다는 것이다. 美 대신 見도 괜찮겠다고 했다. 이것은 아마도 어설픈 기억으로 累(루)나 留(류) 따위와 혼동했던 것일 듯하다. 자종이 많고 모양도 다양한 한자에서는 이런 오해가 늘 일어날 수 있다. 역시 이 글자는 제외되어 다행이라는 생각이 든다.

이상한 인명이라면 '아쿠마[悪魔, 악마]' 군 소동을 이야기하는 경우가 많은데 그 외에도 '겐바쿠[原爆, 원자폭탄]', '스이바쿠[水爆, 수소폭탄]' 형제, '유코[幽子]', '레이코[靈子]' 자매 등이 실재했다고 한다. "현실은 소설보다도 기괴하다"라는데 실제로 사용된 문자를 연구하면서 늘 통감하는 진실이다. 성명에 대한 전수 조사를 할 수 없는 일본의 상황에서 이름 짓는 관습의 전모를 어디에서 찾으면 좋단 말인가? 요청으로 접수된 글자 중에는 '屑[부스러기 설]'도 있었다. 일본어로는 일반적으로 'くず[구즈: 쓰레기]'를 연상하게 될 테지만 한화사전을 펼쳐보면 '달갑게 여기다', '힘쓰다', '조심하다'와 같은 뜻이 우선 있다. 腥에 대해서 본래 잘 알려지지 않은 글자였으니 의미는 아무래도 상관없다는 추세가 관찰되던 것과 정반대의 사례라고 할 수 있을 것이다. 그 밖에도 悶[답답

할 민]이 이름에 사용될 뻔 하기도 했었다.

오늘날은 무엇이든지 빠르게 흘러가버리는지라 글자도 동영상과 함께 화면상을 지나가는 것을 언뜻 눈에 담을 뿐이고 그것에 의지하여 깊이 사색하는 일이 적어진 것은 아닐까? 가뜩이나 평면적인 직감이 중시되는 시대 속에서 사회생활을 영위하고자 한다면 글자의 유래나 본래의 의미야 어떻든 감각적인 연상 이미지에 휩쓸리고 말 것임은 짐작하기 어렵지 않다.

또한 이 심의의 결과로 2004년 9월에 인명용 한자로 신규 추가된 글자가 488자에 달하며 인명용 한자는 합계 983자가 되었다. 그 후 많은 한자가 상용한자로 채택되고 또한 재판을 거쳐 祷[빌 도], 穹[하늘 궁], 巫[무당 무], 渾[흐릴 혼]이 추가되어 2017년 11월 현재 863자가 되었다. 현재도 이름 지을 때 쓸 한자가 부족하다는 재판은 계속되고 있다.

제4장

문자를 통해 보이는 사회

문자와 '위상'

오늘날 한자에는 같은 직업, 취미, 신앙 등을 갖는 사회적 집단마다 특유의 사용 방식이 존재하기도 한다. 일본어학에서는 집단이나 상황에 따라 말이나 문자가 달라지는 상태를 '위상(位相)'이라고 부른다. 이에 따라 집단에 기인하는 특징적인 말이나 상황과 밀접하게 관련된 말을 위상어라고 한다. 위상은 본서에서도 언급한 바와 같이 문자에서도 발견할 수 있다. 같은 성질을 가진 문자는 각 사회 집단과 다양한 상황 속에 존재하며 그런 것을 '위상문자'라고 부를 수 있다. 특정 집단의 특징적인 문자는 '집단문자'라고 해도 좋다. '상용한자'이지만 받아쓰기에서 정답률이 낮은 遵[따를 준]이나 劾[꾸짖을 핵]도 사용 범위가 '遵守(준수)', '彈劾(탄핵)' 따위의 법률관계 분야에 다소 편중되었다는 점에서는 위상문자 또는 집단문자라고 해도 좋을 것이다.

문자를 사용하는 여러 사회에서는 현대뿐만 아니라 각 시대마다 위상문자를 분야별로 확인할 수 있다. 오늘날 일반적인 한화사전에 수록된 한자 중에서 특히 '국자(國字)'에 관해서는 개개의 글자가 지닌 역사나 위상에 관한 서술이 결여된 것이 다수를 차지한다. 과거의 한화사전을 계승할 뿐만 아니라 문자에 대해 그것이 사용되어 온 경과의 실태와 위상의 변천을 확인하여 '字誌'라 할 수 있는 조사 성과를 축적하는 것이 일본 문자의 전개를 파악함에 있어 중요하다고 생각한다. 이하에서는 다양한 위상문자를 추적하는 것을 통해, 갖가지 이유와 원인에 근거해 개인문자→위상문자→일반적 국자 등으로 위치가 변화해 온 과정을 구체적으로 제시할 수 있게 될 것이다. 이러한 문자를 사용하는 계층은 시대와 함께 변동하는 경우가 적지 않다.

구자체의 인기

1945년 이후 당용한자와 그것을 갈음한 상용한자에 의해 한자의 자체가 정리되고 약자가 채택되었다. 이는 문자가 지닌 사회성을 확대하기 위한 것이었다. 그러나 지금도 가령 도쿄의 번화가인 신주쿠역 앞에는 紀伊國屋[기노쿠니야], 英國屋[에이코쿠야]와 같은 구자체로 된 상호가 간판에 적혀 내걸려 있다. 이러한 자체에서 가게의 역사나 고급스러움을 느끼는 사람들도 있다. 뮤지션 시이나 링고[椎名林檎]가 가사에 구자체를 많이 사용하고 있고, 황실에서는 '마코[眞子] 공주님', 연예계에서는 '기

시단(氣志團)'이라는 그룹 외에도 가수나 배우의 이름 등에 구자체가 많이 쓰인다. 그 중에서도 来의 구자체인 來는 山本未來[야마모토 미라이], 倖田來未[코다 쿠미], 森山未來[모리야마 미라이] 등의 연예인의 이름에서 보는 것처럼 인기이다. 고루 人[사람]이 모인다는 관념에 의한 것일까? 来와는 별개의 글자로 생각하는 사람도 적지 않다.

'螢[반딧불 형]'은 1981년에 공포된 상용한자표에 채택될 당시에 '栄', '営' 등과 마찬가지로 약자 '蛍'으로 수록되었다. 그러나 오늘에도 '반딧불'은 '螢'으로 적는 경우가 많다. '형광등'은 약자로 '蛍光灯'이라고 적어도 무방하지만 '반딧불'은 火[불] 두 개를 포함하고 어둠 속에서 빛나는 '螢'이 어울린다고 생각하는 것일 듯하다. '龍'도 마찬가지로 상용한자로는 '竜'으로 되어 있지만 사람 이름에서는 여전히 '龍'의 인기가 계속되고 있다. 이 역시 상상 속의 것이라고는 하지만 생물이며 회화적인 인상을 통해 자체에서 피어나는 이미지가 크게 작용하는 것일 듯하다. 에도시대 서민문학 작품인 『호색일대남(好色一代男)』 오사카판(大坂版)에는 龍과 竜(아직 竜이 많았다)이 혼용되고 있는데 일정한 기준에 맞춰 구분해서 썼다기보다는 그때그때 마음 가는대로 사용한 듯하다. 표현에 변화를 가미한 것이라고 봄직하다. 오늘날에도

恐竜[공룡], 竜巻[용오름], 竜田揚げ[다쓰타 튀김]은 문제 없지만 언어 정책과는 무관하게 예로부터 방패연에는 龍이라고 적고, 우롱차도 烏龍茶라고 표기하는 것처럼 자연스럽게 매체나 단어에 따라 구별해서 사용하게 되었다.

竜

구자체의 인기는 櫻[벚나무 앵]에서도 드러난다. 여대생들 중에는 신자체 桜보다 구자체 櫻이 더 좋다고 말하는 경우도 있다. 예전에는 '2층[→2貝] 여자[女]가 마음[→木]에 걸린다'라는 통속적인 풀이로 외우곤 했지만 오늘날은 영화 "櫻の園[벚꽃 동산]"이나 남자 아이돌 그룹 아라시의 멤버 櫻井翔[사쿠라이 쇼]의 이름을 계기로 알게 되는 모양이다. 横浜[요코하마]를 横濱라고 적기만 해도 근대 항구의 이국적인 정서가 확 상승한다. 그러한 복고감성이 은근히 의식되는지 요코하마 현지와 여타 지역에서 상점 간판이나 상품 등에 자주 쓰인다. 大坂[오사카]가 '土[흙]으로 反[돌아간다]'로 풀이되는 것을 기피하여 大阪[오사카]로 바뀌었다고(역사적으로 맞는지는 차치하고) 알고 있는 이들은 적지 않겠지만, 東京[도쿄]를 東京이라고 표기한 책 제목을 보기만 해도 메이지 시대 초기에 쓰였던 '도케이'라는 발음과 당시 수도의 생활상에 대한 이미지가 연상된다는 이도 있다. 이것은 속자 표기이지만 대체로 구자체(강희자전체)를 중심으로 하는 옛 표기가 향수를 불러일으키는 힘이 있다는 것을 알 수 있다. 방송 프로그램 타이틀에서도 '哲学[철학]'을 '哲學'이라고 적는 것만으로도 그 프로그램에 기대하는 분위기가 크게 달라질 것이다. 옛 자체를 가리켜 정자(正字)라고 부르기도 한다. 대학명이 적힌 현판에는 '~大学'보다는 '~大學'이라고 적혀 있어야 공부를 잘 할 것 같다는 학생도 있다.

그렇다곤 하지만 '恋愛寫眞[연애사진]'이라는 영화 제목도, 제2차 세계대전이 한창이던 시절의 일기라는 설정의 이노우에 히사시(井上ひさし) 작품 "東京セブンローズ[도쿄 세븐로즈]"나 시이나 링고가 쓴 곡의 가사도 자세히 들여다보면 사실 모든 한자를 구자체로 적지는 않으며 신자체 중에서도 당시의 활자로는 부자연스러운 것들이 혼재되어 있다. 구자체의 수를 헤아리는 방식은 다양하지만 상용한자에 대응하는 것이 300자 이상은 있는데, 그 가운데 특정 글자만을 고집하는 것이 이상하다는 생각은 들지만, 사람은 신경이 쓰여야지만 문제라는 생각을 갖게 된다는 점은 이제까지 서술한 바와 같다. 새로 출시된 운세 상품이라도 氣

(기)만 구자체로 氣로 적혀 있다면 모종의 전통과 신비로움마저 느껴진다. 그것은 소토바[卒塔婆]에 적힌 범자(梵字)가 세속적으로 수행하는 역할과 일맥상통하는 것 아닐까?

애당초 학교에서 배우지 않는 한자에 대해서는 특수한 정서를 느끼는 경향이 있다. 상용한자표에 따르면 あう[만나다]는 会う 또는 遭う로 적게 되어 있는데 표외자(表外字)로 逢う도 소설이나 노래 가사에서는 흔히 볼 수 있다. 이것도 구표기라고 부르기도 한다. さびしい[외롭다]는 寂しい인데 표외자를 사용한 淋しい도 소설 등에 흔히 사용된다. 駆ける[달리다]도 상용한자표에 포함되지 않은 자체로 駈ける라고 적기도 한다. 사람에 대한 '생각'은 상용한자로는 思い라는 표기뿐이지만 상용한자표에 없는 훈으로 想い라고 적는 것도 일반적으로 자주 쓰인다. 이러한 표기들이 인기를 끄는 것은 각각이 상용한자에 없는 자종이거나 음훈인데, 어느 샌가 일상 속에서 친숙해진, 더구나 어딘가 비일상적인 분위기를 지녔기 때문인 걸까? 이것들이 상용한자표 안에 포함된다면 사라지게 되는 감각인 걸까? 한자를 운용할 때에 글자가 본래 갖는 의미를 깊이 파고들지 않았다면, 감각적으로 한자의 시각적 구조가 발산하는 이미지를 중시하는 경향이 강해졌음을 여기에서도 알 수 있다.

소녀들의 문자
- 마루모지에서 조타이모지, 갸루모지로

문자는 사회적인 존재이다. 특정 사회에서 그것을 공유함으로써 정보도 공유할 수 있다. 문자가 정체성을 형성하는 경우가 있다. 같은 문자를 사용한다는 의식을 통해 같은 조직, 같은 집단에 소속되었다는 의식을 강화하는 역할을 하는 것이다.

좁은 세상에서도 문자의 사회성이 발휘된다. 여중고생들은 친구가 예쁜 글씨체로 편지를 써주거나 새로운 기호를 사용한다면 그것과 같은 글씨체와 기호를 흉내 내서 답장을 적음으로써 관계를 확인하기도 한다. 그렇게 해서 집단 안에는 특징적인 문자가 생겨난다. 때로는 또래 그룹이 아닌 사람이 설령 보더라도 해독할 수 없는 암호를 만들어 내는 경우마저 있다.

문자에는 다양한 차원에서 집단에 따른 차이가 형성되기도 한다. 가령 필적을 보면 글씨를 쓴 사람의 성별을 거의 특정할 수 있고 또한 나이 든 남성의 글씨라든지 여자 아이의 글씨라든지 하는 것을 직관적으로 알 수 있다. 그것은 글자의 배치, 사용하는 자종과 자형 등에서 특질이 드러나기 때문이다. 그러한 성차나 세대차는 시대에 따라 약간의 변이가 있으며 때로는 양식화하기도 한다.

① 何 彼 時 活 かな
② 何 時 間 痛
かわれけ
③ ナニ 回 朮 ӥë § Ω
(半角のナニ)
た ロ ポ ね す ひ
④ 走召 〇+ 〒皮 ∴ 无
超 叶 彼 品 天

문자에 대한 디자인 차원의 의도적 가공은 여성 특히 젊은 여성 여성층에서 현저하다. 마루모지[丸文字, 동글이글씨], 즉 야마네 가즈마[山根一眞]가 변체소녀문자(變體少女文字)라고 명명한 서체는 1970년대 말의 소녀들이 팬시한 귀여움을 추구한 것이다.[1] 가로쓰기와 펜 등의 조건이 이러한 서체의 성립과 정착을 도왔다. 유행은 여중고생들이 창조하는 그런 시대이다. 분명 문자와 표기의 장식에 대한 감성은 여성 중에서도 특히 10대 여성이 압도

1 山根一眞,『変体少女文字の研究』, 講談社, 1986

적으로 민감하다. 80년대에는 마루모지, 만가모지[漫画文字, 만화글씨] 등으로 불리는 서체가 한 시절을 풍미하였고 か를 아래 그림의 ①처럼 교차시켜 적는 것은 시험 답안작성에서 금지할 정도였다.

이제는 변체소녀문자 즉 마루모지는 휴대전화 글꼴과 전단지 정도, 즉 당시 열심히 창조되었던 인쇄 서체와 표시용 서체로밖에 남지 않았다. 1990년대에는 조타이모지[長体文字, 길쭉이글씨]가 그 자리를 대신하여 위 그림의 ②처럼 적곤 했다. 조타이[長体, 길쭉이]라고는 하지만 옆으로 넓적하게 쓰기도 한다. 즉 정사각형이 아닌 형태인 셈이다. 언뜻 보면 어른스러운 글씨처럼 보이지만 그렇게까지 능숙하진 못한, 그런 기분을 연출하는, 어른들의 글씨를 의도적으로 변형한 '서툴러 보이지만 능숙한 글씨[ヘタウマ文字]'이기도 하다.

2000년대에 들어와서 각광을 받은 갸루모지[ギャル文字, 갸루글씨]는 그것을 JIS 문자 범위 안에서 전자 매체로 옮겨 표현하려고 한 것이라고 볼 수도 있을 것이다. 위 그림의 ③이다. ね라는 글자를 라틴문자 ne를 거쳐 다시 러시아 문자로 나타내고, 부호나 그리스 문자까지 쓸 수 있는 것은 무엇이든 동원한다. 그 중에서도 汚にぎり[오니기리]처럼 단어를 미화하는 접두어 '오[お, 御]'를 汚

로 표기하는 소녀들은 '오갸루[汚ギャル]'라며 자신들을 특화한다.

이러한 유행 문자 중에는 위 그림의 ④와 같이 한자를 분해하거나 변형하는 것도 있다. 여기에서는 실은 오랜 옛날부터 존재했던 파자(破字)의 수법과 공통된 감각을 엿볼 수 있다. 파자는 합자(合字)의 반대로서 万(万)을 '一力'으로 只를 'ロハ'로 분해해서 적는 것과 같은 것이다.문자를 분해해서 읽음으로써 새로운 단어를 창출하는 경우가 많다. 최근에는 소위 갸루들뿐만 아니라 젊은 여성들을 중심으로 핸드폰 메시지 등에 이것들의 일부가 재미삼아 사용되거나 'こんにちゎ', 'ぁぃたぃ' 등 작게 적을 수 있는 글자는 조그맣게 적는 것이 '귀엽다'고 여겨지게 되었다. 옛날 『마쿠라노소시[枕草子]』에도 "무엇이든지 작은 것은 매우 아름답다"라고 일컬었다지만 아무렴 세이쇼나곤[清少納言]도 자신이 문장을 적을 때 사용한 히라가나까지 상정해서 한 말은 아닐 것이다.

이러한 서체가 유행하는 근원에는 각 시대의 '귀여움'을 추구하고 그것을 내 것으로 만들어 또래 친구들과 공유하고 싶다는 심리가 존재한다. 갸루모지는 부모들이 읽더라도 못 알아 보도록 하는 암호성뿐만 아니라 새로운 유행을 만들어내고 그것을 좇아서 시대에 맞춰 간다는 그런 정서적 원인에 기인하는 것이다. 과거에는 서체 중에 모든 국민에게 공유되는 모범이 존재했다. 지금은 명필이라고 칭할 만한 사람이 줄고 글씨를 멋지게 흘려 적는 이도 드물다. 일본에서는 에도시대에는 오이에류[御家流]라고 해서 연면체(連綿體)에 관한 공통된 모범이 존재했는데 그러한 것들을 일본인들이 상실한 것인지도 모르겠다.

'々'보다 '제곱'

니혼TV의 프로그램 '스타 탄생[スター誕生]'에서 결승 그랑프리를 획득한 고이즈미 교코[小泉今日子]가 신인가수로 데뷔한 것은 1982년 3월이었다. 그 후 소속사나 음반회사에서 'KYON^{2}'이라는 로고를 고안해 상표등록을 하고 1984년 9월에 발매된 '야마토 나데시코 시치헨게[ヤマトナデシコ七変化]'의 앨범 재킷에 처음 사용되었다.

일본어에서 문자에 제곱을 다는 것으로 반복을 나타내는 것은 그 전에도 교실 등지에서는 존재했다. 수학에서 거듭제곱[累乘]을 배우면 곱셈과는 차원이 다르게 급격히 증가하는 숫자에 놀라게 된다. 그것의 충격과 기능을 친구에게 보내는 편지 따위에서 일본어 표기에 적용해 보곤 하는 것이다. 하지만 그런 시도는 일회적인 것이었고 확산되지는 않았다.

Bye^2 いろ② 毎日$^{\times 2}$ すごく02

제곱 표기의 예

참신한 'KYON^2'의 충격이 컸음을 필자도 선명하게 기억한다. 이것이 위와 같은 표기가 오늘날까지 이어지게 된 역사의 시작이라고 할 수 있다. 이것은 마루모지라는 서체가 한 시절을 휩쓸던 시기에 여고생들이 하나의 필수 요소로 채택한 것이었다. 불과 20년 남짓에 걸쳐 나타난 현상이지만 그것의 역사를 정확히 되돌아보는 것은 쉬운 일이 아니다. 필자도 동시대를 살던 사람으로서 처음에는 기록을 이어갔으나 이내 의의를 찾기 힘들어 중단한 시기가 있었다.

제곱표기는 대학생이 됨과 동시에 '졸업'하는 사람이 늘었다. 여학생 중 90%, 남학생 중에서도 20% 정도가 사용한 경험이 있다는 점에서 특히 젊은 여성에게 특징적인 기호라고 할 수 있을 것 같다. 이것을 구닥다리라고 느끼는 사람들은 자신이 그 시기에서 벗어났을 뿐이다. 지금도 초등학교나 중학교의 학급 노트나 여성잡지 등에는 말하자면 단골로 꾸준히 사용된다.

제곱표기가 이렇게까지 확산된 것은 그것이 멋지거나 귀엽기 때문만은 아니다. 1950년 9월에 '문부성 간행물 표기 기준'에 의해 그때까지 '毎日々々'와 같이 사용되던 '々々'와 '〳〵'(くの字点)과 같은 높은 기능성과 경제성을 지닌 반복기호(오도리지, 踊り字)가 사실상 폐지되었다. 이로 인해 번거로운 반복을 피할 수 없게 되었던 것이 밑바탕이 되었다고 보아야 할 것이다. 이 제곱표기는 물론 한자 본연의 문제는 아니다. 한자에서 비롯된 것으로 보이는 반복기호가 중첩된 '々々'이나 그것의 변종에서 유래한 '〳〵' 등의 역할 사이에 비집고 들어간 것이다. 크게 보면 다양한 표기를 수용해 온 일본인의 기질이 낳고 수용한 표기라고 할 수 있다.

위상문자는 어디에 나타나는가?

자체, 자형, 서체에 드러나는 집단적 특징(위상)의 차이를 살펴보자. 우선 연령대에 따른 차이로는 1945년 이전에 교육을 받은 사람들이 単을 單, 黒을 黑으로 적는 것처럼 주로 손 글씨에서 구자체를 사용하는 경향을 들 수 있다. 그밖에도 世를 한화사전에 속자로 정의된 卋로 적거나 하는 자체의 차이, 才를 文로 적고 感을 感으로 적는 것처럼 다른 필법에 따른 차이(이것에는 획순의 차이가 관여된 것도 있다)가 관찰되기도 한다. 이러한 차이는 물론 1945년 이전의 붓글씨와 활자, 교육 등이 원인일 것이다. 1945년 이후 세대일지라도 문필가나 연구자, 서예 교사 등 중에는 일상적으로 구자체를 사용하는 이들도 있다.

가가미모지[鏡文字]나 비일반적인 한자와 가나의 혼용은 어린 아이들을 제외하면 외국인 일본어 학습자 중 특히 초급에 속하는 이들에게서 흔히 관찰된다. 이들에게서는 또한 각각의 모어의 문자로부터 받는 간섭을 볼 수 있다. 가령 같은 한자권에서 온 중국인들은 着(着), 笹(笹)와 같은 자체로 적는 경향을 지적할 수 있다. 획순의 차이로 인해 必 등의 균형도 달라지곤 한다. 반대로 일본인 중에서도 중국어를 학습한 사람은 중국어의 간체자로부터 간섭을 받기도 한다(言[말씀언변]을 讠, 門[문문]이 门가 되는 등. 309쪽 참조).

소설에서는 体[몸 체]보다는 躰, 欲[하고자할 욕]보다는 慾, 座[앉을 좌]보다는 坐, 奇跡(기적)보다는 奇蹟을 쓰고 싶은 상황이 존재할 것이다. 이것들은 표현 효과 외에 단지 예전 소설을 통해 눈에

익은 글자를 계승한다는 측면도 있다. 寐る[잠자다], 慥か[분명], 這入る[들어가다] 등과 같은 표기도 보인다.

또한 편지에서 받는 사람에 대한 경칭인 様을 㨾으로 적어서 경의를 나타내는 대우 표현도 특정 연령층이나 계층에서 계속 행해지고 있다. 門을 门, 第를 才와 같이 줄일지, 자신의 성씨를 호적에 쓰인 자체로 적을지, 공문서와 사문서의 구별, 읽는 사람이 누군지, 시간적 여유가 있고 없고 등 상황에 따른 차이가 생기기 쉽다.

그리고 글씨를 적는 용구에 따라서 자형이나 자체가 변화하기도 한다. 간판이나 컴퓨터, 휴대전화 메시지에 쓰인 글자에 대해서는 뒤에서 언급하겠다.

같은 서체라도 점획의 형상이나 구성요소의 배치, 필압 등에서 '여성스러운 글씨'라고 일컬어지는 경우가 있듯이 남성스러움과 여성스러움이라는 성차를 찾는 시도도 일상적으로 이루어진다. 이것은 '서풍(書風)' 차원에서 위상이 다르거나 개인차가 있음을 시사한다. '이건 그 사람의 글씨다', '이걸 적은 사람은 그 사람이다'하며 필기한 개인을 특정하거나 서예 작품을 보고 서예가의 유파를 판별할 때에도 필적에 드러나는 서풍의 특수성과 공통성을 간파한다고 할 수 있다. 내 마음대로가 아닌 전통적인 초서체로 유려하게 소위 명필로 편지를 적을 수 있는 것은 서예나 펜 글씨 연습을 통해 대강의 서법을 습득한 사람뿐이다. 그런 사람이라도 서둘러 적은 메모에는 휘갈겨 쓰거나 하므로 상황에 따른 차이 또한 생기게 마련이다.

직업, 나이 등에 따라 표기법이 다르다

같은 직업 종사자 집단마다 독특한 한자가 사용되는 사례를 살펴보자. 예를 들어 두부(豆腐) 취급점 등에서 腐[썩을 부]의 부정적인 이미지를 기피한 豆富와 같은 표기가 증가한 이야기는 앞서 말했는데, 이것은 시마네현의 두부(豆富)상공조합에서 확산되었다고 전한다. 따라서 예전에는 국지적으로 행해지던 것이었을 가능성이 있다.

장애인 관계자, 복지단체, 일부 공공단체를 중심으로 障害[장애] 대신 障がい, 障碍와 같은 표기가 확산 중이다. 이것은 '상용한자' 표 안에 있는 한자를 가나표기로 고쳐 적거나[障がい], 예전 표기[障碍]로 되돌려서 害[해로울 해]라는 글자가 주는 불쾌한 이미지를 지우려는 것이다. 子供를 子ども로 표기할 것을 주장하고

실행하는 사람들과 공통된 인식을 엿볼 수 있다.

이러한 문자체계(문자종)까지 바꾸는 경우는 그 밖에도 있는데 가령 필기자의 연령대에 따라서 또는 같은 필기자라도 상황에 따라서 접두어 お를 御로 적기도 하고 お로 적기도 한다. 작가 중에는 굳이 반복 기호 々를 쓰지 않는 이도 있다. 이것은 사전에 존재하지 않는다는 규범의식에 따른 것도 있고 鬱鬱, 人びと 등과 같이 표현효과를 노린 경우도 있다.

표기에는 앞서 이야기한 자체와 마찬가지로 연령에 따른 차이가 드러나기 쉽다. 예를 들어 1945년 이전에 교육을 받은 사람은 座る[앉다]를 坐る로, くれる[주다]를 呉れる로, 午後[오후]를 午后로 적는 이른바 구 표기를 취하는 경향이 확인된다. 반대로 대학생들은 학점을 이수(履修)한다는 뜻의 とる를 履る로 적곤 한다.

위상문자는 매스컴에 나타나기도 한다. 신문을 예로 들면 신문의 위상문자는 '신문 업계 특유의 문자'와 '신문이라는 매체에 실린 각 분야의 문자'를 가리킨다. 전자에 대해서는 자종, 자체 차원의 사례가 있는 정도이므로 후자 가운데 기사 안에 사용되는 개개의 국자(일본제 한자)에 대해 서술하면 전문용어뿐만 아니라 지명에 나타나는 특정 지역에서밖에 쓰이지 않는 한자, 성씨와 인명에 쓰이는 글자(개인문자)가 때때로 나타난다. 그 밖에

가부키 작품의 제목 등도 그것에만 쓰이는 글자가 지면에 등장한다. 나미키 소스케[並木宗輔]와 나미키 조스케[並木丈輔]의 작품 「苅萱桑門筑紫𨏍[かるかやどうしんつくしのいえづと]」는 기사에서는 𨏍을 [車+栄]의 꼴로 실었다. 이는 당시 판본의 본문에 쓰인 자체와도 우연찮게 일치한다.

더 세세하게 보면 신문사, 계절, 게재일, 제목인지 본문인지, 지면의 쇄수, 게재란, 고유명사의 지명도, 또한 기사의 집필자와 교열 담당자, 나아가서는 원고를 작성한 컴퓨터 기종이나 설정 등에 따라 그러한 위상문자가 나타나는 양상에 차이가 있다. 또한 잡지에서도 특히 전문지에서는 각 분야 특유의 위상문자를 볼 수 있다.

다만 이와 같이 매스컴에 등장하는 사례는 오히려 드물기 때문에 위상문자의 실태를 찾기 위해서는 간행된 문헌에 국한하지 않고 다양한 자료를 수집해 나가야 한다.

역사적으로 본 위상문자

일본에서 개인문자를 시작으로 국자가 만들어지기 시

작한 것은 7세기 무렵이었다. 그 이후 한자를 사용하는 사람들이 증가하면서 집단의 문자, 위상문자가 성립되었던 것으로 생각된다. 그러나 상대[나라시대]의 부적, 중고[헤이안시대]의 불교 관계자 특유의 한자 사용, 귀족이 자신의 품계를 적는 이쇼가키[位署書]에 쓰인 합자 등 신앙이나 실용, 차별화나 전통에 입각한 격식을 목적으로 하는 특징적인 글자를 제외하고는 애당초 식자층이 많지도 않고 남아 있는 자료에도 제약이 있으며 또한 전국적, 일반적인 '공통문자'의 자휘(字彙)가 확정되어 있지 않기도 해서 이 시대의 위상은 더욱 세세하게 분류하기 어렵다.

중세에 이르러서는 새로 만들어진 국자 가운데 [illegible][우쓰보: 화살통], 袰[호로: 무사가 등에 다는 커다란 천] 등과 같은 전투 장비의 이름을 나타내는 것은 실용이나 차별화를 위해서이겠으나 미적인 효과가 목적인 것으로 보이는 것도 적잖이 등장하는데 이것들도 위상문자로 봐도 무방하다. 그러나 위상문자로서의 성질이 분명한 것은 『의학천정기(醫学天正記)』 등의 한방의학서에서 볼 수 있는 약명(藥名)을 한 글자로 나타낸 '일자명(一字銘)'일 것이다. [illegible][生姜, 생강]이나 [illegible][麥門冬, 맥문동]과 같은 일자명 중에는 나중에 관계자들 사이에서만 통용된다는 은닉성을 잃고 어느 정도는 일반 대중에게 확산된 것도 있었다.

에도시대에는 직업집단이 세분화하고 다양화하고 동시에 식자층도 늘어서 다양한 문장이나 단어를 한자로 표기할 일이 많아졌기 때문에 위상문자도 증가하였다. 무술, 예법, 인술(忍術), 매사냥[鷹狩], 불교, 신흥종교, 광산, 장인, 상인, 한의사 등 각 집단의 문자가 다양한 자료에 현저하게 나타난다. 가령 보기 드문 사례로 인술 분야에서 오행(五行)과 색깔을 나타내는 한자를 㳇, 𤈦처럼 결합한 표음문자와 그것을 해독한 글자가 『대비사구전(大秘事口傳)』이라는 인술서(忍術書)에 기록되어 있다. 이는 집단 내 구성원들 사이에서 비밀유지를 필요로 하는 경우에 한해서 사용하도록 했다. 이와 같이 위상문자는 독자적인 사회에서 특정한 상황에 한정되는 것도 있다. 상인 집안에서 숫자를 장부 등에 기입하기 위한 부호가 가문마다 발달한 것도 마찬가지이다.

도검(刀劍) 감정 분야에서는 『도검목리서(刀劔目利書)』(1618)나 『태견기(太見記)』(1640)에 㲸[니에], 凝[니에: 유래 미상], 匂[니오이], 㤙[야키바: 가나 합자] 등이 많이 사용된다.[2] 이 가운데 匂는 국자 匂를 다시 가공한 것이라 할 수 있으며 한자의 일본화가 한층 더 이루

2 옮긴이: '니에[にえ]'와 '니오이[にほい]'는 각각 칼날의 무늬를 구성하는 거친 입자와 미세한 입자를 가리킨다. '야키바[やきば]'는 칼날 위의 물결 무늬를 뜻한다.

어졌음을 알 수 있다. [illegible]는 カ田ナ[가타나]의 합자 즉 '칼'을 가리켰다. 도검 감정을 업으로 하는 이들의 세계에서는 에도시대의 초엽부터 이러한 글자가 쓰이고 있었다. 감정 내용이 외부인에게 누설되지 않도록 비밀성을 의도했던 것이겠으나 현실적으로는 쉽게 해독할 수 있을 듯하다. 이처럼 중세 이후 구전적이고 한정된 세계의 국자를 거쳐 에도시대 전기에는 [illegible]는 刀, 江와 疑도 錵 등으로 다른 종류의 한자나 국자로 바뀐다.

에도 시대 이후의 위상문자

에도시대에 위상문자가 많이 나타난 것은 가령 난학서(蘭學書)에서는 주로 실용과 용어, 표기 체계의 재편이 목적이었을 것이다. 그 밖에 종교서에서 보이는 한자의 쓰임은 신비화를 통한 차별화를 위해, 조루리[浄瑠璃]나 가부키의 작품명은 주로 길흉과 시각적 효과의 측면을 고려하는 등 대체로 차별화와 실용성을 추구한 것이었다.

메이지 시대 이후에는 구체제의 붕괴와 함께 각종 조직이 개편되면서 위상문자 대다수가 변용되거나 소멸하였다. 하지만 도

검의 세계에서는 위상문자가 거의 고스란히 계승되었고 앞에 언급한 錵 등이 실용화를 위해 남았다.

スタチスチク
𢳣𥳑𢰤

메이지 시대에 새롭게 출현한 위상문자의 유형으로는 스기 고지[杉亨二]가 영어의 statistics(통계, 통계학)에 대해 𢳣𥳑𢰤(スタチスチク) 등을 표기의 개량을 위해 창안하여 제자들과 함께 사용한 것을 들 수 있다. 스기 고지가 만든 한자는 마치 만요가나 합자와 같지만 구성요소로서 배치할 때 글자의 균형감을 고려했음을 알 수 있다.

그러나 대체적으로 근대화와 함께 새로운 한자를 만드는 것 자체는 감소했다. 앞서 언급한 인술서처럼 비밀스러운 전승들이 줄어든 반면 공교육의 장으로 한자교육이 일원화됐을뿐 아니라 새로운 한자를 만들더라도 정착하기까지 겪어야 할 불편함이 널리 인지되었던 점 등을 그 이유로 들 수 있을 것이다.

다만 위상문자가 지닌 힘이 완전히 소멸한 것은 아니며 오늘날에도 가령 경마업계에서는 騸[불깔 선]이라는 한자를 일반적으로 사용하고 있다. 또한 앞서 말한 갸루모지 안에도 그 에너지가 모습을 바꾸어 가면서 면면히 계승되고 있다 해도 좋을 것이다.

덧붙여 말하자면 중국에서도 위상문자라고 부를 만한 것은 존재했다. 은나라 이전에는 씨족을 나타내는 표식이 있었고 육조시대 이후에 불교 경전에 쓰인 僧(승), 塔(탑), 당나라 이후 도교 서적에 등장하는 炁[氣, qì: 기운 기], 靝[天, tiān: 하늘 천]을 비롯하여 청나라 때 도예 업계에서 쓰인 釉[釉, yòu: 광택 유], 태평천국의 䰟[魂, hún: 넋 혼], 龻, 청나라 때 결사 삼합회(三合會) 등에서 사용한 㚢[zǐ]와 같은 것에 이른다. 또한 항일전쟁 중에 사용된 '해방자(解放字)'로 拥护[擁護, yōnghù: 옹호] 등도 알려져 있다. 근래에 '강영여자(江永女字)'[3]라는 여성전용 문자가 존재했던 사실도 알려지게 되었는데 그것을 사용한 목적은 내용을 남자들이 알 수 없게 하기 위해서였다고도 한다.

3 옮긴이: '여서(女書)문자'라고도 한다. 중국 후난성 융저우시 장융[江永]현 일대에서 사용되어 온 음절 문자.

'올바른 문자'란 무엇인가?

일본에서는 무로마치 시대의 『운포이로하슈[運歩色葉集]』나 에도 시대의 『문교온고(文教溫故)』, 『화한선용집(和漢船用集)』 등에서 문자를 집단과 관련지어 파악하는 위상문자적 시점의 맹아를 단편적으로나마 볼 수 있다. 그러나 메이지 시대 이후의 일본어학(국어학)이나 한자연구에서 충분히 다루어지지는 못했다. 1945년 이후가 되어서 이케가미 데이조[池上禎造], 시바타 다케시[柴田武], 시마다 이사오[島田勇雄], 하야시 지카후미[林史典], 사이가 히데오[齋賀秀夫], 스기모토 쓰토무[杉本つとむ], 시무라 가즈히사[志村和久]를 비롯한 선학들에 의해 개별 사례로서 다루어지게 되었다.

그러한 축적이 있음에도 현재 그것의 연구가 활발하다고 할 만한 상황은 아니다. 그 요인으로는 우선 첫째로 사례를 채집하기 어렵다는 것이 있고, 그 다음으로는 그렇게 새로이 만들어진 문자는 애당초 문자가 아니라는 의식이 뿌리 깊게 자리잡고 있는 것을 들 수 있을 것이다. 그래서 '문자'를 정의할 때의 필요조건을 구사카베 후미오[日下部文夫] 등의 설을 참고하여 나타내 보겠다.

① 형태적으로 독립된 도형인 자체가 존재한다

② 분석성과 선형성이 있고 음성언어와 대응한다

③ 사회적으로 유통된다

䲔

가령 한때 가나가와현 지사가 아르헨티나에서 잡히는 페헤레이[pejerrey]라는 생선에 䲔이라는 글자를 만들고 발음을 공모했으나 순조롭게 진행되지 않았던 일이 있었다. 이처럼 대응하는 음성 언어 없이 끝난 것은 위의 ②에 따라 '문자'의 범주에서 생략할 수 있다.

위 ①, ②, ③ 이외에도 어떤 글자를 한자스럽지 않은 것으로 보게 되는 데에는 직관의 역할이 의외로 크다. 예를 들어 '〇'은 옛날에는 星[별 성]에 대한 측천문자(則天文字)[측천무후가 만들게 한 한자], 輪[바퀴 륜]의 약자로 쓰이기도 했으나 오늘날에는 한자숫자나 마루모지 등을 논외로 한다면 해서체 한자 같다는 느낌이 들지 않는다. 인명으로 사용하려다가 문자로 인정받지 못했다는 판례도 있다.

위상문자처럼 특정 사회나 집단에만 있는 쓰임새를 갖는 글자라면 위의 조건 가운데 ③이 충족되지 못하는 듯도 하다. 그러나 사회적으로 유통되지 않은 글자마저 사전에 많이 실려 있는 현실이다. 또한 사전에 없는 지명과 성명을 표기하기 위한 한자 등도 활자로 접하기도 한다. 위상문자는 언어 그 자체를 표기하는 것이 아닌 부호라든가 문자성을 부정하는 전위서예가 만들어내는 형태 등과는 전혀 다른 것이다. 이것은 개인 특유의 문자, 즉 개인문자라고도 할 수 있다. 그것이 의식적이든 무의식적이든 사용되고 제3자가 그것을 보고 읽게 되면 범위는 좁을지라도 사회성을 띠게 되기 때문이다. 여기서 말하는 사회가 일본 전체를 지칭할 필요는 없다. 설령 일본 전체를 가리키려 해도 식자능력에는 다양한 층위가 존재하며 하나로 묶어 파악하기는 어렵다.

이러한 것들은 문자이기는 하지만 올바른 문자가 아니라고 보는 관점도 있을 것이다. 자전을 포함한 사전을 기준으로 생각하려는 경우도 적지 않지만 앞서 언급했듯이 사전은 절대적인 기준을 제시할 수 있을 정도로 과거로부터 오늘날로 이어져 온 일본 문자생활의 실태를 기술하지는 못한다. 편찬자의 규범의식에 의해 배제된 경우와, 눈에 띄지 못해 누락된 경우가 있다. 한자에 관한 정책도 이른바 정자법(正字法)을 확립할 단계에는 아직

도달하지 못했다. 흔히 한자에 대한 기준으로 간주되곤 하는『강희자전』도 표제자로 내건 자종은 선별된 것이며, 자체도 실제 사용을 위한 자체는 아니다. 더구나 내부적으로 모순되는 자체마저 있어서 아무 비판 없이 전거로 삼을 수는 없다.

오히려 메이지 시대에 구로야나기 이사오[黒柳勲]가 이체자를 모아 엮은『속자전자(俗字畧字)』에서 말했듯이 '죽은 올바른 문자'보다 '살아있는 속자와 약자'가 문자로서는 가치가 있다고 말해야 하지 않을까? 그것들은 다른 문헌에서 고스란히 가져온 사자(死字), 폐자(廃字), 고자(古字)라든가, 와전되었거나 현학적 취미 등으로 인해 사전에만 존재할뿐 본래 실존하지 않던 자체인 유령문자보다도 중요하다.

비록 전국적으로나 일반적으로 공통된 문자가 아니더라도 특정 사회에서는 '올바른 문자'로 통용되기도 하듯이, 문자에 있어서의 올바름이라는 것은 상대적이다. 자원설(字源說)이나 전거, 역사에만 가치를 부여하고, 사전에 수록되었으면 사자(死字)라도 올바르고, 수록되어 있지 않으면 통용되는 글자라도 올바르지 않다고 말하기도 한다. 그러나 그것은 사전이 지니는 규범적이고 기록적인 성질을 봤을 때도, 고전 독해와 오늘날의 한자 사용 실태에 대한 확인 등과 같은 쓰임새를 생각했을 때도 수긍하기 어렵다.

대부분의 한자는 사실 연원을 따져 거슬러 올라가면 개개인에 의해 창조되어 왔을 것이다. 측천문자 圀[나라 국]은 처음에는 종진객(宗秦客)이라는 개인이 만든 것으로 일컬어진다. 그것이 위상문자의 단계를 거쳐서 일정한 사회성을 띠게 되었고 일상적으로 접하는 문자가 되어 더욱 일반화하게 되었다. 이러한 글자가 있음을 생각하면 위상문자는 간과하기 어려운 존재라는 점에 이론은 없을 것이다.

오늘날 볼 수 있는 위상문자의 세계

위상문자는 제2차 세계대전 이후에는 종류도 감소하고 사용층도 변질될 수밖에 없었다. 한자 정책과 교육의 철저화, 가타카나로 적는 외래어의 유행 등을 통해 문자에 대한 관념과 사용 양상이 변화했고 나아가 사회가 전반적으로 합리화 및 국제화의 방향으로 나아간 것 등이 배경이다. 이하 오늘날의 위상문자 사례로 모로하시 데쓰지[諸橋轍次]가 엮은 『대한화사전(大漢和辭典)』(大修館書店) 등에는 실리지 않았으나 실제로는 사용되는 한자를 몇 몇 분야로 소개하고자 한다.

【도검(刀劍)】 장인이 자신이 만든 도검에 이름[銘]을 새길 때 자기 이름에 쓰인 한자의 자체를 바꿔서 남들과 구별하였다. 그래서 오늘날에도 도검 전문가는,

奥里 [興의 이체자: 오쿠자토]

兼㝎 [定의 이체자: 노사다, 之定]

兼定 [定의 이체자: 히키사다, 疋定]

등과 같이 이러한 자체에 명칭도 부여하고 레터링하는 등의 준비를 통해 인쇄나 번각할 때에 사용한다.[4] 이들 중에는 과거에는 일반적이던 자체도 있지만 당시에도 특수했던 것도 적지 않다. 지금도 이런 자체를 몇 개뿐이라지만 남겨 놓은 이유는 도검 장인의 저명도와 애착 때문이라고 하며 특별히 취급하려는 의식이 엿보인다. 定에는 같은 이름을 구별하려는 의도도 있는 듯하다.

4 도검박물관 히노하라 다이[日野原大] 씨에게 들은 이야기이다.

【과학·기술】 炻器(석기)의 炻은 1907년 경에 'stone ware'의 번역어인 石器에 '불화변[火]'을 붙인 것이다. 이 글자는 나중에 중국에서도 쓰이게 되었다. 일본 화학분야의 학술용어로서는 본래의 石器(석기)로 돌아왔지만 여전히 이 국자는 다양한 매체에서 볼 수 있다. 이 글자는 공업이나 공예 교과서에서도 '炻器(質)'과 같이 사용되고 있어서 'JIS(일본공업규격) 한자'에서는 2000년에 책정된 '제4수준'에 채택되기에 이르렀다.

沪는 화학, 의학, 치의학, 원자력공학, 해양학, 지구과학, 농학, 동물학, 식물학, 물리학, 토목공학 등 주로 이공계열 학계에서 濾[거를 려]의 약자로 쓰인다. 濾는 당초 각 학회와 문부과학성이 간행하는 『학술 용어집』에서는 가나로 ろ, ロ와 같이 표기되었으나 실제로는 1945년 이전부터 沪紙[거름종이], 沪過[여과], 沪滓[여과 찌꺼기], 沪斗[여과 깔때기] 등으로 사용되고 있었다. 일본주 라벨에도 '無沪過製法(무여과 제법)'이라고 적힌 설명을 볼 수 있다. 자획이 복잡한데 사용빈도가 높으면 약자가 쉽게 생겨나고 정착된다는 필기의 경제성에 대한 좋은 예시이다. 근세의 전통수학 전문가[和算家]들이 많이 쓰던 羃[거듭제곱 멱]이라는 글자를 冪, 巾을 약자로 삼아 쓰거나 새로운 약자를 만들어 썼던 것도 같은 취지라 할 수 있다.

【광산】 광산 관련 문서 등에 사용되는 硑[ずり]는 폐기물을 뜻하는 ぼた[버력]와 동일한 의미이다. ずり라는 단어는 에도시대부터 이 한자로 적기도 했었다. 이외에는 硧도 사용한다. ぼた라는 단어에는 硬(石)라는 한자를 쓰거나 磽石이라고 글자를 만들기도 했다.

鉎 鐠 鐲 韛 韛
鑥 鍎 鉞

광산에서는 이 밖에도 새로 만든 한자가 다양하게 관찰된다. 에도시대 각지에서 기록된 광산 관련 문헌에는 鉥[ろかす], 鉎, 鐠, 鐲, 韛子, 韛子[풀무?]와 같이 한화사전에서 볼 수 없고 어떻게 읽는지도 알 수 없는 글자가 발견된다. 또한 鑥(鈴), 鍎, 鉞처럼 한화사전에 자체는 수록되어 있어도 의미가 달라 보이는 것들도 쓰였다. 汰[ゆり]와 閖[ゆり]등처럼 같은 단어를 지역마다 다른 글자로 적기도 하고 용어 자체에도 지역차가 관찰된다.

【도서관】 '도서관'을 한 글자로 나타내는 ⿴囗ト는 도서관 직원이나 도서관학 교원 등이 많이 사용한다.[5] 요즘은 '⿴囗ト書館' 등으로 쓰이기도 해서 보다 더 글자다워 보이기도 한다. 이 글자는 아키오카 고로[秋岡梧郎]가 1921, 1922년에 ⿴囗丄[도서][6], '⿴囗〆[독서]' 등과 함께 제작한 것으로 원래는 자신의 노트에 사용하다가 나중에 판서에 사용했다.[7] 마찬가지로 개인문자로 시작된 圕[도서관]는 중국의 도서관학자인 두 딩여우[杜定友]가 만들어 1926년부터 일본에서도 사용되어 왔다. 그러나 자획이 번잡한 탓인지 실제 용례는 ⿴囗ト보다 적다. ⿴囗ト는 학생과 일반인들이 쓰기도 했고 활자로 만들어지기도 했지만 JIS 한자에 포함시켜 달라는 의견은 들려오지 않는다. 필기 상의 노력 절감이나 인쇄면 상의 공간 절약이라는 상황에 국한된 글자라고 할 수 있을 것이다. 날마다 이것을 사용하는 도서관 관계자들에게 물어도 어디까지나 손으로 적을 때 임시로 쓰는 글자라고들 말한다. 학생들 중에는 공책에 貟[도서관

5 옮긴이: '도서관'이라는 단어의 첫 음절인 '도[ㅏ]'와 圖[그림 도]의 口이 합성된 모양의 글자이다.

6 円의 옛 자체와 유사함

7 秋岡桐郎,『学生カナ筆記法』, あきたに書房, 1982 등

직원], ⿴囗会[국회도서관]이라고 적는 식으로 응용하는 이도 있다.[8]

'도서관'을 ⿴囗ト라고 하듯이 한 글자로 몇 글자 분량의 한자 발음을 갖는 것을 '복음자(複音字)'라고 부르며 예전에는 중국에서도 대량으로 만들어지곤 했다. 그 수는 무려 1,000종을 넘었다고 한다. 瓩으로 千瓦[qiānwǎ, 킬로와트], 呎으로 英尺[yīng chǐ, 피트]를 나타내는 것은 뿌리 깊게 남아 있었지만, 1959년, 1977년에 계속되는 명령과 통지를 통해 폐지되었다. 일본에서도 이렇듯 한 단어를 한 글자로 나타내려는 움직임과 필기의 경제성 추구가 합치된 방법이 주목을 받았다. 예전에는 ⿰車电[電車], ⿹气电[電氣], ⿰电言[電信] 등이 만들어졌다고 한다. 지금은 일부 한화사전에 자취를 남긴 정도이고 옛 이야기가 되고 있다.

【경찰】 예전 수기로 만든 삐라에서 볼 수 있었던 ⿱䒑言視庁[경시청]의 ⿱䒑言은 근래에도 杉並⿱䒑言察署[스기나미 경찰서]처럼 주차 위반 차량을 대상으로 길 위에 적은 필적 등에서 볼 수 있다. 경찰 관계자들 중 56%가 이 글자를 알고 있고 그 가운데 40대의 12.5%

8 옮긴이: 첫 번째 글자는 '도서관'의 첫 음절을 나타내는 가타카나 ト[도]와 '직원'의 員(원)이 합쳐진 것이고, 두 번째 글자는 '국회'의 会(회)와 '도서관'의 圖가 합쳐진 것으로 보인다.

는 글씨를 적을 때도 항상 사용한다는 데이터가 있다.

이 자체에 대해서 사회적인 특성 등을 확인하기 위해 1991년 10월에 홋카이도에서 오키나와현에 이르는 일본 전국의 21~30세 경찰관 54명에게 설문조사를 실시한 적이 있다. 그 결과 사용자는 42.6%로 본 적이 없다는 24.1%를 상회했다. 공적인 문서에는 쓰지 않는다는 사람이 공적 사적 문서 모두에서 쓴다는 사람보다 4.8배나 많았는데 상황에 따라 구별해서 사용한 것으로 보인다. 여기에는 직업적 위상 안에 다시 또 상황에 따른 위상이 존재함을 알 수 있다. 후자를 양식론적 위상이라 부른다. 위상이 중층을 이루고 있는 것이다.

이 자체는 경찰학교나 경찰서에서 익혔다는 사람이 많았고, 쓰는 이유로는 간단하고 빠르게 적을 수 있기 때문이라는 것이 가장 많았다. 경찰 관계자만 쓰는 것으로 생각하는 사람은 16.7%에 그쳐서 위상문자라는 의식은 약했지만 경찰 관계자가 아닌 사람이 쓰는 것을 봤다는 사람은 13%에 불과했다.

【의학】 의학 관계자라는 집단에서 쓰이는 위상문자로는 痙[경련 경]을 痉으로 적고 顎[턱 악]을 䫘으로 적는 부류의 점획을 생략한 일본제 이체자나 일본에서 정착된 이체자가 있으며 필사할

때뿐만 아니라 인쇄물에서 사용되는 경우도 있다. 에도시대의 한의사나 난학자들이 쓰던 것이 이어져 온 것도 있다. 이러한 한자는 활자뿐만이 아니라 진료기록이나 진단서를 작성하는 상황 등 수기로도 사용하는 빈도가 높은 글자이다. 따라서 의학 관계자들에게는 이해 한자[理解字]이면서 동시에 사용 한자[使用字]이기도 하며 필기의 경제성이라는 측면에서 필연적으로 번잡한 자체에 대한 약자를 찾은 결과일 것이다. 이런 이체자가 나타나는 의학서적을 읽거나 의학에 관한 강의를 듣는 거나 하는 것을 통해서 자종과 자체를 익히고 난 다음 서둘러 작은 글씨로 거의 자신만 보게 될 진료기록 등을 쓴다는 점에서 상황에 따른 양식론적 위상의 차이도 발생한다.

頸[목 경], 脛[정강이 경], 臍[배꼽 제]는 『학술용어집(学術用語集)』에서도 「의학편」과 「약학편」 등에서는 頚, 胫, 脐와 같은 확장 신자체가 공인되어 있다. 역시 문자의 형태가 인간에게 편리하게끔 변화하고 있는 것이다. 집단 내에서 접촉빈도가 높다면 해당 자체에 대한 개개인의 친숙함이 생겨나고 그것의 존재를 공고히 하게 된다.

【자위대·군대】 국어학자 시바타 다케시 씨에 의하면 해상자

위대에서 사용되어 온 舺[カッター, cutter: 소형 쾌속정]와 같은 위상 문자는 좌우의 편방으로 각각 의미와 소리를 나타내는 형성(形聲)문자의 원리에 따라 만들어진 것이라고 하며 力[힘]이라는 함의도 있다고 한다. 또한 軻 [トラック: 트럭]은 육상자위대에서도 사용되었던 것으로 전해진다. 가타카나 カ[카]를 소리부로 삼은 것은 아마도 田의 ト[도]와 마찬가지로 한자의 구성요소로서 어색하지 않았기 때문일 것이다.

이 舺는 1945년 이전의 제국 해군으로 거슬러 올라가 해군사관학교에서도 사용되었으며 졸업생인 다카마쓰노미야 노부히토 친왕[高松宮宣仁親王]도 『다카마쓰노미야 일기[高松宮日記]』에서 많이 사용했다. 다음의 글자들을 포함한 일람표까지 만들어 놓은 것 대단한 일이었다.

舺 [第一カッター: 제1소형쾌속정]

舺 [第一カッター: 제1소형쾌속정]

舺 [第二カッター: 제2소형쾌속정]

舦 [艦載水雷艇: 함재 어뢰정]

舫 [右舷: 우현]

盘 [方位盤: 방위반]

이 밖에도 그림이나 마크 같은 것도 있었다.

예전에는 자위대가 주둔하는 구역마다 월경지처럼 舧, 斢와 같은 위상문자의 분포가 확인되었는데 여러 주둔지 등에 조회한 결과 '공용문 기준'에 맞춰 사용하지 않게 되었다고 한다. 이들 중에는 획수를 줄이지도 않은 것이 있는데 연대감이나 차별화를 강화하고 공간을 절약하며 동음어와 구별하는 것 외에도 외래어를 일본풍으로 보여주는 것을 사용 목적으로 생각해 볼 수 있다.

【학생】 류코쿠[龍谷] 대학 불교학과 학생은 자획을 줄여서 합자로 만든 [釈迦: 석가], [釈尊: 석존]과 같은 약합자(略合字)를 사용한다고 한다. 전자는 가마쿠라 시대부터 약자를 만드는 방식으로 쓰여 온 쇼모쓰가키[抄物書]를 계승한 것이다.

[慶應: 게이오]라는 이체자는 1936년에 이미 학생들 사이에서 '유행문자'로 사용되고 있었음이 예전 요미우리신문 사회부의 취재를 통해 밝혀졌다. 오늘날에도 게이오 대학 등의 학생을 중심으로 大[慶大: 게이오 대학의 약칭]이나 早戦[早慶戦: 와세다-게이오 대항전] 등으로 쓰이고 있다. 이들은 대학생들뿐 아니라 서적 안에서나 만화가의 서명에서까지 쓰이게 되었다. 또한 广에 가로쓰기로 KO를 합쳐 넣은 와 같은 합자화의 사례가 늦어

도 1993년에는 나타났다. 필자가 1993년에 쓴 논문을 전거로 삼아 문자 검색 소프트웨어인 「곤자쿠 모지쿄[今古文字鏡]」에 이것이 채택됐고 판촉물 등에 제시됐다. 반대로 그것을 본 게이오 대학 학생들이 이 글자를 사용하는 새로운 사례까지 확인되었다. 생각지 못하게 위상문자의 보급에 힘을 보태고 만 것이다. ⿸厂K/⿸厂O의 확산 양상은 무사들의 예복인 '가미시모[かみしも]'를 '上下'라고 적고서, 의미를 명확하게 즉 표의성을 강화하기 위해 ⿰衤上⿰衤下처럼 옷의변[衤]을 붙이고, 다시 그것을 한 글자로 만든 합자인 裃가 생겨나게 된 과정과 부합한다.

한자의 간략화를 위해 앞서 소개한 ⿴囗ト처럼 가나를 구성요소로 대입하는 것은 에도시대에도 존재했지만 1945년 이전의 노트나 등사 인쇄물에서 ⿰扌コ(控), ⿰木キ(機), ⿰言ギ(議) 등과 같은 글자가 사용되었다. 이와 같은 조자 방법이 정착하게 된 데에는 여러 경로가 있었을 것으로 생각된다. 가타카나는 機의 幾에서 キ가 만들어진 것과 같이 본래가 한자의 일부분을 추출한 것이기 때문에 형태상으로는 히라가나나 로마자보다 한자와 친화적이다. 機의 오른쪽 방(旁)으로 히라가나 き를 집어 넣었을 때와 비교하면 ⿰木キ는 어색함이 적다 할 수 있다.

【상점·기업】釻[カン]은 문구 관계자 등이 사용하는 環(鐶)이라는 글자이다. 지금은 서랍장 손잡이의 포장에 인쇄되어 있거나 초등학생용 책가방 광고 등에서 볼 수 있다. 도큐핸즈에서도 직접 본 적이 있다. 에도시대부터 존재하지만 사용층과 사용범위는 변화하고 있다.

니가타현의 자전거포를 경영하던 사사키 슈사쿠[佐々木収作]씨는 1907년 이전에 軥[じてんしゃ: 자전거]를 만들어서 자신의 가게에서 사용했다. 이 글자를 사용한 간판은 현재 그의 손자가 물려받았지만 새로 만든 도장이나 근처 친척들의 자전거포에서는 사용하지 않는다고 한다. 즉 사용범위가 점점 더 좁아져서 이대로 남들 눈에 띄지 않게 되면 본래의 개인문자로 돌아가게 되는 것이다.

마찬가지로 자전거를 나타내는 글자로서 軥와 동훈 혹은 동음자라고도 할 수 있는 輢[じてんしゃ: 자전거]는 다이쇼 시대에 상품을 건 공모전을 통해 만들어졌다. 이 글자는 대량생산된 것으로 보이는 법랑으로 된 간판이 1989년까지 도쿄의 스기나미구 자전거포에 붙어 있었다. 그러나 역시 사전에 수록되지는 못했다.

생선 가게나 초밥집에서는 간판이나 노렌[暖簾], 인쇄물에 魚의 灬[불화발]을 흘려 적어서 점이 세 개로 보이게 하거나 鮨[초밥]

의 灬을 大로 적거나 匕를 上으로 적는 곳도 있다. 일반적인 필법이기는 하지만 특히나 많이 보이기 때문에 死[죽을 사]와 통하는 四[넉 사]를 피해서 좋은 뜻의 글자를 가져와 운수를 좋게 한다는 관념에 따른 위상자체라고 볼 수도 있다. 본서[일본어판]의 인쇄를 맡은 세이코샤(精興社)의 興[흥할 흥]은 자세히 보면 일반적인 興보다 한 획이 적은데 그 회사에서 그렇게 설계한 것이라고 한다. 등기상으로는 일반적인 興으로 되어 있다고 들었다.

앞서 언급했지만 장사와 떼려야 뗄 수 없는 숫자의 표기에서 一, 二, 三 등의 한자 숫자를 영수증이나 계약서 등에 적을 때에는 마음대로 고치는 것을 방지하기 위해 壱(壹), 弐(貳), 参(參) 등 이른바 갖은자[大字]로 적도록 「상업 등기규칙(商業登記規則)」 등으로 규정돼 있다. 이것 또한 상황에 따른 자체의 차이 혹은 자종의 차이라고 할 수 있다. 다만 지식이나 경험에 좌우되는 부분이 커서 실제로 적은 것을 보면 올바르게 사용하지 못한 경우도 적지 않다. 十는 千 등으로 고칠 수도 있으므로 拾으로 적는다. 그러나 자주 등장하게 되면 人 아래 부분이 丶으로 끝나는 사례가 많다. 토지대장과 같은 공적인 장부에서도 높은 빈도로 복잡한 글자는 다른 글자와 혼동되지 않는 한 생략되는 경향과 들어맞는다. 二도 마음대로 고치는 것을 회피하기 위해서 貳나 弌, 弐

등이 사용되었지만 오늘날에는 그 중 간단하면서도 式과 혼동되지 않는 弍가 상용한자로서 자리잡았다.

【학생운동, 노동운동】 1945년 이전의 등사 인쇄물에 쓰인 문자의 계보를 잇는 '젠가쿠렌 모지[全学連文字: 전학련 글씨]' 등으로 불리는 것이 있다. 이것은 1960, 1970년대 정치적으로 들끓던 시기에 대학, 직장에서 고등학교, 중학교로까지 확산되었다. 그 글자들은 문자의 대중화를 목표로 간략화를 추진한 중화인민공화국의 간체자와 함께 사용되었으나 운동의 특수성을 강조하는 방향으로 이어져 세간에서 비판의 목소리도 많았고 활동이 퇴조하면서 사용이 줄어들었다. 그럼에도 '訁コ氵エ[講演: 강연]'처럼 특정 사회나 필기 상황에서 정착한 것(첫 번째 글자), 임시로 생긴 것(두 번째 글자) 등을 주로 '다테칸[立て看]'[9]에서 여전히 볼 수 있다. 그 외에 일반 학생이나 각계각층의 일반인들이 쓰게 된 것이 있다.

그밖에도 石K実[確實: '확'실], 図書飠K[館: 도서'관'] 등 로마자로 표기했을 때의 첫 글자를 취하기도 한다. 宀K은 헌법(憲法)을 나타내

9 옮긴이: '다테칸'은 큼직한 합판 등에 대학생들의 의견이나 주장을 적어서 자발적으로 교내외에 세워 놓은 것을 말한다. 그 내용은 대학 당국이나 정권 및 시국에 비판적인 경우가 많다.

지만 동시에 警[K]察[宀]이라는 두 글자로 이루어진 약합자(略合字)이기도 하다. 이것은 별개로 생겨났을 것이다. 이러한 약자들은 간략화만이 아니라 타 집단과의 차별화나 참신함을 추구하고자 하는 목적이 있을 것이다.

등사 인쇄물이나 입간판에 쓰이는 글자는 특히 서풍의 차원에서 특정 정치적 내용을 담을 때 개성을 매몰시키고 누가 적었는지를 알 수 없게 하는 것이었다. 그런 의미에서 문자와 매체는 맞닿아 있었다. 그것을 적었던 사람이 기업 등에 취직하고 나면 점차 일상의 자체, 서풍으로 바뀌어 갔다고 한다.

【폭주족】 폭주족이라는 집단은 1970년 전후부터 세상을 떠들썩하게 했다. 그들의 의상인 '特攻服(특공복)' 등의 가슴이나 등에 적혀 있는 이름에는 鏖[鏖, みなごろし: 몰살], 國과 같이 획수가 많은 한자나 부정적인 의미를 가지는 글자를 가져다 넣은 경우가 눈에 띈다. 일반사회와의 배반, 한자교육을 포함한 학교교육과의 격절을 과시한 것이었다. 夜露死苦로 적고 よろしく[요로시쿠: 잘 부탁한다]라 읽는 것과 같은 것은 이제 일반 사람들도 우스개 삼아 사용되기에 이르렀다. 여성들은 夜露死紅라고 달리 적어 성별의 차이를 나타낸다. 개중에는 鱋와 같이 사전에 없는 글자를

만들어 ブリザード[부리자도: 블리자드(blizzard)]라고 읽는다고 한다. 라고 읽게 한다고 한다. 물고기어변[魚]은 鰤[부리: 방어]의 이미지라는 것 같다. 담벼락에 스프레이 페인트로 적은 낙서에는 붓글씨나 무시무시하게 보이도록 독자적으로 양식화한 서체가 사용된다. 이 또한 개개인의 필적이 갖는 특징을 없앰으로써 누가 적었는지 특정되지 않도록 개성을 감추는 역할을 한다.

또 黯衛驣라는 폭주족의 이름은 첫 번째 글자[10] 글자 왼쪽 요소인 黒의 독음 '쿠로'를 변형한 クレ[쿠레], 두 번째 글자는 衛[에이]의 모양만 바꾼 글자이므로 [에], 마지막 글자는 글자 왼쪽 요소인 集의 독음 ジュ[주]로 각각 읽는 모양이다.[11] 두 번째 글자는 '거칠게[荒] 간다[行]'는 뜻의 회의(會意) 문자로도 보인다. 音, 行, 悪(惡) 등은 의미를 더하는 장식인 모양이고 그 결과 획수가 늘어났다. 첫 글자는 暗[어두울 암]이 밑바탕에 깔려 있을 가능성도 있다. 구자체와 이체자도 섞여 있어 언뜻 번잡스러워 보이지만 요

10 黯[검을 암]에는 '어둡다'라는 뜻도 있다.

11 옮긴이: 종합하면 クレージュ[쿠레주, courrèges]라는 독음이 된다. 혼다에서 '택트 쿠레주'라는 스쿠터를 80년대에 출시했는데 어떤 연관성이 있는지는 미지수이다. 해당 스쿠터 모델명은 제품디자인을 담당한 유명 패션디자이너 앙드레 쿠레주[André Courrèges]의 이름을 따온 것이다.

소는 간단한 것이 많아 보인다.

이러한 글자들은 한자가 지닌 위엄을 활용하려 했을 것이다. 묵직한 맛, 멋짐, 자기 현시욕, 귀속 의식과 동료 의식, 그룹에 대한 독자적인 자부심이 그것을 통해 고무되는 것이다. 중국의 비밀 결사들을 보더라도 마찬가지로 글자를 만들거나 자체를 개조한 글자를 쓰는 일이 드물지 않았고, 또한 암호나 부적을 선호하는 등 공통된 성향이 존재한다.

【미디어】 오늘날은 정보사회이다. 원하는 정보를 음성, 영상, 활자 등 다양한 형태로 우리는 대량으로 얻을 수 있다. 그 정보의 매개체를 미디어라고 부른다. 방송이나 신문, 잡지 등 불특정 다수의 사람들에게 발신되는 매스미디어가 바로 연상된다. 그러나 실제로는, 편지나 메일 등 특정 개인에게만 보내는 것도 미디어이며 이러한 퍼스널 미디어에 이르기까지 크고 작은 다양한 것들이 있다. 문자라는 점에 착안해서 특색을 살펴보자.

앞서 언급했지만 신문의 제호에 쓰인 글자는 한나라 때에 기원을 둔 고풍스러운 예서체로 讀賣新聞[요미우리신문], 朝日新聞[아사히신문]처럼 구자체나 이체자 같은 것으로 적어 놓으니 자연스레 전통과 신뢰감을 느끼게 된다. 한편 기사 제목이나 본문에서는 아사히신문은 默禱(묵도)는 默祷, 冒瀆(모독)은 冒涜, 瘴癘(장려)[12]는 瘴疠, 요미우리신문에서도 未曾有(미증유)는 未曽*有로, 默禱(묵도)는 默禱[와타나베], 歎[탄식할 탄]은 歎, 渡邉는 渡邊로 표기하여 확장 신자체를 포함한 약자 등을 사용했다.[13]

이것들은 읽는 사람 쪽에서 보면 미디어 접촉이라는 상황 특유의 문자로 파악할 수 있다. 우리들은 일상생활 속에서 어떠한 미디어와 접촉하는 시간이 대단히 길다. 특히 방송은 문자에 대해서도 전체 생활 중에 최대의 접촉시간을 차지하기에 이르렀으며 프로그램 각각이 다루는 소재와 대상에 따라 문자 표기에도 특징이 발생한다. 이러한 매체를 통한 문자 접촉이 이해 한자[理解字]와 사용 한자[使用字]에 깊은 영향을 주고 있음은 물론이다.

【간판】 간판은 선전 효과가 있어야 한다. 그러하기 위해서는 순식간에 불특정 다수의 사람들의 눈길을 끌어 내용을 이해할 수 있게 하고 동시에 좋은 인상을 심어줄 필요가 있다. 그래서 다

12 옮긴이: '장려'는 덥고 습한 지방에서 발생하는 풍토병이다.

13 아사히신문사는 이후 疠 등의 자체를 이른바 강희자전체로 환원했다. 辻는 성씨에서의 관용을 중시하여 책받침[辶]에 점이 하나인 자체를 유지 중이다

양한 노력이 시도된다.

회사 로고나 상점의 명칭은 시선을 사로잡는 것이 많다. 가령 닭꼬치[焼鳥] 가게라면 상호에서 鳥[새 조]라는 한자만 중국 고대의 서체인 전서체(篆書體)로 만들어서 흡사 새 모양의 이모티콘 같은 인상을 주곤 한다. 이것은 해서가 가진 딱딱함이 없기 때문에 언제부턴가 해당 업계에 정착하게 된 것으로 볼 수 있다. 서체가 빚어내는 효과는 곳곳에서 이용된다. 예를 들어 전서가 도장에 쓰이는 것은 전통에 따른 것이기도 하고 위조를 막는 역할도 있지만 동시에 그 회사나 가문의 역사를 느끼게 하는 기능도 있지 않을까?

또한 일본 신문들의 제호 중 대부분과 일본 지폐에는 금액 부분에 쓰인 예서체(隷書體)를 보면 역시나 전통이 자아내는 중후함을 느끼고, 일본음식점의 간판이나 로고에 쓰인 행서체(行書體)로부터도 친근함과 노포(老鋪)의 신뢰감을 자기도 모르게 읽어내고 있지 않을까? 간판에서는 서적과 달리 명조체(明朝體)를 거의 쓰지 않는데 그것은 문장이 거의 없는 것과도 관련이 있을 것이다.

旺

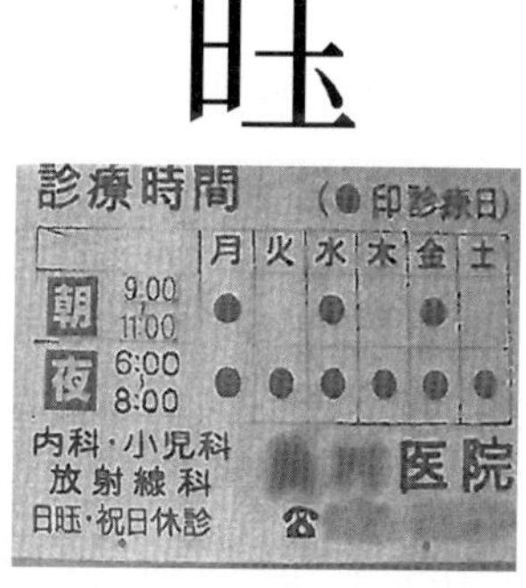

의원의 간판에 쓰인 旺. 교토, 2005년 3월

간판에 쓰인 문자는 한자가 압도적으로 많다. 일부러 글자를 거꾸로 눕혀 놓거나 읽기 어려운 글자를 사용해서 이목을 끄려는 것도 있지만 기본적으로는 보는 사람이 읽을 수 있게끔 문자가 적혀 있다. 자체에도 특징이 있어서 이체자의 사용이 두드러진다. 제1장에서 언급한 曜[빛날 요]가 旺가 되는 것 외에도 電[번개 전]은 電이 되곤하는 경향이 있다. 이러한 글자들은 모양을 깔끔하게 정리해서 보기 편하게끔 하려는 목적이 있는지도 모르겠지만, 기본적으로는 간판의 재료와 글씨를 적는 도구나 제작 방법에 따른 제약을 받거나 필기의 수고스러움을 절약한 결과이

다. 機[베틀 기]는 木キ나 별개의 글자인 桟이 되기도 하는데 앞뒤에 있는 문자열을 통해 대개는 알아보는 데에 문제가 없다. 工을 工와 같이 예서체에 근거한 자체로 표현하기도 하는데 이는 가타카나 エ와 차별화하여 한자다운 체통을 갖추고자 한 것으로 주로 간판이나 공업고등학교의 휘장에서 볼 수 있다. 山을 山으로 쓰는 것도 대개는 예서체에서 발견된다. 酒[술 주]는 30% 정도가 酒라는 자체로 길거리에 존재한다. 이것은 전통적으로 필사할 때 쓰이던 꼴에 근거한 이체자인데 이 자체를 사용함으로써 예로부터 전해져 오는 믿을 수 있는 술을 취급하는 전문점이라고 은연중에 생각하게끔 하는 것은 아닐까?

영화 자막문자의 '숨구멍'

처음 극장에 갔을 때 스크린의 크기에 놀라고 또 자막의 독특한 맛에 흥미를 느끼는 것은 필자만은 아닐 것이다.

그 서체를 사용하는 것만으로 외화의 분위기를 풍길 수 있다고 해서 영서체(映書體) 등으로 불리는 글꼴도 개발되었고 광고 등에 사용된다. 그 서체에서는 다이쇼 시대의 포스터 광고 등에 유행했던 서풍의 영향을 감지할 수 있다. 영화에 자막이 달리게 된 것은 1931년 개봉한 '모로코'가 최초이다. 그 이후 영화관에서는 더빙보다 자막이 선호되는 세계적으로 봤을 때 희귀한 문화가 정착했다. 육성을 들을 수 있지만 자막에 집중하는 시간이 적지 않다. 영화를 본다고 하지만 실은 배우를 보는 시간보다 글자를 읽는 시간이 더 긴 경우도 있다.

자막은 영화 번역가가 작성한 원고가 바탕이 된다. 번역가는 원래 대사를 번역한 문장의 3분의 1 정도로 글자 수를 압축한다. 그렇게 하지 않으면 관객은 자막으로 꽉 찬 화면을 줄곧 읽게 될 것이기 때문이다.

자막의 글자는 서툴러 보인다고 말하는 사람이 있다. 읽기 힘들다고 하는 사람도 있다. 필자는 그것은 영화에서 외국 스타가 말하는 느낌을 내기 위한 것이라고 생각했다. 하지만 꼭 그렇지만도 않다는 것 같다. 자막은 본래 자막 라이터가 손으로 쓰는 것이다. 레터링과 필기의 중간에 있는 듯 한 것으로 등사판 인쇄처럼 개인차가 있다. 그것도 맛의 일부라고 할 수 있지만 약품을 사용해서 글자를 필름에 넣어서 인화하면 글자 하나가 1밀리미터 이하로 축소된다. 글자에 공기구멍을 뚫어 놓지 않으면 口처럼 닫힌 부분은 새하얗게 뭉개져 버린다. 口가 ㄷ처럼 획이 트여 있는 이유는 그 때문이며 乗, 悪을 乗, 悪으로 해서 공기구멍에 해당하는 부분이 있거나 공기구멍을 트기 쉬운 구자체를 이용하는 경우도 마찬가지이다.

또한 그 때 복잡하게 생긴 글자도 역시 하얗게 뭉개져 버린다고 한다. 따라서 선이 너무 많은 글자, 특히 가로선이 7개 이상 포함된 문자일 경우에는 㪽(擊), 闘(鬪)와 같이 기존의 약자를 사용하거나 새로이 선의 개수를 줄인 약자를 만들거나 점획을 축약하지 않을 수 없다. 즉 영화자막에 약자가 출현하는 것은 필기의 경제성보다도 필기소재의 제약에 따른 영향이 큰 것이다. '荒野の決斗[황야의 결투]'처럼 영화 제목의 표기에도 약자가 쓰인 적이 했다. 㪽은 자막의 세계 밖으로 나와 영화 전단지나 소책자에도 등장했다. 영화업계에 남아 있는 약자——현대의 위상문자라고 할 수 있겠지만, 이러한 것들도 자막 제작기술의 진보와 함께 사라지고 있다.

인터넷과 도트문자

현재 일본의 인터넷 인구는 798만 명에 달하며[14] 휴대전화와 PHS 계약대수는 9,300만대를 돌파했다. 컴퓨터나 휴대전화의 화면의 글자를 보면 어딘지 모르게 울퉁불퉁한 인상을 받을 때가 있을 것이다. 그것은 대개 도트라 불리는 작은 점을 이용해서 표현된 자형이기 때문이다. 도트문자(비트맵 글꼴)는 각종 전광 게시판이나 컴퓨터, 워드프로세서, 휴대전화 화면, 영수증 등에서 사용된다. 한자라는 복잡한 형태의 글자를 충분히 정확하고 아름답게 표시하려면 도트는 100×100, 즉 만 개 정도가 필요하다. 그러나 현실적으로는 기계적인 제약 때문에 9×9, 즉 81개 밖에 쓸 수 없는 것조차 있는 등 상당히 제약된 형태를 이루고 있다. 휴대전화에서는 12×12정도까지 표현 가능한 것도 출시되었다. 즉 우리가 화면상에서 메일이나 인터넷 홈페이지나 블로그의 문자를 읽고 있을 때는 대개 점획이 생략된 자체, 자형을 읽게 되는 것이다.

실은 워드프로세서 소프트웨어에서도 자획이 생략된 명조체

14 総務省, 「通信利用動向調査」, 2004. 참조. 이후 2013년에 1억 명을 넘었다.

가 표시되는 일이 있다. 酬, 嚇, 擊, 量, 曇, 蘭, 鷹처럼 전형적으로 복잡한 글자는 물론이고 事와 같은 글자도 실은 화면상에는 점획이 생략되어 있다. 그것을 인지하지 못하는 것은 이 글자들이 이해자이기 때문에 본래의 자체인 것으로 간주해 버리기 때문이다. 덧붙이자면 사람은 문장을 읽을 때 하나하나의 글자를 진득이 보는 일이 드물고 단어나 문절 등을 순식간에 이해하여 내용을 파악하기 때문이다.

이해자가 아닌 글자를 화면에 있는 것 그대로 옮기면 군데군데 획이 생략된 글자를 그대로 전사해서 해서체에서는 있을 수 없는 자체를 만들어내기도 한다. 도트 수가 적은 휴대전화나 전자사전에서도 薔[장미 장]의 回가 回처럼 되는데 그것을 그대로 종이에 옮겨 적는 사태가 벌어지는 것이다.

인터넷 상에서는 사용 가능한 자종과 자체가 JIS의 범위로 거의 한정된다. 그 속에서 독특한 문자 사용방식이 발달하였다. 일본 최대의 사이트인 '2ch'에서는 기존 문자의 새로운 용법이 잇달아 생겨나고 있다. 乙[수고해~],[15] 鯖[사바: 고등어→서버], 板[게시판],

15 '수고해~'라는 뜻의 お疲れー[오쓰카레~]라는 문장을 의도적으로 같은 발음의 다른 표기로 입력했거나 혹은 잘못 변환하여 乙カレー[오쓰카레~]라고 적게 되었고 그것이 다시 乙로 축약되었다.

儲[信者의 합자: 팬, 매니아]와 같은 한자라든가, 氏ね[시네: 死ね[죽어라]와 동음], 逝ってよし[잇테요시: 세상 떠도 됨], 厨房[주보: 中坊[중딩]과 동음], 萌え[모에]와 같은 단어 및 표기 중에는 일반성을 띠는 것도 나타나고 있어 인쇄 미디어로 사용 범위가 확대되고 있다.

お茶どーぞ 旦~ (^_^;)

빠른 속도로 발달한 전자메일이나 문자메시지에서는 자신의 목소리 톤이나 표정은 사라지고 도트로 표시되는 문자와 기호가 주체가 된다. 거기서 감정을 엇갈림 없이 전하기 위해서 문장 대신에 간편하게 (笑)[웃음], (泣)[울음], (爆)[폭소] 등을 문장 끝에 첨가하거나 한다. (笑)는 메이지 시대 이래로 구술 필기나 연극 각본, 또한 쇼와 초기의 『문예춘추』의 좌담회 기사에서 발단한 표기라고 할 수 있다. 일본에서 독자적으로 발전한 위와 같은 이모티콘이나 표정을 가진 이모지를 사용해서 다른 뉘앙스를 표현하려 하기도 한다. 러시아 문자나 수학 기호 등도 구사된다. 한편 휴대전화 문자메시지에서는 w만으로 끝나는 일도 나왔다.[16] 이것은 서둘러 대답하는 채팅 등에서 시작된 모양이다. w는 www를 파생해 비웃음의 뉘앙스를 띠었고 그 형태[풀이 자라난 것 같은 모양]에서 草[풀]이라는 표현도 낳았다. 입력기에서 변환할 때 나온 동음이의어 藁[와라: 지푸라기]를 그대로 사용하는 것이 한때 유행했지만 이미 한풀 꺾인 상태이다.

이것들도 당초에는 특정 '냄새'가 감돌기 때문에 컴퓨터 상의 닫힌 세계에 갇혀 있었지만, 역시 점차 화면의 세계를 빠져나와 방송이나 손 편지에도 흘러들었다. 나아가 잡지, 서적 등 활자매체로도 확산되고 있다. 이것들은 문장부호를 대신해서 쓰이는 것이 많다. 문장부호는 논리관계를 명시하는 역할로서 본래 문장독해를 위해 발달한 것인데 그것에 역행하는 움직임으로 볼 수 있지 않을까? 여기에도 표기에 감각을 중시해서 문자를 이미지화하는 경향을 발견할 수 있다.

16 옮긴이: 일본어 입력기에서 笑를 입력하려면 わらい[와라이: 웃음]를 로마자 warai로 입력한 후 한자로 변환하는 과정을 거쳐야 하는데, 가장 처음 입력하는 w만 입력하는 것으로 笑를 대체한 것이다.

위상문자의 미래

이상에서 밝혀 온 위상문자는 말하자면 공통문자와 대립하는 위치에 있지만 사용되는 범위는 제각각이다. 그러한 것들 중에는 필기 기회의 빈도에 따른 필기의 경제성이나 차별화 의식, 표기의 정리 등을 위해 잔존하여 마침내 일반화되어 가는 것도 있다. 㕡 등은 앞으로 어디까지 정착할지 주목된다. 반대로 사용범위가 좁아져 이른바 사자(死字)가 되어 가는 위상문자도 볼 수 있었다.

최근 손 글씨 위상문자가 감소하는 반면 컴퓨터나 휴대전화에는 JIS 한자 외에 유니코드에 등록된 문자까지 순차적으로 구현 가능하게 되고 있어서 JIS 한자 제4수준을 넘어선 한자나 기호, 이모지, 외국문자도 상당수 사용할 수 있게 되었다. 전자 미디어에서는 젊은 층을 중심으로 하는 다양한 집단 속에서 그것들을 그대로 보다 새로운 이모지 안에 담아 이용하는 사례도 나타나고 있다.

위상문자가 확산되거나 소멸하는 원인으로는, 언어나 문자 자체의 원인 외에 그 글자를 사용하는 집단의 힘이나 글자를 전파하는 방법, 특히 미디어의 차이 등 사회적인 환경도 고려해 볼 수 있다. 그러한 위상문자가 소멸하거나 성장하는 경위는 일본의 크고 작은 다양한 사회적 움직임을 선명하게 반영하는 것이라고 할 수 있다.

제5장

지명과 한자

지역문자와 지명

'일본의 한자'라고 하면 우선 일본이라는 나라의 거의 전역에서 대부분의 사람들이 일반적으로 사용하고 있는 통상적인 문자를 떠올리게 될 것이다. 그것은 '상용한자표'에 들어가 있는 표준적인 문자나, 거기에 포함되지는 않았지만 다양한 단어를 표기하기 위해서 전국적으로 사용되는 문자이며 글자를 읽을 수 있는 이들 상당수가 이해하거나 사용하는 이른바 '공통문자'이다. 그러나 그뿐만 아니라 어느 특정 지방에서만 통용되는 문자가 있다. 그것이 '지역 문자'(방언 문자)라고 불러야 하는 문자이다. 어떤 문자가 전국적이고 일반적인 것인지 지역적인 것인지는 실제 용례를 집적하고 분석해서 판단한다. 어느 지역에 한정된 집단 내에서 사용되는 것이니 이것 또한 앞장에서 서술한 '위상문자'와 나란히 취급할 수 있다.

문자가 각지에 침투해 다양한 지역사회에서 활용되면 그것을 계기로 지역문자가 각지에 나타나는 결과가 초래된다. 또한 지역에 특징적인 지명이나 성씨 등의 고유명사를 중심으로 사용되는 개개의 글자에 지역적인 특성이 나타나는 경우가 있다. 방언일지라도 한자로 표기되는 일은 역사적으로 항상 있었다. 근세

이전에는 자연 지리적 조건도 있어 사람들의 왕래가 활발하지 못했고 이동도 제한되었던 가운데 지역산업이 아직 충분히 발달하지 못했으나 방언과 마찬가지로 지역 고유의 문자와 표기가 발전하고 있었기 때문이다.

한자 그 자체는 전국에서 일반성을 갖는 것일지라도 그것을 읽는 방법에는 지역차가 인정된다. 빈도가 높은 것으로는 谷[골짜기 곡]이 있는데 상용한자에서는 コク[고쿠]라는 음과 たに[타니]라는 훈만 인정한다. 그러나 가령 大谷라는 성씨가 적혀 있다면 그것을 어떻게 발음할 것인가? 간사이[関西] 쪽이라면 우선 '오타니[おおたに]'라고 읽는 사람이 많다. 한편 간토[関東] 쪽은 우선 상당수가 '오야[おおや]'라고 읽을 것이다. 이것은 일반적으로 거의 인식되지 않는 한자 읽기의 지역차이다. 도쿄 인근 사람이라면 渋谷[시부야], 世田谷[세타가야], 谷中[야나카] 등 谷을 '야[や]'로 읽는 것이 성씨나 지명에서는 당연한 것으로 느끼고 있을 것이다. '야'는 예로부터 일본 동쪽 지방[東国]에서 쓰인 방언이며 그것이 성씨나 지명에 특히 많이 남아 있는 것이다. 야쓰[やつ], 야치[やち, 야토[やと]도 같은 계통의 단어이다.

자세히 살펴보면 개개의 지명이나 성씨가 갖는 개별적인 경위에 의해서 간사이에도 '야[や]'로 읽는 지명은 있고 간토에도

'타니[たに]'라고 읽는 지명이 없지 않으며, '사쿠[さく]' 등처럼 다르게 읽는 경우도 볼 수 있다. 그럼에도 커다란 경향으로는 이러한 동서 대립 분포가 있고 그곳에 사는 사람들의 머릿속에 있는 '심적 사전'에 어느새 주입되어 있다는 것을 알 수 있을 것이다. 그 밖에도 지명에서는 '~사와/자와[沢]'가 도호쿠 지방에 집중적으로 분포하기도 하고, 성씨에서는 '藤'이 동일본에서는 사토[佐藤], 사이토[齊藤] 등과 같이 '~토[トウ]'가 많고 서일본에서 후지와라[藤原], 후지타[藤田] 등 '후지[ふじ]~'가 많은 것과 같은 분포의 차이도 도출된다.

이상과 같이 지역이라는 공간적, 지리적인 변이에 의해서도 단어를 표기하는 재료로서 문자와 그 문자를 요소로 사용한 표기에는 차이가 발견된다. 현재 일반적인 문장에서는 그와 같은 문자 자체의 지역적 차이는 드물어졌다고는 하지만 和歌山[와카야마]를 생략해서 和可山, 和哥山이라고 필기하는 것이 긴키 지방을 중심으로 행해지는 등, 고유명사 특히 지명에 관해서는 아직 많이 남아 있다. 이 장에서는 각지의 지역문자 조사를 바탕으로 이야기를 풀어 나가겠다.

지역문화가 반영된 '杁'

가나가와현 오다와라시의 지역명에는 風祭[가자마쓰리]가 있는데 지명의 확실한 유래는 전승되지 않는 모양이다. 그러나 그 지역에서 무엇이 있었다는 것을 지명은 희미하게나마 전하려고 한다. ビロビロ[비로비로](돗토리현), 振々[부리부리](후쿠오카현)와 같은 소지명이 있는데 이것도 지형이든 무엇이든 상태 나타내려던 단어가 있었고 후자는 한자를 차음표기한 것일 터이다.

필자는 미세 지명 속에 지역 특유의 국자(國字)가 들어 있다는 사실을 알게 되어 그러한 사례를 전국적으로 조사하던 시기가 있었다. 예를 들면 『가도카와 일본지명대사전(角川日本地名大辞典)』의 「고아자 명칭 일람[小字名一覧]」에는 300만 건 정도의 소지명이 수록되어 있다. 이것은 『국토 행정구획 총람(国土行政区画総覧)』이나 『일본 행정구획 편람(日本行政区画便覧)』 등 현재 전자화된 데이터의 10배에 가까운 수치이다. 이른 아침 일과로 권마다 이것을 통람하고 국자나 참고할 만한 글자와 표기를 뽑아내는 작업을 두 차례 하였다. 그곳은 바로 국자의 보고였다. 그러나 실은 그것조차 일본 내 지명의 일부만이 수록된 자료에 지나지 않는다.

가령 나가노현에 대해서는 고아자[小字]보다 작은 미세지명까지 정성껏 채록한 다키자와 지카라[滝澤主税] 씨의 노작 『메이지 초기 나가노현 정·촌·아자나 지명 대감[明治初期長野県町村字地名大鑑]』(長野地名研究所, 1987)이 있다. 거기에 나열된 수십만 건에 달하는 지명들 속에서 국자 등을 채집하던 중 杁[이리]라는 글자를 포함하는 지명이 기소군[木曾郡] 야마구치무라[山口村][1]에서 杁[이리], 上杁[가미이리]라는 두 곳에 쓰이는 것을 알게 되었다. 『동트기 전[夜明け前]』의 작가 시마자키 도손[島崎藤村]이 태어난 마을이다. 杁라는 글자는 용수로의 수문을 의미하는 いり[이리]를 적는 글자로 에도시대 극초기 오와리번[尾張藩][2] 안에서 만들어졌고 번 내부와 그 주변에서만 사용하던 지역문자이다. 막부가 설치된 에도나 이웃지역 미카와[三河]나 오사카[大坂] 등 오와리 밖에서는 같은 의미로 흙토변[土]을 포함한 圦로 적는 것이 원칙이었다. 오와리에서도 圦로 대체하라는 포고가 있었지만 杁를 사용하는 관습을 뿌리째 움직일 수는 없었다. 따라서 나고야에 杁中[이리나카]라는 지명이나 역명이 있는 것은 당연하다. 그러면 왜

1 마고메[馬込/馬籠]라는 지명으로도 알려져 있다

2 옮긴이: 오와리번은 에도시대에 나고야를 중심으로 지금의 아이치[愛知]현 서부와 기후[岐阜]현 남부를 영지로 삼았던 번(藩)이다.

그것이 나가노현의 지명에 나타나는 것일까?

이른바 헤이세이[平成]의 대합병[3]으로 이 땅이 기후현 나카쓰가와시[中津川市]에 편입되었다는 소식을 듣고 의문이 얼음 녹듯 풀렸다. 이곳은 나가노현이기는 하지만 기후현과의 경계인 기소강[木曾川]을 따라 자라잡은 땅인 것이다. 역사적으로는 1615년부터 오와리번의 영지였기 때문에 오와리의 영향이 강하게 남았을 것이다. 더욱이 나고야 출신인 분으로부터 그곳이 오와리 문화권의 최북단 지역으로 인식된다는 것도 들었다. 그곳은 행정구획 상 나가노현으로 되어 있긴 하지만 문화적으로는 오와리권에 속했기 때문에 杁 지명이 존재했던 것이었다.

성씨 중 대부분은 지명에서 유래한 것으로 알려져 있다. 메이지 시대 초기에 주로 징세와 징병을 위해 성씨를 갖는 것이 의무화되었다. 이때 만들어진 여러 성씨들에 얽힌 재미난 이야기들도 전승되고 있다. 그로부터 오늘날까지 100년 이상이 경과한 것이지만 지금도 여전히 野杁, 杁山 등 杁를 포함한 성씨는 나고야

3 옮긴이: '헤이세이의 대합병'이란 헤이세이[平成]를 연호로 쓰던 1999년부터 2010년까지 일본 정부의 주도로 대규모로 이루어진 기초자치단체 간의 합병을 이르는 말이다. 그 결과로 일본의 기초자치단체 수는 3200여 개에서 1700여 개로 감소했다. 개중에는 서로 다른 광역자치단체에 속하는 인접 기초자치단체 간의 합병 사례도 있었다.

근처에 집중됨을 신문에 등장하는 사람들과 전화번호부의 게재량 등을 통해 알 수 있다.

다만 이상하게도 그 지역 사람들의 이야기를 들으면 杁가 나고야 부근에서만 쓰이는 특별한 글자라는 인식을 지닌 사람이 거의 없다. 일상생활 속에서 너무나 당연한 존재인지라 특별히 의식하지도 않게 되었기 때문일 것이다. 비슷한 예로 미야자키현에는 '三椪[미하에] 초등학교'가 있다. 椪는 나무[木]를 나열[並]하는 방식을 나타내는 임업 분야의 위상문자이다. 이 초등학교의 교명에서 앞서 언급한 『국토 행정구획 총람』을 거쳐 1978년에 JIS 한자 제2수준으로 채택되었지만 그때까지 한화사전에는 수록된 적이 없었다. 이곳의 지명도 현지 주민들은 딱히 특이하다고 의식한 적이 없었다고 들었다. 방언 같은 존재인 문자(지역문자)임을 알아차리지 못한 사례이다.

垰는 중세에 峠[고개]와 거의 같은 용법으로 비슷한 시기에 출현한 국자이다. 오늘날에는 다오[たお], 다와[たわ] 등의 지명 표기를 위해 주고쿠[中国] 지방 등에 정착되어 있다. 이러한 杁, 垰와 같은 글자는 萢 [야치](아오모리현), 圷[아쿠쓰](이바라키현), 壗·埧[마마](가나가와현), 椥[나기](교토부), 汢[누타, 이수변[冫]으로 쓰기도 한다](고치현) 등 각지에서 볼 수 있다.

지명 이외의 지역문자

지역문자가 나타나는 것은 지명이나 성씨만이 아니다. 輀라는 글자는 기후현 세이노[西濃] 지역의 오가키 마쓰리[大垣まつり], 다루이 히키야마 마쓰리[垂井引輀まつり], 다카다 마쓰리[高田祭り](요로초[養老町])에서는 '야마[やま]'[4]라고 읽고 개개의 '야마'도 '사카키야마[榊輀]' 등으로 적어서 나타낸다.

이 글자는 자치단체의 홈페이지에 쓰이고 있고 또한 TV뉴스에서 비추기도 하며 아사히 신문사의 히루마 나오카즈(比留間直和)씨에 따르면 신문에서도 매년 5월에 기후에서 발행하는 지역판에는 계절을 상징하는 것으로 다뤄지고 있다고 한다. 축제라는 상황과 결부되어 있기 때문에 위상문자로서의 성질도 띠고 있으며 또한 특정 계절에 집중적으로 사용되는 문자라고 할 수도 있다. 오가키[大垣] 시청에서 발간한 『오가키시사[大垣市史]』(1930)에 가나 독음을 달지 않고 무수히 사용된 것은 현지에서는 진작부터 정착했음을 시사한다. 생활과 밀접한 지역문자일 것이다.

또 이즈[伊豆]나 사가미[相模]의 후지산 기슭 부근에서는 용암

4 전국 각지에서 山車[다시], だんじり[단지리], 屋台[야타이] 등으로 불리는 축제용 장식 수레를 가리킨다.

의 일종으로 표면이 경석(輕石)을 닮은 거무스름한 화산 자갈 덩어리 같은 것을 보쿠이시[ぼく石]라고 부른다. 이즈[시즈오카현 동부]에서는 문기둥, 돌담, 정원 등에 이용되고 심지어 에도로도 운반되어 각지의 사찰과 신사 등에 후지산을 본뜬 후지즈카(富士塚)가 조영되었다. '보쿠이시'라는 이름은 일설에는 표면이 보코보코(보쿠보쿠)[울퉁불퉁]하기 때문이라고도 하지만 한자로는 卜石이나 木石, 이 둘을 모두 겸한 朴石으로 차음 표기된 것이 여러 문헌에 나타난다. 일반사전에는 없는 砼라는 글자를 사용해서 砼石이라고 적혀 있는 것도 1856년의 이즈 지방 집안 문서에 등장한다. 도쿄의 분쿄구[文京区] 오토와[音羽]의 고코쿠지[護國寺] 경내에도 후지즈카가 있는데, 1817년에 건립된 기부비에 '黑砼五車'라 새겨져 있다.

고코쿠지 후지즈카의 기부비

이러한 지역 문자는 각 지방의 풍습이나 산물에 맞추어 상당히 많이 만들어졌을 것이다. 향토사를 연구하는 분이나 근세의 지카타(地方)문서 등을 해독하는 분들에게는 상식일 것이다.

각 번의 '지나라시[じならし]'

앞서 말했 듯이 에도시대에는 각 번, 지역 별로 산업과 문화가 발달했기 때문에 지방에 따라 문자 표기가 다른 경우도 많이 볼 수 있었다. 그러면 전국 각지에서 내용도 명칭도 같은 것이 있었을 때 그것의 문자 표기에는 어떤 변화가 일어나는 것일까? 예를 들어 각지에서 실시된 토지 측량과 그것에 관련된 처리를 나타내는 말로 '지나라시[じならし]'[5]가 있다. '지나라시'는 일본 근세사 연구자 아오노 슌스이[青野春水]씨에 따르면 1647년 이후 행해진 것으로 지역마다 다음과 같이 표기되었다.[6]

5 옮긴이: '지나라시'는 에도시대 일본 각지에서 실시된 토지 면적 및 생산량 측정의 한 종류이다. 토지 대장에 기입된 공정 생산량과 실제 생산량의 차이를 시정하고 조세를 공평하게 부과하기 위해 실시되었다. 지역에 따라 구체적인 실시 방식에는 차이가 있었다.

6 『国史大辞典』의 「じならし」, 「じわりせいど」 항목, 青野春水, 『日本近

地平　에치고노쿠니[越後国], 모리야마번[守山藩], 돗토리번[鳥取藩], 마쓰에번[松江藩], 미요시번[三次藩] 등

地坪　이마바리번[今治藩], 마쓰야마번[松山藩], 오즈번[大洲藩] 등

地抨　후쿠야마번[福山藩], 히로시마번[広島藩], 조슈번[長州藩] 등

地平均　에치고노쿠니[越後国], 이마바리번[今治藩] 등

地均　셋쓰노쿠니[摂津国]

地並　야마토노쿠니[大和国]

地概　나고야번[名古屋藩], 히로시마번[広島藩] 등

地撫　구마모토번[熊本藩]

地扴　우와지마번[宇和島藩]

번(藩) 마다 약간 의미를 달리한 듯하고 '地平し'처럼 오쿠리가나[한자 밖으로 내어 적은 가나]를 수반하기도 했다.

'나라시[ならし]'라는 단어에 대해서 平[평평할 평], 均[고를 균], 平

世割地制史の研究』, 雄山閣, 1982. 참조.

均(평균), 並[나란히 병], 槪[평미레 개]라는 한자를 그 의미에 따라 차용한 것, 그것에 대상물이나 동작을 나타내는 '흙토변(土)'이나 '재방변[扌]'을 독자적으로 더한 것, 그리고 그 외의 문자가 사용되었다. 抨[탄핵할 평]은 낯설었는지 坪[들 평]이나 称[저울 칭]으로 적기도 했던 것 같다.

坪은 중국에서는 땅이 평평한 것만을 의미했지만 일본에서는 예로부터 안뜰 등의 좁은 땅이나 그 단위를 뜻하는 '쓰보[つぼ]'로 사용되어 왔다. 지역에 따라서는 산간부 평지의 지형을 나타내는 '유리[ゆり]'라는 방언의 표기에 쓰인다. 이 土와 平이라는 소박한 구성은 일본인의 발상에 부합하는 것이었음을 알 수 있을 것이다. 扴[깎을 갈]도 『대한화사전』에 따르면 중국에서는 '깎다'라는 의미만 있다. 撫[어루만질 무]는 '어루만지다', '누르다'라는 의미인데, 그것에서 전용한 것이겠으나 '나데루[어루만지다]'의 '나' 또는 오른쪽 편방인 無[없을 무]의 훈인 '나이[ない]'에 '나'가 포함되는 것을 이용해서 '나라시'라는 독음을 암시하게 한 것일지도 모른다.

闧

이와 관련하여 히로시마번[廣島藩]에서는 지나라시를 통해 조정된 생산량[じならし高]이 토지대장 상에 기재된 촌락 전체의 공정 수확량[村高]에 못 미치는 경우에 부족한 만큼을 각 농민들에게 할당했다. 이것을 '가즈키[かずき]', '가쓰기[かつぎ]'라 부르고 闧라는 글자를 만들어 표기했다. 문 하나[一門] 안에 각 가옥이 있다는 회의자(會意字)일 것이다. 덤으로 부담할[かつぐ, 가쓰구] 수밖에 없는 것을 '가쓰기'라고 한 것일까? 冠[갓 관]으로 적기도 했던 모양이다. 오늘날에도 野闧[노카즈키]라는 지명과 신사 이름으로 남아 있다. 이 글자는 지형도에 게재되어서 JIS 한자에서는 제4수준으로 채택되었다.

JIS 한자의 지명, 인명용 문자

JIS 한자는 일본 전국의 지명을 망라하는 것을 목표로 제정이 추진되었다. 1978년 제1, 2수준이 제정되기 전인 1972년 무렵에 『국토 행정구획 총람(国土行政区画総覧)』이라는 지명 자료를 조사하여 거기에 수록된 한자를 모두 채택하는 작업을 하였다. 이것의 결과로 전국에 흩어져 있던 지역 고유의 한자들이 국자를 포함하여 취합되어 갔다. 앞서 다룬 杁 등도 JIS 한자 제2수준에 채택되었고 그로 인해 대부분의 한화사전에 새롭게 수록되었다. 말하자면 한자로 '인지'된 셈이었다.

예를 들어보자. 히로시마현 다카타군[高田郡] 고다초[甲田町]에 스쿠모지[糘地]라는 고아자[小字]가 있다. 왕겨를 뜻하는 糘라는 글자에 대해서는 현지에서는 옛날 촌장[庄屋]이 지었다는 이야기가 전승되고 있다. 그 자체는 역사적으로 사실이 아닐지라도 그러한 의식의 존재 자체에서 의의를 읽을 수 있을 것이다. 촌장은 마을 주민의 자녀 이름을 지어주는 경우가 있는데 이름을 지을 때 당시의 국어사전인 『세쓰요슈[節用集]』을 다루는 모습 등을 읊은 센류[川柳]가 몇몇 있다. 지명을 문서에 적어 넣을 때에도 마찬가지 과정을 거쳤을 것이다. 당시 국어사전의 역할은 대부분 단어를 한자로 어떻게 적으면 좋을지를 확인하기 위한 것이었다. 야나기타 구니오[柳田國男]의 『지명의 연구[地名の研究]』에 따르면 촌락의 세부 지명인 아자[字]나 고아자[小字]의 명칭은 입에서 입으로 전해져 온 것으로 근세에 지도가 생긴 뒤에 마을의 승려 등과 상의하여 한자 표기를 고안했다. 그래서 80~90%가 음이나 훈의 발음을 빌린 표기이고 『강희자전』으로 해석하는 것은 적절치 않다고 한다.

이 糘도 JIS 한자 제2수준에 채택되었는데 그 이유는 JIS 한자 책정 당시의 행정관리청 자료에 따르면 1972년의 『국토 행정구획 총람』에 세 번 등장했기 때문이었다. 그래서 실제로 당시의 『국토 행정구획 총람』을 조사했더니 앞서 소개한 고다초의 스쿠모지 외에도

> 오카야마현 구메군[久米郡] 구메초[久米町] 구와시모[桑下] 통칭 스쿠모야마[糘山]
>
> 히로시마현 히로시마시 기온초[祇園町] 니시야마모토[西山本] 통칭 스쿠모지리[糘尻]

를 확인할 수 있었다. 한정된 지역에서 사용이 보편화되었던 글자임을 알 수 있다. 자료에 따라서는 '통칭'으로 된 것이 '아자[字]'로 되어 있기도 하다.

나가사키현 이키시[壱岐市]에는 迚라는 글자를 '시메[しめ]'라

고 읽는 '𨗈ノ元[시메노모토]' 등의 소지명이 보인다. 이는 𨗈野라는 성씨에도 사용되고 있기 때문에 JIS 한자 제4수준에 채택되었다. 이키에서는 오랜 술 이름에도 𨗈尾[시메노오]가 있다. 이 글자는 '시메나와[금줄]'의 '시메'를 나타내는 것으로 神과 책받침[辶]이라는 신비적인 글자로 구성되며 신의 영역을 나타낸다. 이것은 15세기 후반의 『세쓰요슈[節用集]』에 실려 있는 글자이다. 다만 이 사전은 인쇄본이 아닌 필사본이어서 이러한 지명이나 성씨의 한자 표기가 이 사전을 참고해서 고안되었다고 보기는 어려울 것이다. 이 사전의 편찬 과정에서 참고로 한 신도나 민간 신앙 문헌이 기록되었을 무렵부터 땅 밑의 수맥처럼 사용이 이어져 온 것으로 추측된다.

'아켄바라'를 방문하다

- 유령문자 '妛' 그 후

제3장에서 서술한 바와 같이 妛는 실수로 JIS 한자 제2수준에 채택된, 지명 자료에 실재하지 않는 유령문자였다. 그렇다면 반대로 실체는 있는데 제3수준까지 채택되지 못한 문자 𡚴

를 포함한 지명 '아켄바라[岃原]'는 어떤 곳일까? 줄곧 마음이 쓰였었다. 2005년 3월에 드디어 시가현 이누카미군[犬上郡] 다가초[多賀町] 가와치아켄바라[河内岃原]를 방문할 수가 있었다. 이 글자만으로도 마을을 부흥시킬 수 있지 않을까라고까지 생각했다.

초[町] 사무소에서는 1912년의 「大字河内岃原小字限地圖[오아자 가와치아켄바라 고아자 지적도]」[7]에 붓글씨로 등장하긴 하지만 아자 명칭이 아닌 통칭으로 되어 있었기 때문에 최근의 관공서 장부에서는 거의 볼 수 없다는 것을 알았다. 하지만 현지인들은 자기 땅 이름이 컴퓨터나 휴대전화로 쓸 수 없어서 자못 불편함을 느꼈겠지, 어쩌면 여기서도 岃를 대신 쓰고 있을까하는 생각을 하며 택시를 타고 향했다. 운전수도 이 글자에 대해서는 알지 못했다.

도중에 전날까지 내린 큰 비로 낙석이 떨어진 곳을 지났다. 지나갈 수 없다가 오늘부터 한쪽만 복구되었다는 길을 지나서 산간부로 들어가 강변을 따라 올라갔다. 다 지워져 가는 글씨로 '岃原[아켄바라]'라 적힌 표식을 발견하고 주민들을 찾아보았다. 그

7 옮긴이: 지명에서 구획단위(도도부현, 시정촌)는 뒤에 붙는 것이 일반적이지만 오아자[大字], 고아자[小字], 아자[字]와 같은 소지명의 경우는 앞에 온다.

러나 민가는 열 채가 넘는데 인기척이 없다. '저택터[屋敷跡]'라는 비석이 있기도 했다. 폐가에도 문패(모두 같은 성씨였다)에는 주소를 岃原라고 적혀 있는 것이 있었다. 그래서 생활 속에서 실제로 이 국자가 사용되는 모습을 보기 위해 집집마다 돌아다녔다. 낡은 나무다리를 건너 작지만 깊은 강 너머에 이르자 뿔 달린 생물의 긴 등뼈가 드러난 끔찍한 사체들이 누워 있었다. 그 사체들을 넘어야만 접근할 수 있는 가옥이 있기 때문에 조심스럽게 걸어 나아갔다. 그 집은 1965년에 주민들이 떠난 후에도 그대로 남아 있었다.

이러고 저러는 사이에 간신히 사람의 모습이 보였다. 볼일을 보고 있는 노인의 뒷모습이었다. 그 칠십 가까운 인품 좋아 보이는 분에게 말씀을 여쭸더니 댁으로 맞아들여 주셨다. 아까 본 동물의 사체는 사슴일 것이고 유행병이 도니 죽은 거겠거니 말씀하셨지만 당신은 거기까지 가본 적이 없다고 했다. 그리고 분명 '으름 덩굴[아케비]'이 자라는 곳은 있지만 지명의 의미나 유래는 모른다고 했다. 이제 마을에 남은 사람은 자신보다 나이가 많은 노인들뿐이고 세 사람이 살고 있다고 했다. 관할 관공서 건설과에서 낙석으로 인한 도로통제 사실을 통지하기 위해 보내온 편지에는 명확하게 岃原라고 손글씨로 적혀 있었고 또 인쇄되어 있었다. 휴대전화는 전파가 닿지 않았고 컴퓨터도 보급되어 있지는 않은 듯 보였으나 '아랫동네로 내려간' 젊은 사람들도 가끔 놀러온다고 하니 이 '峅'도 JIS의 제3수준에 넣은 보람이 있었는지도 모른다. 이 친절한 남성의 말대로 '강이 있는 좋은 곳'이었다. 아켄바라보다 더 안쪽에 위치한 두 마을은 이미 폐촌이 되었다고 한다. 유령은 글자만으로 충분하니 부디 이곳은 유령마을이 되지 않았으면 하는 바람으로 마을을 떠났다.

충돌문자 岾

교토 다이몬지야마[大文字山] 아래에 있는 広岾町는 '히로야마초'라고 불렸었는데 広帖町라고 표기가 변하면서 독음도 그에 따라 음독으로 '고초초'로 바뀌었다. 교토대학의 야스오카 고이치[安岡孝一] 조교수(현 교수) 부부의 실사에 따르면 거주하는 사람이 없는 풀밭 경사면이었다고 한다.

교토에서는 이미 거진 역할을 마친 것처럼 보이는 岾이지만 사실은 앞서 말한 그 지명이 존재한다는 이유만으로 JIS 한자 제2수준에 채택되었다. 하지만 그 덕분에 뜻하지 않은 효과가 생겼다. 사이타마에도 소지명이 많은데 '하케'[8]라는 지명 용어를 岾으로 적는 사례가 눈에 띈다. 그리고 이쪽은 JIS 한자 제2수준을 책정할 때에 이용된 『국토 행정구획 총람』에는 채록되지 않았던 것이다. 그것이 우연히도 교토의 소지명 덕분에 컴퓨터에 입력할 수 있게 된 것이다.

이 글자는 JIS 한자 제2수준에 들어가기까지는 메이지 시대 이후의 한화사전에 일절 수록되지 않았다. 한국에서는 '고개 점'이라는 음훈을 갖는 형성자(形聲字)로 존재했으나 직일본의 국자와는 접적인 전승관계는 없는 듯하다.[9] 그렇다면 岾이라는 글자는 어디서 태어난 것일까?

岵[산 호]라는 한자가 있다. 이것은 『시경』에 나오는 '척호(陟岵)'라는 단어로 알려져 있는데 모종의 상태인 '산'을 뜻한다. 그러나 '풀이 무성한 산'과 '풀이 없는 헐벗은 산'이라는 양극단의 해석이공존하는 글자이다. 이 岵를 메이지 시대 초기에 지명을 표기할 한자를 찾을 때에 교토와 사이타마에서 각각 별개로 이용한

8 옮긴이: 하케[はけ]는 구릉이나 산지의 절벽 모양 지형을 나타내는 명칭이다.

9 옮긴이: 岾[고개 점]의 쓰임은 금강산에 있었던 명찰인 楡岾寺(유점사), 강화군 河岾面(하점면) 등에서 확인된다.

것이 아닐까 생각된다. 즉 교토에서는 '풀이 무성한 산'으로, 반면 사이타마에서는 '풀 없는 민둥산'으로 이 글자를 사용한 것은 아닐까? 古는 占과 손으로 적어 놓으면 비슷하며 해서체에서도 十 부분의 왼쪽 획을 짧게 적어 혼동되는 경우가 드물지 않았다.

신문의 광고란에 게재되는 각지 법원이 내놓은 경매 물건에는 토지등기 상 정식 명칭인 고아자[小字]까지 전기되는데, 그래서 사이타마현 내의 지명으로 이루마시[入間市]의 '아자 가미하케시타[字上岵下]' 등의 지명을 통해 이 글자는 지금도 자주 등장한다. '하케'는 벼랑이라는 뜻의 동일본 방언으로 사이타마현에서는 垰라는 글자를 쓰는 곳도 있다.

제 각각 생겨난 글자가 자체만 일치하는 현상을 충돌이라고 부른다는 것은 제1장에서 언급하였다. 충돌은 한자의 역사 속에서 늘 발생해 온 현상이다.

㳇은 뭐라 읽는가?

- 한 곳에서만 쓰이는 지역문자

고아자[小字]로 사용되는 지명은 일본 전국에서 한 곳

에서만 발견되는 글자를 사용하는 것이 사실 적지 않다. 「가도카와 일본 지명 대사전」의 300만 건 정도 되는 고아자 명칭을 거기에 누락된 것들까지 채워가면서 읽어 나가는 작업은 도를 닦는 것과도 같은 고된 것이었지만 뜻하지 않은 발견의 기쁨을 누리는 순간도 있었다.

㟢

통람하는 가운데 하나의 수수께끼 지명을 만났다. 후쿠이시에 있는 㟢라는 한 글자이다. 이 글자에는 독음이 달려 있지 않았다. 峠를 방불케 하는 어떤 지형인 듯싶다. 네 종류의 부분으로 이루어진 글자를 찾아냈다고도 생각했지만 혹은 崖[언덕 애]의 이체자는 아닐까 등의 추측을 거듭하면서 추적을 시작했다.

우선은 후쿠이 시청에 전화로 독음을 확인한다. 다이쇼 시대의 촌사(村史)를 찾아서 '돈도[どんど]'라는 독음으로 읽힌다는 것을 알 수 있었다. '도도[どうどう]', '도도[どど, 百々]' 등 물소리를 나타내는 단어와 비슷하다.

지명에 관해서는 직접 현지에 가 보면 반드시 수 많은 것들을 발견하게 된다. 그것은 자료, 담화, 지세 등 모든 면에서 그렇다고 할 수 있다. 우연히도 시 승격 이래로 가장 심한 집중호우로 큰 수해를 입어 정신이 없었던 후쿠이시로 향했다. 큰 재난의 뒤처리로 어수선하던 시청에 가니 부동산세 관련해서는 지번으로만 처리하지만, 법무국에서는 아직도 아자[字]를 사용한다고 듣게 되었다. 1876년의 지적도를 내어 준다. 거기에서는 삼수변(氵)이 뫼산(山)보다 큰 㳇라고 적혀 있었다. '돈도'는 산의 상태가 아니고 물과 관계되는 말인 것 같다. 별도로 보존되어 있던 메이지 시대의 토지대장(폐쇄대장)을 보아도 7장 모두 이와 같은 자체임을 확인했다. 그래서 예전에는 '㳇堂'라고 기록되어 있는 것도 알 수 있었다.

㳇

이어서 탐문조사를 하면서 현지를 탐색한다. 고아자는 좁은 구획이라 택시운전사는 물론 근방에 사는 사람들도 잘 모르는 경우가 적지 않다. 겨우 도착하니 그곳에는 위아래 2단으로 된 논이 있었다. 그 낮은 산에는 묘지가 있고 옆에는 예전에 사용했다던 화장장이 그을린 흔적을 남긴 채로 있다. 풀을 헤치고 고지대에서 다가가면 도로가 직선으로 바뀌어 있었을 뿐 확실히 관청에서 본 도면과 동일한 지형이다. 그리고 바람에 살랑대는 벼이삭 주위를 샅샅이 살펴보니 그곳에는 '산[山]'의 '위[上]'에서 '아래[下]'로 '물[水]'이 흘러내린다. 내 귀에는 '졸졸졸'하는 소리로만 들린다. 귀를 기울이면 개울물 소리가 '쏴아'하고 울릴 뿐이다. 산 속 시내에서 물이 격하게 떨어져 소용돌이치는 것이 아니라 물[水]이 위에서 아래로 흐른다. 갈수록 글자와 맞는 것 같다는 생각이 든다.

이런 저런 불필요한 소음이 없던 시절에 사람들은 물소리를 '돈도'처럼 인식했던 모양이다. 지금도 '도봉[どぼん]'하고 들린다고도 하며 '돈부라코[どんぶらこ]'[10], '돈부리[どんぶり]'(312쪽 참조)도 옛날 일본인의 귀에는 그렇게 들렸던 모양이다. 도도[百々], 돈도[呑吐], 돈돈가와[激々川] 등의 성씨나 지명도 그것의 자취일 것이다. 그러한 소리를 통해 용수로, 수문, 둑을 의미하는 방언 '돈도[どんど]'가 생겨났고 그것이 일본 북서 연안 지역 등에 분포했다

10 옮긴이: どんぶらこ[돈부라코]는 어떠한 물체가 물의 흐름에 따라 두둥실 떠내려가는 모습을 형용하는 말. 일본의 전래동화 모모타로에서 주인공이 태어나는 복숭아가 강물에 떠내려 오는 모습을 형용할 때 쓰인 것으로도 널리 알려져 있다.

는 방언 기록이 여럿 있다. '돈도'는『일본 국어 대사전(日本国語大辞典)』제2판에 따르면 "(그 소리에서) 강이나 용수로의 보에서 물이 떨어지는 곳을 교토에서 이르는 말", "강물이 힘차게 떨어지는 곳. 수문과 보"이다. 바로 이것에 해당한다. 다만 후쿠이에 그러한 방언이 존재했다고는 기재되어 있지 않으며 다른 기록에도 남아 있지 않았다. 그러나 글자의 구성과 독음이 간신히 전하고 있는 바와 같이 그것에는 의심의 여지가 없었다. 즉 이 땅에서는 문자화되기 전에 "잃어버린 방언"이 지명에 화석처럼 전해지던 것이었다고 생각된다. 이 글자를 둘러싼 조사는 사진을 찍고 근방에 사시는 분들로부터 이야기를 더 듣고 보여 주시는 자료를 보고 마쳤다.

지명의 문자를 찾아가는 '탐험'이 언제나 이렇게 성과로 이어지는 것은 아니다. 도달할 수 없었던 적도 많았다. 지바에 '뱌쿠'라는 지형 용어같아 보이는 독음을 가진 이상한 글자를 조사하러 갔더니 지금은 골프장이 조성되어 있어 더 이상 지형의 기복을 알 길이 없었다. 현지 관청의 장부에서도 본래의 의미가 망각된 것도 있었고, 수 없이 옮겨 적으면서 더는 본래의 글자 꼴을 갖추지 못한 것도 있었다.

도호쿠 지방의 '지지[じじ]'

𫝶

아키타현 교와초[協和町]에는 지금도 𫝶ヶ森[지지가모리], 𫝶ヶ堤[지지가쓰쓰미]라는 미세지명이 보인다. 「아키타현 정촌자 명칭조사[秋田県町村名称調]」(1889)에 "仙北郡 荒川村ノ𫝶ヶ沢(ぢぢさは)" 라고도 되어 있다. 인근의 소지명으로 '우바[うば]', '오바[おば, をば]', '바바[ばば]'에 대해서는 한자 姥로 표기하고 있는데 그것에서 유추하여 만들어졌을 것이다. 이것도 앞서 소개한 「고아자 명칭 일람[小字名一覧]」을 통람하고 있을 때에 마침 찾아냈던 것이었다. 그곳 출신인 학생에 따르면 에도시대까지 거슬러 올라가는 지명 자료는 찾기 어렵다고 한다. 그러나 이미 에도시대부터 아키타 부근에서 정리된 각종 문헌 중에서는 보통명사인 '지지[할아범, 영감]'를 나타내는 글자가 만들어져서 쓰이고 있었다.

아키타번[秋田藩]에서는 1804년에서 1818년 사이에 작성된 『아키타풍토기[秋田風土記]』(新秋田叢書) 중 「영감과 할멈[𫝶と姥]」라는 전승에 𫝶가 사용되었고 이 지역에서는 일반성을 지닌 문자였을 가능성이 있다. 역시 姥와 짝을 이뤄 쓰인다. 姥라는 글자는 일본에서는 널리 '우바[할멈, 노파]'의 표기에 쓰여 왔는데 '바바[할망구]'를 한자로 적을 때에도 사용된다.

그것은 다음의 자료에서 확인할 수 있다. 아키타현 쓰치자키[土崎]항에 살던 곤도 겐파치[近藤源八]가 고기록을 필사하거나 현지에 가서 듣고 적은 글을 정리한 『우인온고지[羽陰温故誌]』(新秋田叢書)가 있는데 거기에는 '⿰身老(じじ)と姥(ばば)'라고 독음이 달려 있다. 이것은 1883년의 서문이 있고 1903년 무렵까지 집필된 자료이다.

또 오우[奥羽] 산맥으로 나뉘긴 하지만 난부[南部: 이와테현]의 우부카타 히로타카[宇夫方広隆]는 『도노 고사기[遠野古事記]』에 적은 1763년 서문 중에서 '⿰身老(ヂヽ)は庇(ヒサシ)の屋根を葺(フク)、姥(ウバ)は搗屋(ツキヤ)のちり掃(ハキ)て大豆(マメ)を一粒(ツブ)拾ふたと'[영감은 차양 지붕을 잇고, 할멈은 방앗간의 먼지를 쓸다 콩 한 쪽을 주웠다]고 적었다(南部叢書). 도호쿠 지방에서는 중앙에서는 보이지 않는 이 글자가 널리 쓰이고 있었음을 알 수 있다.

중국에서 전해진 爺, 婆는 耶, 波 부분으로 '야', '파'와 같은 소리를 나타내는 형성자이다. 爺孃(야양, 부모를 말함), 好好爺 같은 단어는 있지만 그 밖에도 じじ[영감]라는 일본 고유의 단어를 표기하는 글자가 필요했었을 것이다. 또한 爺, 婆는 한자의 구성요

소가 男, 女로 딱 떨어지지 않았던 것도 이러한 국자 탄생의 원인일지도 모르겠다.

이 글자는 근세까지 도호쿠 지방에서 지명 표기보다는 보통명사를 표기하기 위해 만들어진 것이지만 자세한 내용은 역사의 베일에 갇혀 있다.

지역에서 쓰는 약자

특히 지명의 표기에서는 자획이 번잡한 글자를 반복적으로 필사할 필요가 있다. 그러한 지역에서는 약자가 선택되고 만들어지는 경우가 드물지 않다. 몇 가지 사례를 살펴보자.

寉[쓰루: 두루미]은 야마가타현 쓰루오카시[鶴岡市]에서 볼 수 있는 자체이다(寉岡[쓰루오카]). 寉은 중국에도 존재하지만 '두루미'라는 뜻은 일본만의 국훈(國訓)이다. 마찬가지로 覇[하]는 오키나와현 나하시[那覇市]에서 나타났다(那覇).

鹿이 가고시마[鹿児島]현에서 자주 목격되는 점은 시바타 다케시[柴田武] 씨가 지적한 바 있다(鹿児島). 붓이나 펜으로 적을 때 鹿을 적기 어려운 것을 피해 생겨난 특징적인 자체 중 하나이다.

중국에서도 이런 종류의 축약은 볼 수 있었는데 그것이 남아 있다는 것에 의미가 있다. 그 외에도 이 鹿의 比가 从처럼 되기도 한다. 이 또한 필기의 경제성 때문에 옛 자체가 남아 있는 사례이다. 지바[千葉]에서 葉의 世가 丗처럼 적는 경우가 종종 있고, 구마모토[熊本]에서 熊이 熋처럼 적는 경우가 있는 것도 같은 이유일 것이다. 嵐이 포함된 지명을 갖는 곳에서는 風 부분이 几 안에 점 두 개만 찍고 끝나기 십상인 것도 마찬가지다.

州라는 글자를 옛날 중국에서는 三刀(삼도)라고 부르기도 하였다. 그것은 입도방[刂] 세 개가 늘어서 있는 것으로 간주했기 때문이다. 진(晉)나라 왕 준(濬)이 밤에 들보 위에 매단 칼 세 자루[三刀]가 순식간에 한 자루가 늘어나는[益] 꿈을 꾸었는데 실제로 익주(益州)라는 지역의 자사로 부임할 수 있었다는 고사가 『진서(晉書)』에 실려 있다. 일본에서는 에도시대 등에 刕로 적는 것이 일반적이었다. 이렇게 적는 것이 州보다 붓을 놀리기 편했기 때문이었을 것이다. 그럼에도 여전히 번거롭다며 아래의 刀 두 개를 줄여 刕로 적는 일도 심심찮게 행해졌다.

州는 이 자체 그대로 당용한자에 채택되었다. 그러나 오늘날에도 州는 적기 어렵다고 느끼는 이가 있을 것이다. 규슈나 나가노[信州, 신슈], 야마나시[甲州, 고슈] 등 州를 다용하는 지역에서는

卅라고 적혀 있는 것이 자주 보인다. 卅는 본래는 十(십)을 세 개 나란히 적어 三十(삼십)을 의미하는 한자였다. 그것이 당용한자에 채택되지 않았고 사자(死字)에 가까워졌기에 즉 卅가 말하자면 '빈집'이 되어 있던 것이 이러한 용법의 보급에 한 몫을 한 것은 아닐까 생각된다.

潟을 泻라는 약자로 필기하는 것은 제3장에서 다루었듯이 니가타[新潟]현에서는 종종 볼 수 있어 비교적 잘 알려져 있다. 에도시대에는 판본에서도 가령 스즈키 보쿠시[鈴木牧之]의 『호쿠에쓰셋푸[北越雪譜]』에 '新泻[니가타]'나 가마하라군[蒲原郡]에 있던 '鎧泻[요로이가타]'가 실려 있는 등 일반적으로 사용되었다. 다만 에도시대에는 新泻에 한정하지 않고 潟는 넓게 泻로 적는 경향이 있었다. 泻이라는 자체가 널리 인지되고 사용되었던 것이다. 마쓰오 바쇼[松尾芭蕉, 1644~1694]의 『오쿠노 호소미치[奥の細道]』에는 흘려 적은 글씨로 '越後の国新泻'[에치고노쿠니 니가타]라고 적혀 있고 아키타의 '象泻[기사가타]'도 보인다.

象泻や雨に西施かねふの花（『芭蕉自筆 奥の細道』, 岩波書店）

이제는 니가타현이나 하치로가타[八郎潟]가 있었던 아키타현 오가타무라[大潟村]에서는 이 자체가 간판이나 중장년층을 중심으로 편지 등에서 관찰되는데, 1981년에 潟의 형태로 상용한자에 채택되면서 공통문자화가 진전되는 중이다. 潟는 止瀉薬[지사제]의 瀉와는 별개의 글자였으나 일본에서는 헤이안 시대부터 이미 瀉를 '가타[개펄]'를 적는 데에도 사용되는 등 뒤섞여 쓰이고 있었다. 앞에 소개한 『호쿠에쓰 셋푸』에서도 新泻, 鎧泻처럼 '갓머리[宀]'로 적혀 있는 곳도 있어 다른 의미의 한자인 瀉를 의식하였음을 엿볼 수 있다.

지명 한자표기의 배경

관공서의 장부에는 고유명사는 한자로 적어야 한다는 일종의 강박관념이 담겨 있다. 한자야말로 '마나[真名, 真字: 진정한 문자]'이며, '가나[假名]'는 말 그대로 임시 문자라는 인식이다. 적고 싶은 것을 자유자재로 쓸 수 있는 표음문자라는 점에서는 한국어의 한글과 견줄 수 있겠지만 '위대한 문자'라는 뜻의 한글에 비해 가나라는 명칭은 어디까지나 '임시 문자'인 것이다. 이렇게 해서 명백히 어원과 맞지 않는 경우에도 상황별로 적당한 한자를

『세쓰요슈[節用集]』와 같은 사전류에서 찾아내어 표기에 사용하는 '세쓰요슈의 재앙[節用禍]'이라고 칭하는 현상마저 생겼었다.

한자를 찾지 못하면 같은 발음을 갖는 한자로 차음표기한다. 태합(太合) 도요토미 히데요시[豊臣秀吉]는 '醍醐[다이고: 제호]'라는 한자를 까먹어 난처해하던 서기에게 '大五[다이고: 대오]'라고 적도록 지시했다고 전한다. 가나로 적기보다는 뜻은 맞지 않을지언정 한자로 적는 것이다. 그 방법에는 여러 가지가 있다. '좆토[조금, 잠깐]'라는 단어가 등장하면 의미를 감안하면 一寸, 발음을 고려하면 鳥渡로 표기해 볼 수 있다. 둘 다 넓은 의미에서 차음표기[当て字]이지만 세세하게 나누면 전자는 두 글자를 조합해서 새로운 독음을 부여하는 숙자훈(熟字訓), 후자는 음역(音譯)이라고 한다. 또한 특정 한자의 새로운 독음으로서 동일한 의미를 갖는 단어를 취하기도 한다. 그리고 물론 글자를 새로 만들기도 했다. 거기에서는 일본인의 발상이나 의식이 엿볼 수 있다.

그러나 그러한 것들의 보고였던 지명은 문자와 함께 소멸하고 있다. 최근의 기초 자치단체 합병에서는 큰 도시 등에서 히라가나로 표기하는 지명이 눈에 띈다. 하지만 그럼에도 자형에서 참된 글자를 추구하는 의식은 이어진다. 2001년 5월에 사이타마현 오미야시[大宮市], 요노시[与野市], 우라와시[浦和市]가 합병한

'사이타마시[さいたま市]'의 탄생 직전에는 새로운 시의 명칭에서 첫 글자 '사'를 さ(2획)와 さ(3획) 중 어떻게 적어야 하느냐는 문의가 시민들로부터 빗발쳤다고 한다. 난감해진 합병협의회는 필자가 당시 근무하던 국립국어연구소에 문의해 왔다. 조사 끝에 정부의 방침으로는 뭐가 옳고 그르다고 정해진 바가 없다는 취지로 전달했더니, 시청 내부적으로 さ(2획)으로 통일하기로 했다는 것이었다. 외형적인 부드러움이 중시된 것이라고 한다. 활자 상으로는 분명 두 획으로 적은 형태가 많이 쓰이지만 손으로 적을 때는 반대의 경향이 강하다. 이것은 본래는 의식할 정도의 차이가 아니며 어떻게 적든 무방하다. 이것을 신경 쓴다면 이[い], 다[た], 마[ま]도 이어 적을 만한 부분이 있는 셈이고, 또한 사[さ]의 오른쪽 윗부분이 이어져 한 획으로 적은 것 같은 자형마저 있다. 요컨대 쉽게 의식될 부분인지 여부에 따라 문제가 되거나 되지 않거나 하는 것이다.

그 이듬해 4월에 시코쿠[四国]에 위치한 가가와현에 '사누키시[さぬき市]'가 탄생하자 역시 같은 질문이 있었고 마찬가지로 회신하니 동일하게 さ(2획)로 결정되었다고 한다. 이처럼 지명이 히라가나로 표기되는 경향은 가타카나로 표기되는 것보다도 활발하며 아직도 지속될 모양이다. 히라가나가 지닌 부드러움, 표면적인 아름다움만을 추구하며 더욱 더 세부적인 부분에 집착한다. 그러면서도 지명이 담당해 온 각종 정보들을 스스로 삭탈하고 있는 것은 아닐까하는 점은 마음에 걸린다. 선거 포스터에도 입후보자명이 히라가나로 표기되는 사례는 지금도 눈에 띄지만[11] 국회에 들어갈 때에는 이름을 꼭 한자로 적으려 하고, 龍의 첫 획은 가로획으로 적어야 한다느니, 三처럼 적는 획을 꼭 テ로 적어야 한다느니 하는 식의 주장을 하여 그것에 맞춰 명패를 제작한다고 한다.

오늘날 지명은 위로부터도 아래로부터도 허물어져 가는 형국이다. 기초 자치단체 합병에 따라 복수의 지명이 하나로 통합되면서 참신하고 기발한 지명으로 대체되고, 또한 주거표시법 및 토지개량사업 등을 통해 행정적 효율화를 도모하고자 고아자[小字] 명칭이 각지에서 사라지고 있으며, 그것은 점점 더 가속화하고 있다. 그러한 내용을 기재한 메이지 시대부터 전해져 오는 토지대장 등도 낡은 것을 폐기하고 있다고 들었다. 현재 지명에 쓰

11 옮긴이: 일본의 선거에서는 투표용지에 도장을 찍는 방식이 아니라 후보자의 성명을 직접 한자 또는 가나, 또는 그것을 섞어 적는 방식을 채택한다. 투표용지 상의 표기가 반드시 호적상의 표기와 동일할 필요는 없기 때문에 가나 표기로 자신의 이름을 홍보하는 후보들도 적지 않다.

이고 있는 한자들 중에도 머지않아 '유령 문자'로 해석될지도 모를 일이다.

제6장

혼자만의 문자

개인이 만든 한자

지금 사용되는 하나하나의 한자는 거슬러 올라가면 어느 특정 개인이 만들어 낸 것이 아닐까? 황제(黃帝)가 다스리던 시대에 창힐(蒼頡)이 한자를 발명했다는 것은 전설이지만 이미 은나라 때에 천여 개의 한자가 생겨났다. 그것에 관여한 것은 거북 껍질이나 소 어깨뼈를 눈앞에 둔 점쟁이였을 수 있다. 주나라 때라면 죽간(竹簡)을 손에 든 관리나 제자백가였을 수 있다. 한나라 때 이후에는 종이를 책상에 올려놓은 시인이었을 수 있다. 그것들을 옆에서 본 사람이 자신도 그 글자를 사용해 보고자 한다. 그러한 행위가 반복되면서 사회성을 강화시켜 한자로서의 지위를 확고히 해 가는 것이다. 점차 사전에도 다수의 용례와 함께 실리고 또 이것을 근거로 삼아 그 글자를 쓰는 사람들이 생겨난다.

한자로 적은 문헌은 중국, 한국, 일본, 베트남 등의 오랜 역사 속에서 방대한 양이 남아 있다. 거기에는 그렇게 순환될 수 없었던, 하나의 자료에 한 번밖에 등장하지 않는 한자도 볼 수 있다. 그 중에는 사전에 거의 실리지 않은 개인만의 한자, 개인문자를 찾아내는 것이 가능하다.

개인문자에 대해 일본어학(국어학) 방면에서는 이하라 사이카쿠[井原西鶴]의 것을 제외하고는 연구가 거의 이루어지지 않아 왔다. 이 장에서는 개인문자와 개인적인 표기에 관해, 위치와 다양한 실태, 부수되는 각종 성질, 그리고 의의에 대해 정리해 서술하고자 한다.

문자가 많은 사람들에 의해 사용되면서 그 중에는 기존 문자로 만족하지 못하고 글자를 만들거나 고치는 사람도 생겨난다. 또한 글자를 적을 기회가 늘고 식자층이 확대되면서 전반적인 식자 능력은 상대적으로 저하되고 그로 인해 자체 등에 의도하지 않은 오류가 늘게 된다. 그렇게 해서 개인만의 문자와 표기가 보다 많이 나타나는 것이다.

의식적으로 문자를 만드는 사람들

특정 개인이 본인 특유의 문자체계 같은 것을 구축하고 그것을 사용하는 일은, 사회에 제안하려는 것부터 그 사람만 쓰는 것에 그치는 것까지 다양한데, 그러한 것이 실제로 지속적으로 사용되는 경우는 극히 드물다. 또한 조현병 환자나 지적장애인은 하나의 증상으로서 다른 사람이 읽을 수 없는 한자 비슷한 형태의 것을 쓰기도 한다. 그러나 그것들은 문자로서의 조건인 단어의 의미를 나타내는 것에 관한 사회적 약속을 어떤 수준에서도 갖지 못할 것이다. 즉 문자는 사회성을 갖는 것이기도 하다. 그 중요한 역할은 한 사회에서 언어를 시각적으로 표현하는 것, 전달하기 위해 유통하는 것이며, 따라서 사람들 간에 공통성을 가질 필요가 있는 것이다.

그러나 세심하게 관찰해 보면 각 개인이 사용하는 자종이나 자체 등에는 다소나마 차이가 있는 것으로 생각된다. 예를 들면 이하라 사이카쿠, 마쓰오 바쇼[松尾芭蕉], 나쓰메 소세키[夏目漱石] 혹은 모리 오가이[森鷗外]가 각기 단어의 표기에 사용한 글자[用字]라고 한다면 각 집합의 크기와 내용에는 개인차가 있음은 당연하다. 나아가 그것을 통해 그 사람 특유의 자체, 자형이나 글자를 사용하는 방식을 도출해낼 수 있는 경우가 있다. 이것들도 개인문자이다. 그것은 통상적으로 개인적인 사용에 머무르는 것이었거나 특정 독자의 눈에만 들어오는 것이다. 그러나 글쓴이가 이하라 사이카쿠 등과 같은 저명인이라면 개성적인 문자 사용법일지라도 불특정 다수의 사람들이 보게 되면서 수용자(독자)의 이해, 나아가서는 공감마저 얻을 수 있게 되어 사용에까지 영향을 주는 경우가 있다.

이들 개인문자 중에는 의식적으로 만들어냈거나 자체를 개조한 글자가 있고, 무의식적인 습관으로 인한 자체, 자형이나 우연히 생겨난 오자체(誤字體) 같은 것이 있다.

전자의 예로는 옛날에는 가키모토노 히토마로[柿本人麻呂, 660~724]가 만든 글자라고 여겨지는 㜸嬬[をとめ, 오토메: 처녀]의 첫 글자를 들 수 있을 것이다. 하지만 당시의 문헌으로 증명할 수 있는 것 중 현존하는 것은 풍부하지 않으며 확실한 예라고 하기 어렵다. 에도 시대에 들어오면 비교적 자유로운 문자 사용법이 사람들 사이에서 행해지게 된다. 그 중에서도 이하라 사이카쿠의 작품은 와세다대학 명예교수인 스기모토 쓰토무[杉本つとむ] 박사가 지적했다시피 조자(造字)나 독특한 이체자가 두드러지며 그 중 몇몇은 후대에 국자로 취급되기에 이른 글자도 있다. 『세켄무네산요[世間胸算用]』(1692년 간행) 권2에 보이는 姒[しうとめ, 슈토메: 시어머니]는 단순히 女와 旧의 회의(會意)가 아니라 이 글자와 짝을 이루는 舅[시아버지]가 旧와 男로 이루어진 舅로도 적는 것에 맞추어 널리 쓰이던 표기인 姑보다 더 걸맞는다고 보고 이렇게 고친 것이 아닌가 싶다. 이하라 사이카쿠[井原西鶴, 1642~1693]가 만든 글자가 우키요에 화가 가쓰시카 호쿠사이[葛飾北齋, 1760~1849]에게 계승된 흥미로운 사례는 뒤에 따로 언급할 것이다.

玒

한편 저술 중에 개인문자를 굉장히 많이 쓴 사상가 안도 쇼에키[安藤昌益, 1703~1762]는 이를테면 초고본[稿本] 『자연진영도(自然眞營道)』 등에 합자인 玒나 기존의 한자를 개조한 䰟, 䰟[1] 등 새로운 글자를 수백 단위로 만들어 직접 사용했다. 안도 쇼에키는 당시의 신어, 속어, 도호쿠 방언이나 스스로 만든 조어 등을 표기하기 위해서도 글자를 만들었지만, 문자 또는 한자가 존재하는 것 자체에 대한 비판과 그에 기반한 조자관(造字觀)에 대한 언급도 많다. 문자의 표의성 강화를 이상과 비아냥을 담아 추진한 것으로도 이해해 볼 수 있다. 그 밖에도 예를 들면 샤레본[洒落本], 곳케이본[滑稽本] 등의 장르로 나뉘는 통속소설 작가들이 유희적 감각을 배경적으로 느낄 수 있도록 글자를 만들기도 하고 자체를 개조하기도 했음이 알려져 있다.

또한 보다 적극적으로 사회를 위해 문자를 개량하고자 때로는 새로운 글자를 만들어 그것을 사용하자고 주창하는 운동도

1 모두 魂[넋 혼]. 전자는 오른쪽 부분을 교체한 것. 후자는 전자의 약자체.

있다. 가령 메이지 시대의 관료이자 정치가였던 오키 다카토[大木喬任, 1832~1899]와 외교관 데이 에이네이[鄭永寧, 1829~1897]가 지은 『법률어휘(法律語彙)』(1883년 간행)는 'Acte'[행위, 증서]에 㖏[アツ, 아츠], 'Bail'[임대]에 嗷[バイ, 바이] 등을 만들어 사용하였다고 한다[2].

무의식적으로 생겨나는 오자체

다음으로 무의식적인 습관에 의한 것으로 보이는 자체, 자형이나 우연히 생긴 오자체의 사례로는, 그것이 자필이 맞느냐로 최근 큰 문제가 되었던 마쓰오 바쇼[松尾芭蕉]의 㐼(死) 등의 자체, 자형을 들 수 있다. 그 밖에 근대 이후 작가의 원고에서 자체 차원의 오류로 주목되는 예를 몇가지 살펴보자.

2 穂積陳重, 『法窓夜話』, 1916, 有斐閣; 1980, 岩波文庫.

『도련님(坊っちゃん)』, 番町書房, 1975에서

먼저 나쓰메 소세키[夏目漱石]의 『도련님[坊っちゃん]』 자필원고에 보이는 ⿰其乍欺師[사기꾼]이라는 표기를 살펴 보자. 이것은 詐[속일 사]의 말씀언변[言]이 뒷글자의 왼쪽 부분과 같은 其로 무심결에 뒤바뀐 오자이다. 이렇게 뒷 글자가 앞 글자에 영향을 미치는 현상을 '동화(同化)' 세분하면 '역행동화'라고 한다. 나쓰메 소세키는 이 자체 그대로 활자화되는 것을 원치는 않았던 것으로 보인다.

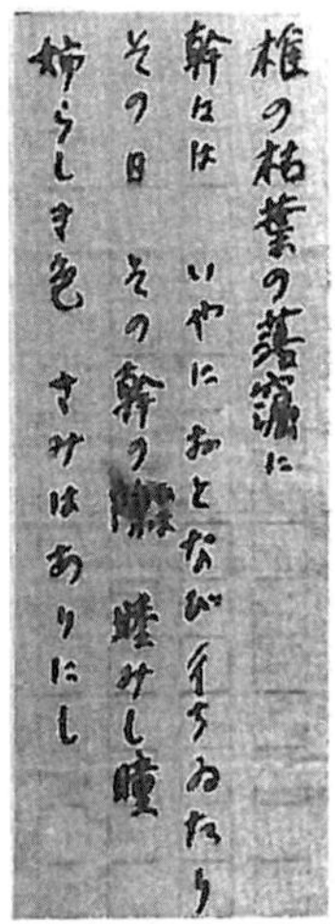
椎の枯葉の落窪に
幹々は いやにおとなび彳ちゐたり
その日 その幹の隙 睦みし瞳
姉らしき色 きみはありにし

나카하라 주야(中原中也) '함수(含羞)' 원고[3]

시인 나카하라 주야[中原中也, 1907~1937]는 시를 적은 원고에서 落窟に[웅덩이에]에 窟를 썼다. 窪[웅덩이 와]가 窟[굴 굴]과 혼효되어 만들어졌으리라. 이 시 안에서 두 번 모두 이 형태를 띠고 있으며 나카하라 주야의 머릿속에서 고정되었던 자체이다.

또한 시인 하기와라 사쿠타로[萩原朔太郎, 1886~1942]는 「오월(五月)」의 원고에서 氣車が[기차가]라고 적었다. 이는 滊(汽)가 気의

3 サントリー美術館「人と筆跡一明治・大正・昭和一」展図録, 1987.

약자인 氣와 뒤섞인 결과일 것이다. 바로 앞줄에도 気라는 글자가 있던 것도 영향을 주었을 가능성이 있다. 본인은 나중 원고에는 汽車라고 적었으니 일시적인 착오였을 것이다.

동화작가이자 시인이었던 미야자와 겐지[宮沢賢治, 1896~1933]의 필적에서도 鞍[안장 안]의 부수가 革[가죽 혁]에서 馬[말 마]가 되어 있는 것이 있었다. 가죽[革]이라는 소재에서 대상이 되는 말[馬]이라는 동물로 치환된 것이다. 지명표기에도 이것을 쓰고 있는 걸 보면 미야자와 겐지의 내면에서 이 문자가 정착되었음을 엿볼 수 있다. 소재보다 살아있는 생명체를 의식하다 보면 이러한 치환이 일어날지도 모른다.

예를 하나 더 들자면 아쿠타가와 류노스케[芥川竜之介, 1892~1927]는 『지옥변(地獄変)』에서 輌[시토네: 수레깔개][4]를 사용했는데 이것은 활자가 되었다. 같은 독음과 의미를 갖는 茵[수레깔개 인]이 옆에 있는 輫[하코: 수렛간]에 영향을 받아 변형된 말하자면 원격 동화라고 볼 수 있다.

이처럼 작가 등 저명인의 자필 원고에 그 사람 특유의 글자가

4 옮긴이: 『지옥변』 원문에 해당 한자의 독음으로 とこ[도코]가 달린 판본은 확인했으나 しとね[시토네]로 된 판본은 찾지 못했다. 다만 어느 독음이든 '수레 안에 사람이 앉는 자리'로 해석할 수 있다.

있는 경우, 설령 그것이 본인이 잘못 쓴 것일지라도 실수임을 누구도 인지하지 못한 채 편집자나 인쇄소를 통과하거나, 반대로 원문의 모습을 고스란히 번각하여 전하고자 그대로 활자가 되는 사례가 발생한다. 그것을 통해 독자의 이해자에 편입되어 다시 의식적으로 혹은 무의식적으로 재생산될 가능성을 내포하고 있는 것이다.

때때로 개개인이 만들어 내는 이러한 개인문자의 자체가 서로 상관 없는 여러 사람의 손에서 만들어지기도 한다. 이는 앞서 서술한 바와 같이 충돌이라 불리는 현상이지만 용법까지도 일치할 경우에는 암합(暗合)으로 간주할 수 있다. 그 중에서도 잘못 적은 자체라고 생각되면서 동시에 영향 관계 없이 복수의 사람들 사이에 그것이 자주 쓰이는 경우라면 공통 오자라고 생각해야 할 것이다.

미야자와 겐지가 만든 76획짜리 글자

미야자와 겐지는 생전에는 거의 무명 작가였지만 사후 정리된 유고 속에서 수많은 명작들이 재조명되어 독자들의 꾸준한 사랑을 받게 되었다. 그 유고 가운데 「이와테 경편철도의 1월[岩手軽便鉄道の一月]」이라는 시가 있다. 거기에는 다른 글자보다 약간 크게 쓴 위와 같은 글자가 있다. 이 鏡[거울 경]을 4개 합친 글자는 한화사전에도 수록된 바가 없는데 그 획수는 76획에 이른다. 독음은 명시되어 있지 않다. 다만 미야자와 겐지의 초기 원고에서는 鏡으로 되어있고 또한 이 시 앞뒤로는 거울[鏡]이 대응하기 때문에 이것도 '가가미[거울]'로 읽어도 무방할 것이며 실제로 그렇게 읽어서 부른 노래도 만들어졌다. 오리나무는 수꽃 차례를 4개 정도 늘어뜨린다. 그것이 얼어붙어 빛에 반사되어 반짝이는 모양을 이처럼 특별한 글자를 만들어 시각적으로 표현하고자 했을 것이다. 이것은 미야자와 겐지의 작품집 등에 정히 수록되어 있고 독음도 거의 확실하다. 미야자와 겐지의 개인문자라고 부를 수 있는 것이었다.

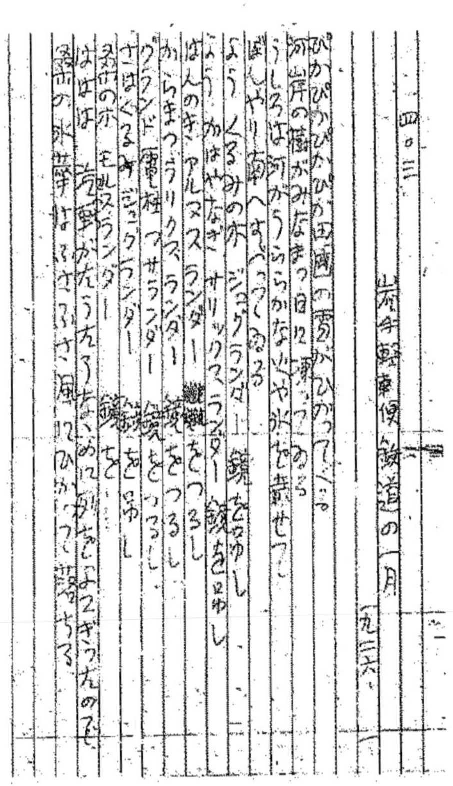

四〇三
岩手軽便鉄道の一月
一九二六・一・
ぴかぴかぴかぴか田園の雪がひかってくる
河岸の樹がみなまっ白に凍ってゐる
うしろは河がうららかな火や氷を載せて
ぼんやり南へすべってゐる
ようくるみの木ジュグランダー鏡を吊し
ようかはやなぎサリックスランダー鏡を吊し
はんのきアルヌスランダー [illegible] をつるし
からまつラリクスランダー鏡をつるし
グランド電柱フサランダー鏡をつるし
さはぐるみジュグランダー鏡を吊し
桑の木モルスランダー鏡を……
ははは汽車がたうたうなゝめに列をよこぎったので
桑の氷華はふさふさ風にひかって落ちる

'403 이와테 경편철도의 1월 1926. 1. 17.
(四〇三　岩手軽便鉄道の一月　一九二六·一·一七)', 자필 원고[5]

5 『春と修羅』第二集収録, 宮沢賢治記念館蔵.

새로 만든 문자가 교과서와 JIS 한자로

평론가 요시모토 다카아키[吉本隆明, 1924~2012]의 「해시계편[日時界篇]」 상권에는 "黙い風が[검은 바람이]", "真黙だ[새까맣다]" 등 黙이라는 글자가 사용되었다. 이것은 黑[검을 흑]과 玄[검을 현]으로 이루어져 있고 玄은 '현미(玄米)'라는 단어처럼 '검정색, 검다'를 의미한다. '검정색' 두 개를 겹쳐서 강조한 검은색을 의미하는 회의자(會意字)를 만든 듯 한데 실은 한화사전에서도 국어사전에서도 찾을 수가 없는 글자이다. 요시모토 다카아키가 만든 글자이고 본인만 사용한 글자, 즉 개인문자인 것 같다.

黙

黝[검푸른빛 유]라는 한자라면 자주 사용되기 때문에 어쩌면 이 黝의 幼 부분과 글자의 생김새 상 닮은 점이 있고, 동시에 '검정'이라는 의미가 통하는 玄과 뒤섞여 치환된 것이 아닐까하는 추측도 해 본다. 그는 같은 글자를 다른 곳에서도 "水は黙くて[물은 검고]"와 같이 사용했다. 이 글은 문부성(현 문부과학성)의 검정을

거쳐 고등학교 교과서(현대문)에 실리게 되었다.

학교 교과서는 1,500권 정도에 이르는데 JIS 한자를 제3, 제4 수준으로 확장할 때에는 그러한 교과서 안에서 사용된 한자에 대한 철저한 조사를 분담해서 실시했었다. 그 결과 당연히도 𪫧가 발견되었기 때문에 오자인지 여부에 대한 충분한 검토 없이 JIS 한자 제4수준으로 채택되었다. 그에 따라 다른 국제적 문자 규격인 'ISO 규격', 나아가서 '유니코드'에도 수록되게 되었고, 또한 많은 한화사전에 코드와 함께 수록되기에 이르렀다. 국제적인 문자코드가 부여되었으니 전 세계 컴퓨터에서 사용할 수 있게 되는 것이다. 이렇게 되면 개인문자의 범주를 넘어 다른 사용자가 나타난다 해도 이상하지 않을 것이다. 또한 𪫧라고 적을 요량으로 이 글자를 사용하는 사람이 있을지도 모른다.

사실 앞의 轜도 마찬가지 과정을 거쳐 JIS 한자와 유니코드에 채택되었다. 이러한 형태로 글자의 쓰임이 확장되는 것은 현대의 한 특징이라 할 수 있을 것이다. 또한 발생 초기부터 그것이 확산된 경위를 사회적으로 추적할 수 있다는 점에서도 흔치 않은 사례라 할 수 있다.

노트의 문자

돌아가신 처 할아버지의 책장을 정리하던 중 표지에 각기 "국어학 하시모토[橋本] 교수", "언어학 후지오카[藤岡] 교수"라고 펜으로 적혀 있는 대학노트가 한 권씩 나왔다. 처 할아버지는 1921년부터 1925년까지 도요[東洋]대학을 다녔다고 하는데 해당 대학의 기록 등에 따르면 하시모토 신키치[橋本進吉] 박사(당시 도쿄제국대학 조수)와 후지오카 가쓰지[藤岡勝二] 박사(당시 도쿄제국대학 교수)가 출강한 강의 내용을 받아 적은 것으로 보인다. 그 노트들의 내용은 지금도 변하지 않은 학설도 많고 또한 출판된 다른 노트에서는 볼 수 없는 기재사항도 있어 흥미꺼리가 끝이 없었으나 그 중에서도 우선은 그 노트의 스타일이 이목을 끌었다. 국어학 노트가 가로쓰기 문장체로 정성껏 적혀 있는 것이 신선하게 다가왔다. 1945년 이전의 강의는 교수가 강의 노트를 읽어주는 방식이 많았다고 한다. 지금처럼 노트 필기를 배려한 판서는 상상하기 어려웠다. 교수가 읽은 문장을 학생들은 필사적으로 노트에 적어두고 집에 돌아가 다시 깔끔하게 옮겨 적는 식이었다. 그렇게 해서 깨끗하게 옮겨 적은 것이 남아 있었을 것이다.

깔끔하게 옮겨 적었다지만 거기에는 속기록의 속성을 띤 글자가 남아 있다. 圍[에워쌀 위]를 口 안에 亻를 넣은 자체로 적기도 했다. 圍로 적은 직후에 등장하는 것을 보면 囗는 임시로 급하게 만들어진 자체였을 가능성이 있다. 개인문자 중에서도 개인자체라 할 수 있을 것이다. 이런 부류의 약자는 당시의 등사판 인쇄에도 쓰였다. 또한 중세부터 만들어져 온 강의기록인 쇼모노[抄物]에서도 많은 수의 약자가 사용되고 창작되었는데 그것의 재현을 보는 기분이 들었다.

圍에 대해 일본에서는 중세부터 囲라는 약자가 만들어져 쓰여 왔다.[6] 음을 나타내는 韋의 아랫부분인 𠂢에서 유래하는 자체일 테지만 이 글자의 한자음과 동음인 고유어 い[우물]를 한자로 적은 井[우물 정]이 소리를 나타내는 것으로 인식되기도 한다.

오늘날에도 예컨대 고등학생이나 대학생의 노트에서 필기의 경제화가 진행된 약자를 찾아볼 수 있다. 수학 노트에는 나만 알아보면 된다는 생각으로 번거롭고 자주 등장하는 단어들을 練習問題[연습문제]를 緭, 問1[문제1]을 门1, 問2[문제2]를 门2와 같이 융합시켜 합자로 만드는 예가 개별적으로 발생하고 있다. 전자는 서

6 이 자체는 중국 자서에는 다른 의미로 실려 있기 때문에 충돌한다.

둘러 필기할 때에 뒷 글자가 앞 글자에 간섭하는 '동화'가 발단이 되어 그것을 반복하는 사이에 자연스럽고 편리함을 느껴 계속 사용하게 되었다고 한다. '문제1' 등은 門 안에 口[입 구]가 멋없어 보여 숫자로 바꿔 보았더니 썩 마음에 들기에 사용하게 되었고, 그것이 같은 반 친구들에게까지 확산되었고 노트 제출 시에는 선생님에게 주의를 받기도 했지만 줄곧 사용해 오고 있다는 보고도 있다. 학예사 과정을 이수 중인 학생이 歷史(역사)를 厂史가 아닌 厂史, 博物館(박물관)을 앞서 소개한 '도서관'의 경우처럼 한 글자로 ㊫으로 표기하여 효율화를 도모하는 예도 있다.

중국의 간체자에서 廣[넓을 광]에는 广, 廠[공장 창]에는 厂이 채택된 것은 일본인의 감각에 비춰을 때 어색할 수 있다. 그러나 일본인들도 노트나 메모에는 그러한 약자를 사용해 왔다. 그것을 활자로까지 가져오느냐 마느냐 하는 점에 차이가 있었던 것이다.

腺의 발명

- 우다가와 겐신의 개인문자에서 일반적인 한자로

'<편도선>이 붓고 열이 났다', '아이가 <이하선>염에 걸렸다'와 같은 대화는 일상생활에서도 흔히 접할 수 있다. 이것을 문자로 옮길 때에 '편도선'은 扁桃腺, '이하선'은 耳下腺이라는 한자표기로 적곤 한다. 여기에 등장하는 腺(선)이라는 글자는 이 밖에도 '임파선(淋巴腺)'이나 '땀샘[汗腺]', 그리고 '선병질(腺病質)' 등으로 자주 쓰인다. 이 腺은 중국에서 태어난 한자처럼 보이지만 실은 일본인이 만들어낸 글자, 즉 국자 가운데 하나이다.

림프액이나 땀 등의 체액이 솟아나는 샘[泉]과 같은 기관[月: 육달월]이라는 발상에 의해 만들어진 것으로 여겨진다. 그 탄생은 지금으로부터 200년 쯤 전 에도시대 후반 무렵의 일이었다. 당시에는 오래전부터 침투해 있던 한의학의 대척점에서 네덜란드[和蘭]에서 건너온 난방(蘭方)의학이 많은 난학자(蘭學者)들에 의해 눈에 띄게 발전하고 있었다. 한방에서는 인간의 장기를 '오장육부'라고 대략적으로만 분류해 왔으나 난학을 비롯한 서양의학의 해부와 관찰을 통해 세밀하게 분류될 수 있었다.

네덜란드에서 전해진 인체 해부도와 형벌로 죽은 이에 대한 실제 해부를 통해 전통적인 한방에서 개념적으로 결여되었거나 애매하던 장기와 신체기관이 속속 확인되면서 내과 지식이 정확해졌다. 그 가운데 중요한 것이 네덜란드어로 'klier(클리르, キリール)'로 불리는 기관이었다. 이것에 대해서 여러 학자들이 번역을 시도하였다.

우선 초기의 난학자인 스기타 겐파쿠[杉田玄白, 1733~1817]은 저서 『해체신서(解体新書)』(1774)에서 機里爾(キリイル)라는 한자로 표기하였다. 이것은 이른바 음역표기이며 오래 전 만요가나와 공통적인 방식이다. 그렇지만 편도선을 巴旦杏核機里爾(アマンデレンキリイル)라고 하는 등 자주 사용하는 말 치고는 너무 길었다. 아직은 일단 이해를 위한 번역의 단계에 있었다고 할 수 있다. 또한 우다가와 겐즈이[宇田川玄随, 1756~1798]는 『서설내과찬요(西説内科撰要)』(1796, 1797년 간행) 機里爾와 그것의 약자인 机里尔를 사용하고 있다.

그 후 스기타 겐파쿠의 책을 오쓰키 겐타쿠[大槻玄沢, 1757~1827]가 개정한 『중정 해체신서(重訂解体新書)』에서는 吉離盧(キリヽル)라는 새로운 음역표기로 대처하고자 했다. 그러나 반드시 타당한 번역어는 아님을 자인하고 더 좋은 번역어를 찾는 것이 훗날의 과제라고 말하였다.

이 吉離盧를 肺[허파], 腸[창자]나 骨[뼈] 등과 붙여놓는다면 글자 수도 고르지 못하고 적는 수고스러움도 크다. 또한 음절수에서 비롯되는 단어의 리듬도 다른 신체기관의 명칭에 비해 이질적이다. 그래서 네덜란드어 음역어를 외래어로서 수용하는 것을 포기하고 새롭게 한자어를 만드는, 즉 기존의 한자를 이용하여

조어를 시도하는 사람들이 나타나게 된다. 예를 들어 오츠키 겐타쿠는 기관의 기능과 의미적으로 부합하는 한자 두 글자를 조합한 濾胞(여포)라는 단어를 만들어냈다. 우다가와 겐즈이의 양자이며 스기타 겐파쿠의 제자이기도 했던 우다가와 신사이[宇田川榛齋, 1769~1834][7]이라는 난학자는 음역어를 취한 『해체신서』의 흐름을 좇아 '幾里児'를 사용하다가 가타카나로 キリール[키리르]라고 표기하기도 하다가 역시나 의미를 염두에 둔 한자 표기인 滲胞(삼포)라는 새로운 단어를 고안해 사용하기도 했다.

이러한 시도를 통해 우다가와 신사이는 보다 적절한 번역어를 추구했고 마침내 새로운 글자를 만들어낸다. 그는 처음에는 한의학을 공부했기에 한자에도 조예가 있었을 것이다. 그는 1805년에 간행된 난방의학의 집대성 『서설의범제강석의(西說醫範制綱釋義)』의 본문에서 '腺'이라는 글자를 다수 사용했다. 그 중에는 腎腺[신장선]이라는 단어도 보인다. 우다가와 신사이는 이 글자에 '新製字[새로 만든 글자]'라고 주기를 달았고 발음은 泉이라고 명기했다. 처음에는 본인만 사용하는 개인문자에 불과했다.

7 우다가와 겐신[宇田川玄真]이라는 이름으로도 알려져 있다.

난학자들이 만든 글자들

이것 전후로 다른 난학자들도 다양한 글자를 만들어냈다. 오쓰키 겐타쿠의 제자인 우나가미즈이오[海上隨鷗, 1758~1811]는[8] 腺에 맞서 膸라는 몹시 난해한 글자를 고안하여 저서 『팔보(八譜)』에 직접 사용하였다. 이것은 膍로도 줄였는데 篩[체 사]의 이체자 簁의 彳를 月로 바꾼 것으로 보인다. 『팔보』에는 그밖에도 우나가미즈이오가 만든 글자가 대량으로 사용됐는데 그것들은 독음도 분명하게 이해하기 어려우며 언어를 표기하는 문자로서 근본적인 성질이 약하다. 더욱이 『팔보』가 출판되지 못 한 터라 몇 안되는 제자들이 모방한 것 외에는 많은 이의 호응을 얻지 못했다. 그의 학통을 잇는 이케다 도조[池田冬蔵, 1784~1836]도 『질측궁리해장도부(質測窮理解臟圖賦)』(1823년 간행) 등에서 한자표기 泌胞(비포)에 가타카나 독음 キリール를 곁들여 나타내었다.

또한 우나가미즈이오는 이를 응용하여 腺의 일종인 전립선을 溍膸, 흉선(胸腺)을 䏶이라는 글자를 만들어 표기했다. 또한 그

8 이나무라 산파쿠[稲村三伯]의 호.

것을 계승한 노로 덴젠[野呂天然, 1764~1834]은 전립선에 대해 그럴듯한 구성요소를 가진 肱이라는 한자를 찾아내고 그것을 肽으로 고쳐 사용했다.[9] 이들은 현학적이고 이해하기 어렵다. 또한 신구 료테이[新宮涼庭, 1787~1854]가 '임파선'을 腨으로 표기하는 등 개별 기관마다 새 글자가 만들어졌다.

이처럼 한 기관마다 하나의 국자를 만들어 간다면 사용자가 외워야 할 글자와 독음 수가 엄청나게 많아진다. 체계적으로 이해하기도 힘들고 일일이 다 외울 수도 없는데다 손으로 적기도 어려웠기 때문에 실용성을 상실해 갔다.

한편, 腡이라는 기존의 한자가 腺에 해당한다고 하는 한의학자 미타니 고키[三谷公器](膔와 吉力児도 사용함)나 '옛 성현'의 방안을 뒤엎고 腺 등의 글자를 날조해내는 것은 사람들을 속이는 것이라고 비판하는 이시자카 소케이[石坂宗珪]까지 등장했다. 이들은 한의학을 끌어들인 주장 자체에 오류가 있었기 때문에 널리 확산되지 않았지만 난학자 중에서도 다카노 조에이[高野長英, 1804~1850]는 '羅胞(나포)'를 사용해 보는 등 腺이라는 글자를 사용한 용어가 보급에 이르기까지는 우여곡절이 있었다. 에도시대는

9 野呂天然,『生象止觀』, 1815, 참조.

이러한 '개인문자'를 만드는 시도가 실은 다양한 분야에서 행해지고 있었다.

腺은 왜 정착하였는가?

그러한 가운데 腺은 우다가와 신사이가 막부의 천문번역관[天文翻訳方]으로 활약하고 제자를 배출하여 그 제자들이 점차 모방하게 되자 일문의 집단 문자로서의 성질을 띠게 된다. 또한 『서설의범제강석의』에 더하여 『증보중정 내과찬요(增補重訂內科撰要)』 등 의사들의 필독서를 간행함으로써 출판이라는 미디어를 우군으로 삼으면서 지방 의사들에게까지도 전파되었고 19세기 중에 다른 번역어를 압도해 갔다.

우다가와 신사이 자신은 '硬結腺腫(경결선종)', '腋腺腫痛(액선종통)' 등 새로운 번역어도 양산했다. 내과 이외의 분야에도 파급되어 1815년에는 스기타 겐파쿠의 아들 스기타 요[杉田豫, 1786~1845]가 『안과신서(眼科新書)』에서 '涙腺[눈물샘]'이라는 새로운 용어를 사용하였다. 확실히 '涙キリール[눈물 클리르]'보다는 일본어로서 익숙한 용어로 느껴졌을 것이다. 우다가와 신사이의

양자 우다가와 요안[宇田川榕庵, 1798~1846]은 『세이미개종[舍密開宗]』 등의 저서에서 耳腺 등 腺을 다용하였고, 식물학 분야에서도 '蜜腺' 등의 신어가 만들어졌다.[10] 이처럼 腺은 새로운 단어를 만들어내는 힘을 발휘하면서 지속적으로 확산되었고그때까지 앞서 언급한 다른 글자를 사용하던 난학자들 중에도 腺으로 전향하는 사람들이 나타난다. 에도막부 말기에 일본 전국의 거의 모든 의사들은 『증보중정 내과찬요』를 읽고 공부했다고 일컬어진다. 종국에는 『영화대역 수진사서(英和對譯袖珍辭書)』(1867년 재판간행)라는 영일사전에는 클리르가 아닌 영어 gland 등의 일본어 번역으로 腺이 게재되기에 이르렀다.

이렇게 해서 단 한사람이 만들어 사용하던 腺은 어느 유파의 문자라는 좁은 범위를 뛰어넘어 의사들 사이에서 공통되게 쓰이는 보편적인 문자가 되었다고 할 수 있다. 이러한 경위로 메이지시대 직전에는 서양의학 안에서 확고한 지위를 획득했고, 메이지 유신 후에는 그 존재가 사회 전반에서 인식되어 갔다.

메이지 시대 초기 이후에는 서양의학계에서 완전히 정착했다. 개인문자를 과거의 유산일 뿐이라고 단정할 수는 없다. 일본

10 宇田川榕庵, 『理學入門植學啓原』, 1834. 참조.

에서 만든 한자는 중국에서 만든 한자와 달리 '속자'이므로 사용해서는 안 된다는 의견이 에도시대에는 일각에서 주창되었다. 그러나 개인문자였던 腺은 200년의 세월을 거쳐 일반 한자와 동일한 위상을 갖게 되었다. 자주 쓰는 한자의 대부분은 제 각각의 역사를 밝힐 수 있다면, 사실은 이와 같은 과정을 각기 거쳐 온 것이 아닐까?

腺*은 상용한자에 포함되지 않았던 때에도(2010년에 상용한자표에 추가) 당용한자의 후보로 거론되기도 했다. 그것을 주장한 일본신문협회와 일본방송협회(NHK)에서는 대부분의 독자가 읽을 수 있는 한자로 간주하여 글자 옆에 가나로 독음을 달지 않고 사용했다. 개인이 발명해서 혼자서만 쓰던 글자가 하나의 문파에서 공유되는 위상문자가 되고 다시 범위를 넓혀 의사들 전체가 공유하는 글자, 나아가서 일반사회에서도 인지되는 글자가 된 것이다. 개인문자라 해도 이처럼 성질이 변화할 가능성을 지닌다. 중국에서도 청나라 말부터 기존의 선교사들이 창안한 번역어 核(핵) 등을 대체하여 腺[xiàn][11]으로 쓰이고 있다. 하지만 대부분의 사람들은 이 글자가 일본에서 만들어진 것을 모르는 듯 하다.

11 이것은 線과 같은 발음이며 泉[quán]과는 다르다.

또한 腺은 한국에서도 조선 말기 무렵 일본으로부터 받아들여 쓰고 있는데 泉(천)이 아니라 線(선)과 같은 발음으로 정착했다. 근래의 국어순화 운동의 일환으로 '샘'이라는 고유어로 대체하게 되었다. 다만 '샘'은 泉을 뜻하는 단어이므로 우다가와 신사이가 "音泉[발음은 泉과 같다]"이라고 명시한 것이 먼 요인으로나마 작용했다고도 볼 수 있어서 그것의 영향이 잔존한다고 할 수도 있겠다.

腺이라는 글자의 정착에는 융성했던 우다가와 신사이 문파의 세력과 출판이라는 미디어의 지원이 크게 이바지했다. 하지만 또 다른 요인으로 일본인들에게는 자획이 단순해 보였다는 점과 동시에 글자의 구성을 이해하기 쉬웠다는 점을 들 수 있다. 즉 오른쪽 방(旁)이 표음적으로 발음만을 나타내는 순수한 형성자라기보다는 의미도 암시하는 회의성(會意性)과 표의성을 겸비한 문자 자체의 특징이 주효했던 것이다. 그리고 개념 자체가 학술적인 측면뿐 아니라 생활에서도 빼놓을 수 없는 것인 데다 문자의 발음이나 어형의 측면에서도 일본어 안에서 잘 어우러질 수 있어서 단어를 생산하는 힘을 내재했다는 점도 지적할 수 있다. 그렇기 때문에 체계적으로 전문용어를 만들어내고자 했던 수요에 부응할 수 있었던 것이다. 그렇게 문자의 내외적 요건을 갖췄기 때문에 다양한 환경적 도태 과정을 거쳐서 선별되어 왔음을 알 수 있다. 그러한 장점은 線과 발음상으로나 외관상으로나 혼동하기 쉽다는 단점보다도 강력했던 것이다.

'鑵[キセル]'는 사이카쿠에게서 호쿠사이에게로

'키세루[キセル, 담뱃대]'란 단어는 오늘날에는 부정승차라는 의미로만 쓰인다[12]. 이것은 담뱃대의 형상이 양끝만 쇠[金=돈]로 되어 있다는 특징에서 착안하여 1920년대 이후에야 나타나는 용법이었다. 컴퓨터에서 입력해서 변환하면 한자 표기는 '煙管'만 나오는 경우도 있다.

키세루는 에도시대가 시작될 무렵[17세기 초] 일본에 전래되었으며 파이프를 뜻하는 캄보디아어 khsier에서 유래했다는 설이 유력하다. 표기는 가나로만 적기도 하고 煙管이 일반적이며, 그 밖에 希施婁, 喜世留와 같은 만요가나식 음역표기나, 煙盃, 煙筒, 背炉, 吸煙管 등 한자의 뜻에 기초한 표기가 이루어졌다.

12 옮긴이: 들어가는 역과 나오는 역 근처 짧은 구간 표를 끊어서 나머지 탑승구간 요금을 지불하지 않는 부정승차행위를 나타낸다.

𥶡

이것에 𥶡이라는 글자를 만든 것은 이하라 사이카쿠[井原西鶴]이다. 1687년에 간행된 두 작품에 등장한다. 『남색대감(男色大鑑)』 권6과 『후토코로스즈리[懷硯]』 권1, 권2이다. 한 단어를 한 글자로 나타내고자 하였을 것이다. 담뱃대는 일반적으로 담뱃잎을 채워 넣는 금속부분, 대나무로 만든 대롱, 담배연기를 빠는 금속부분으로 구성되어 있다. 그래서 대나무[竹]와 금속[金] 그리고 그것을 쥔 손[手]으로 글자를 구성한 것이다. 현존하는 표기는 행초서로 되어 있어서 재방변[扌]은 나무목변[木]처럼도 보이지만 재질로 보면 역시 재방변이지 않을까? 金을 全으로 번각한 문헌도 있지만 그렇게 보기는 어렵다.

왼쪽, 오른쪽 하단: 이하라 사이카쿠[井原西鶴] 『후토코로스즈리[懐硯]』
오른쪽 상단: 『남색대감(男色大鑑)』
(모두 와세다대학 도서관 소장)

이들 글자는 이하라 사이카쿠가 만든 글자, 즉 개인문자였다. 판목을 만들기 위한 밑글씨를 적는 사람의 영향도 생각해 볼 수 있지만 여러 상황으로 보아 역시 이하라 사이카쿠 본인이 다양하게 적은 것임을 알 수 있다.

그런데 이하라 사이카쿠가 창작한 이 글자가 한 세기 남짓의 공백을 지나 다시 되살아나 세상에 나오게 되었다. 가쓰시카 호쿠사이[葛飾北齋, 1760~1849]가 그려 1823년에 간행된 도안집 『이마요 셋킨 히나가타[今様櫛鍂雛形]』에서는 '鍂(きせる)', '鍂(きん)之部'에서 사용되었다. 빗[櫛]과 담뱃대의 그림본을 무수히 모은 서적이므로 櫛[빗]이라는 한 글자에 담뱃대도 한 글자로 짝을 맞춰 적고 싶었을 것이다. 이 책에는 통속소설 작가 류테이 다네히코[柳亭種彦]가 1822년에 적은 서문이 있는데 거기서도 이 글자가 사용되었다. 류테이 다네히코의 『류테이키[柳亭記]』에 이하라 사이카쿠가 단어의 표기에 사용한 글자에 관한 대목이 있는 것으로 보아, 류테이 다네히코가 가쓰시카 호쿠사이에게 이 글자를 알려 주었을 가능성도 점쳐볼 수 있다. 더구나 구성요소인 金에서 비롯되었겠지만 이 글자에 새로이 '긴[キン]'이라는 한자음을 추가하여 한자로서의 용법을 확장한 점이 주목된다. 빗과 함께 나열된 담뱃대 그림을 보고서 당시 독자들은 글자의 뜻은 쉽게 이해할 수 있었을 것이다.

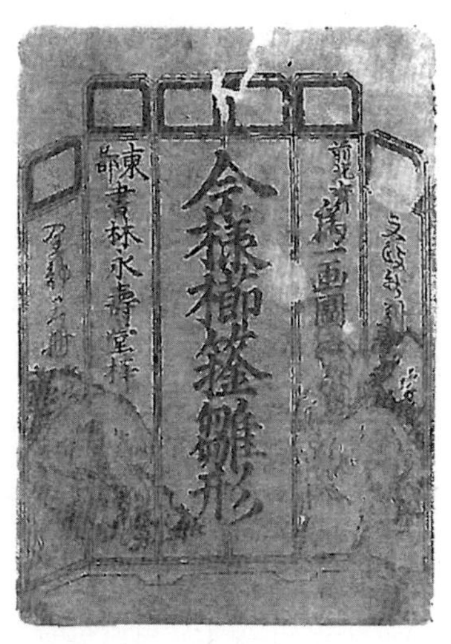

가쓰시카 호쿠사이[葛飾北斎] "이마요 셋킨 히나가타[今様櫛𥶡雛形]"의 책 포장
(가쓰시카 호쿠사이 미술관 소장)

이하라 사이카쿠의 책은 메이지 시대에 이미 활자로 번각되어 오늘날의 연구자와 일반 독자들이 읽고 있다. 또한 가쓰시카 호쿠사이의 이 책은 서적이나 잡지, 전람회 등에서도 소개되곤 했다. 이하라 사이카쿠의 우키요조시[浮世草子]에서 가쓰시카 호쿠사이의 우키요에[浮世絵] 견본으로 계승된 문자와 그것의 배경이 된 에도 사람들의 재치와 멋을 독자들은 향유한 것이다.

이것은 개인문자가 다른 개인에 의해 일시적이나마 되살아났던 것으로 볼 수 있다. 이런 현상은 다양한 차원에서 일어난다.

이하라 사이카쿠는 이밖에도 글자를 만든 흔적이 있다. 『남색대감』 권1에는 "あゝ現(うつゝ)か⿰目彡(まぼろ)しか[아아 현실인가 꿈인가!]"라는 대목이 있다. 『일본영대장(日本永代藏)』 권1에는 "天地(てんち)は万物(はんぶつ)の逆旅(げきりよ)。光陰(くはうゐん)は百代(はくたい)の過客(くはかく)浮世(ふせい)は夢⿰目覺(ゆめまぼろし)といふ。[천지는 만물의 역려요, 광음은 백대의 과객, 세상은 꿈처럼 덧없는 것이라더라.]"라며 ⿰目覺가 등장한다. 이것은 실물로 보면 目에 覺을 더 흘려적은 자형으로 나타난다. 중국에서 옛날에 予[나 여]를 거꾸로 뒤집어 幻[헛보일 환]을 만들었다는 발상과는 완전히 이질적이다.

사실 이하라 사이카쿠 이외에도 나라시대 이전까지 거슬러 올라가면 일본문학의 수많은 작품들에는 무수히 많은 창작문자들이 존재한다. 또한 그 범위는 문학 작품에만 머물지 않는다.

아사히 분자에몬의 암호

이하라 사이카쿠와 거의 동 시대를 살았던 오와리[尾張]의 관리 아사히 분자에몬[朝日文左衛門]은 일상의 다양한 일들을 일기에 기록했다. 그 일기에는 남, 특히 아내가 읽지 않았으면 했을 것들도 적혀 있음은 고사카 지로[神坂次郎]의 『겐로쿠 연간 다다미 담당관의 일기[元禄御畳奉行の日記]』(中公新書, 1984)를 통해 알 수 있다. 실제로 일기를 보면 다양한 개인문자가 사용되었음을 알 수 있다. 그 부분에 대해서는 스스로 글자를 만들어서 내용을 은닉하려 했던 것이다. '大和矢凮'는 '야마토야[大和屋]라는 목욕탕[風呂]', '賖[미요. 기생의 이름]'와 같은 '암호문자'는 이미 해독된 상태다.

아사히 분자에몬이 남긴 문자는 비교적 알기 쉽다. '風呂[목욕]'은 또한 '几呂'로 적기도 했다. 그러나 다른 사람이 읽지 않았으면 하는 것을 자신만의 임시 문자로 남겼다는 목적은 간파할 수 있다. 문자의 본질은 다른 사람에게 정보를 전파하는 것인데 그것을 수행하지 못하게끔 마련된 이러한 글자들은 이하라 사이카쿠의 개인문자보다도 용도가 좁은 그야말로 암호인 셈이다. 자신에게만 정보를 갖게 하고 다른 사람에게는 전달되지 않는 것을 목적으로 한다는 그 발상 자체는 다른 이들의 일기에서도 볼 수 있는 것이며, 나중에는 이시카와 다쿠보쿠[石川啄木] 등처럼 로마자를 그러한 일종의 암호로 사용한 이도 있었다.

반복되는 말이지만 사실 거의 모든 한자는 그것의 기원으로 거슬러 올라가면 이름 모를 개인이 만든 것들이다. 어린 시절에 한자 비스무레한 것을 창작한 기억이 있는 이가 있을지도 모르겠다. 유치원생도 그런 행동을 하곤 한다. 또한 친구들끼리만 알아 볼 수 있는 자모표를 만들어서 편지에 사용한 기억은 없을까? 예를 들어 '그렇지만 [illegible]는 말이지'처럼 사람 이름 '도모미(tomomi)'를 못 알아보게 적기도 한다. 친구는 그것을 자음을 나타내는 Y(t), T(m)과 모음을 나타내는 □(o), ⊓(i)로 나눠서 해독한다. 그것은 길어도 몇 년 안에 서로 다른 반으로 나뉘거나 졸업을 하게 되면 역사 속에 너무도 쉽게 파묻히게 될 운명이다. 사용자가 사회인이 되고 나면 더는 이런 문자를 만들지 않게 된다. 그리고 그 어떤 도서관에 가서 어떤 책을 뒤져도 그것들을 찾아낼 수는 없다. 그러나 그들의 어린 시절에 자신의 또래 집단을 구축하고 유지하고자 분명히 존재했던 것들이다.

제7장

일본인을 위한 한자란?

한자는 고유어를 가린다

한자는 본래 한자어를 표현하기 위해 만들진 것임에 대해서는 이미 언급했다. 그 한자로 일본어 단어를 나타내기 위해 부여된 것이 훈이다. 여기에서부터 한자와 일본어 단어의 상호작용이 시작된다. 音이라는 글자는 일본어의 おと[오토]와 ね[네]를 나타낼 수 있다고 「상용한자」에 의해 규정되어 있다. 따라서 일본어 단어인 むしのね[무시노네: 벌레 소리]를 虫の音라고 적으면 다른 사람이 むしのおと[무시노오토]라고 읽는 사태가 벌어진다[1]. 일본어 어휘의 미묘한 뉘앙스 차이가 한자에 의해 하나로 뭉뚱그려지는 경우가 있는 것이다. 또한 開く는 あく[아쿠: 열리다]와 ひらく[히라쿠: 열다]라는 비슷한 일본어 단어를 한데 묶고 있지만, 독음을 가나로 달지 않는 한은 문맥을 통해 추정해 볼 수는 있겠지만 글쓴이가 의도한 독음을 정확하게 가려 읽기는 어려울 것이다.

그와는 반대로 일본어 단어로는 본래 구별이 없던 かえる[가

1 옮긴이: ね와 おと는 모두 '소리'를 의미한다. 그러나 ね와 おと 사이에는 그 '소리'를 어떻게 평가하는가(긍정적, 부정적, 중립적 등)에 따른 미묘한 차이를 내포한다.

에루: 바꾸다]를 代える, 替える, 換える로 구분해 쓰기도 한다[2]. 이러한 중국어적 발상에서 받은 영향은 한자의 훈을 사용하는 이상은 벗어나기 힘들다. はかる[하카루: 재다]도 測る, 計る, 量る[3]를 얼마나 완벽하게 구별해서 구사하고 있을까? 물론 이는 양날의 칼과도 같아서 자동차를 세우는 행위에 대해서 止める가 아닌 停める[일지정지하다]와 駐める[주차하다]로 문장으로 설명하지 않고도 표현할 수 있다. '아내를 찾는다[さがす]'고 했을 때에도 捜す와 探す 사이에는 정황의 차이[4]가 분명해진다는 편리함도 있다.

일본어 단어 はやし[하야시: 숲]와 もり[모리: 숲]는 본래는 나무의 수량이나 밀집도에 따른 명확한 구별이 있는 것은 아니었다. 각각을 한자 林[수풀 림]과 森[수풀 삼]으로 표기하는 관습이 일본에서 독자적으로 정착된 것은 그러한 이미지의 고착화와 관련이 깊다. 즉 글자의 시각정보가 주는 인상과 일본어 단어의 의미의 변화에 상관관계가 생기는 것이다.

---

2 옮긴이: 대체로 代える는 '대신하다', 替える는 '교체하다', 換える는 '전환하다'와 같이 구별해서 쓰는 듯 하지만 명확한 구분은 아니다.

3 옮긴이: 測る는 '(양을) 재다', 計る는 '(개수를) 헤아리다', 量る는 '(무게를) 달다'와 같이 구별해서 쓰는 듯하지만 명확한 구분은 아니다.

4 옮긴이: 가령 捜す는 '(기혼자가 실종된) 아내를 찾는다', 探す는 '(미혼자가 미래의) 아내를 찾는다'로 각기 다른 정황을 상정해 볼 수 있을 것이다.

더욱이 한자 표기에 의해 일본어 단어의 본모습이 가려지는 경우가 있다. 일례로 일본어 단어에 대한 어원의식을 들 수 있다. 어원이라는 것은 어디까지나 일설에 머무르는 것이 대부분을 차지하지만 그럼에도 '마나부[学ぶ: 배우다]는 마네부[真似ぶ: 흉내내다]'라는 말에 놀라곤 한다. 그 밖에도 가령 '세마루[迫る: 다가오다]'와 '세마이[狭い: 좁다]'가 서로 관련이 있는 건 아닐까하는 상상을 해 보지 않았을까? 또한 '미나토[港: 항구]'를 港이라고 적어 놓으면 자각하기 어렵지만 본래 '水の門[물의 관문]'이라는 뜻이며 '미즈우미[湖: 호수]'는 어원에 맞춰 표기하면 湖보다는 水海이다.

靉靆[아이타이: 애체]라는 한자어는 雲[구름 운] 옆에 ai라는 모음을 공유하는 愛[아이], 逮[타이]를 붙여 놓은 구성의 글자로서 구름이 낀모습, 어두운 모습, 그리고 안경을 뜻한다. 일본어의 たなびく[다나비쿠: (구름, 안개가) 옆으로 길게 뻗다]는 靉靆く라고도 적는다. 이것은 물론 한자어와 일본어 단어의 중층적인 표현이며 동시에 글자의 시각적 이미지 상으로도 재미있는 표기이다. 그러나 이러한 한자로 표기함으로써 도리어 たなびく의 たな[다나]가 棚[다나: 시렁, 선반]인지 여부처럼 단어의 구성에 대해 생각할 기회를 잃을 수도 있다. 한자에 이끌리는 것은 동시에 일본어 단어의 어원의식을 가로막을 위험성이 있으며 공과를 따져볼 필요가 있다.

이러한 한자가 일본어 단어를 가리는 현상이 극한으로까지 진행되면 단어를 나타낸다는 문자로서의 본질적인 기능을 상실하여 '독음'조차 애매한 기호가 되어 버리기도 한다. 선풍기 등의 전자제품에는 止[멈춤]나 切[끔]이라고 적힌 스위치가 있는데 이건 마음 속으로 뭐라고 읽으면 좋을까? きる[끄다], きり[끔], きれ[끄라], 드물게는 強(강), 弱(약)에 맞춰 음독한 せつ[절] 등 사람마다 각양각색의 답변이 돌아온다. 독음은 어느 것이든 상관이 없고, 의미가 직설적으로 들어오는 것을 필요로 한 것이다. 전통있는 과자점 간판에 御菓子司[과자점], 지도에는 至新宿駅[신주쿠역 방면], 안내 광고에는 於神宮球場[메이지 신궁 야구장에서] 등으로 적혀 있지만 司, 至, 於는 각각 뭐라고 읽는 걸까? TV의 버라이어티 프로그램에서는 출연자들의 발언 이외에도 심리상태까지 세심하게 '困。[곤란.]'이라든가 '凹。[낙심.]'과 같은 자막으로 내보내어 웃음을 자아내기도 한다.

휴대전화의 이모지에도 어떻게 읽으라는 것인지는 모르겠지만 뜻은 알 수 있는 것들이 있다. 휴대전화 이모지가 일본에서 개발되어 온 배경에는 이렇듯 언어를 초월하여 의사나 감정을 시각적으로 직접 전달하는 것에 익숙하다는 토양을 찾을 수 있지 않을까? 이처럼 독음은 정해져 있지 않지만 말하고자 하는 뜻은 충분히 이해할 수 있는 표의적인 표기가 일본에는 의외로 많다.

한자권과 '동문동종(同文同種)'

한자는 한자권 안에서 지속적으로 사용되어 오면서 각각의 사회가 갖는 다양한 사정, 여러 문화나 언어가 복잡하게 반영되어 왔다. 문화의 차이로 보자면 가령 산악 등의 경승지에 지명을 큼직하게 적어 놓는지 여부도 제각각이다. 어휘 면에서는 기원이 동일한 한자어를 공유하는 경우가 많은 것은 사실이지만 본래 음운 체계가 전혀 다른 별개의 언어이며 문법도 서로 이질적이라는 것을 잊어서는 안 된다. 일찍이 '동문동종(同文同種: 서로 문자와 인종이 같음)'이 강조된 적도 있었지만 분명 당나라 시절의 지식인들이라면 한문을 통해 의사소통을 할 수 있었을 것이고, 또한 필담을 통해 교역하는 사람들도 있었다. 그러나 각각의 언어를 표기하기 위해 사용되는 자종은 물론이거니와 개개의 글자에서도 형[형태], 음[소리], 의[의미]가 모두 각각의 언어에 맞게 독자적으로 변용되었다. 더욱이 한자를 조합하는 방식에는 각 언어의 문법적인 특징도 깊이 연관되어서 독특한 단어가 많이 만들어지게 되었다.

문자로만 이루어지는 국제교류는 내용이 복잡해질수록 오해의 근원이 되기 십상이다. 오늘날 필담으로 소통할 수 있는 것은 교류의 초입 단계까지일 것이다. 한문이 지식이나 실천으로서 각기 공유하고 있던 시대에는, 가령 일본인과 중국인이 필담으로 서로의 의사를 소통할 수 있었다. 동양에 선교하기 위해 찾아온 서양인들이 보았을 때 경이로운 장면이었고 그래서 철학자들은 앞 다투어 한자를 본뜬 '진정문자(眞正文字)'라는 문자를 새로 창작했을 정도였다.[5]

그렇다면 오늘날 한자권에서 한자는 공통의 문자가 될 수 있는가? 이 점에 대해 조금 자세히 검토해 보자.

각 나라에서 한자가 만들어지다

나라마다 사용하는 한자의 자종에는 차이가 있다. 특히 각국에서 새로 만든 한자는 의외로 많다. 중국어로 '당신'을

5 이윽고 이 한자는 기독교 선교를 방해하는 '악마의 문자'로 지목되기에 이르렀다.

뜻하는 你[nǐ]나 어머니를 뜻하는 妈妈[māma]는 중국에서는 매우 기본적인 한자이지만 일본어나 한국어에서는 쓰이지 않는다. '휘두르다'라는 뜻의 甩[shuǎi], '탁구'를 지칭하는 乒乓[pīngpāng] 등도 재미는 있어 보이지만 한국어나 일본어에서는 딱히 활용할 방도가 없다. 과학용어에는 새로운 한자가 많이 만들어져 지금도 전문용어 표기로 남아 있다. 예를 들어 '엔트로피[entropy]'를 나타내기 위해 '熵[shāng]'이라는 한자를 만들었다. 수소의 동위원소인 '氕[piē: 경수소]', '氘[dāo: 듀테륨, 이중수소]', '氚[chuān: 트리튬, 삼중수소]'은 장난으로 치부할 수가 없다.

반대로 일본에서는 널리 쓰이는 峠[고개], 畑[밭]나 扱[다룰 급], 堀[해자 굴] 등의 일본식 한자(국자)와 일본만의 국훈(國訓)은 현재의 중국어에서는 보통 쓰이지 않는다. 한국에도 垈[집터 대], 畓[논 답] 등이 지금도 전국적으로 쓰이고 있으며,[6] 베트남에서 예전에 쓰였던 𠀧[ba], 𡗉[bốn], 𢒂[năm] 등 대량의 '쯔놈[字喃]'에도 독자적인 것이 다수 확인된다.

현재 중국에서만 사용하는 한자는 일본인의 입장에서 보면 외국 문자로 의식되는데, 고유명사 등의 경우에는 일본어 안

6 이들은 일본이나 중국에도 동형이지만 의미가 다른 충돌문자가 있다.

에서도 사용되기도 한다. 앞서 소개한 你好[nǐ hǎo]의 你나 深圳[Shēnzhèn: 선전]의 圳, 한국인의 성씨 曺[7] 등이 그 예이다. 이러한 글자를 받아들일 때에는 현지 발음을 그대로 외래어처럼 받아들이는 경우와 일본한자음으로 바꾸는 경우가 있다. 중국어의 발음 기호인 拼音을 일본인들이 일본한자음인 ホウオン[호온]으로 읽지 않고 현지음을 옮긴 ピンイン[핀인]으로 통용되는 것은 전자의 사례이다.

'靑春'을 어떻게 읽는가?
- 발음의 차이

또한 한자 발음의 차이는 가장 두드러지는 특징이다. 각국 각지의 한자음은 거슬러 올라가면 당나라 때 장안 등지에서 쓰이던 발음에 기원을 두기 때문에 三[さん, 산], 豆腐[とうふ, 도후]가 중국에서 sān[싼], dòufu[더우푸]이고, 薬[やく, 야쿠], 看板[かんばん, 간반]은 한국에서 '약', '간판'으로 읽히는 등 발음이 비슷한

7 조, 본래는 중국에서 만든 자체.

사례가 있기도 하다. 그러나 그렇게 발음이 유사한 것은 오히려 예외적이며, 青春도 일본어로는 '세이슌'이라는 가벼운 울림을 갖지만 중국어로는 qīngchūn[칭춘], 한국어로는 '청춘'과 같이 격렬한 발음이 된다. 가타카나로는 정확히 표현할 수 없지만 이러한 중국어의 q, ch와 한국어의 'ㅊ'은 유기음이고, 각 음절 끝 자음은 중국어와 한국어 모두 ng, n으로 음절마다 달라서 일본어의 '세이슌[せいしゅん]'의 마지막 'ん'과는 다른 음성이다. 중국어에는 성조(사성)가 있는데 이 또한 가타카나로는 표현하기 어렵다. 서로의 인명과 지명을 어떻게 표현하는 것이 최선일지는 여전히 모색 중에 있다고 볼 수 있을 것 같다.

銀行은 ぎんこう[긴코], yínháng[인항], 은행[으냉], 社會는 しゃかい[샤카이], shèhuì[서후이], '사회'와 같이 제각각이다. 베트남어를 추가하면 必(필)을 tất[떳], 人民(인민)은 nhân dân[년전]이 될 정도로 음운의 차이가 크다. 호찌민 시내 등에서 BƯU ĐIỆN[브우디엔]이라고 적힌 건물은 한자로 바꾸면 郵電[우전: 우체국]이다. 또한 각 언어마다 관용음도 존재한다.[8] 일본어에서는 扱[미칠 급], 皿[그릇 명] 등처럼 훈으로 주로 쓰이는 글자는 음독에 대해 생각할 일이

8 일본의 예를 들면 輸[ユ: 수], 佳[ケイ: 가], 絢[ジュン: 현] 등을 들 수 있다.

거의 없으며, 국자에는 처음부터 음독이 없는 것도 존재한다.

手紙와 信과 便紙의 차이

한자의 용법은 각기 독자적인 전개를 보이고 있어 오늘날에 이르러서는 그 차이가 상당해져서 넘기 어려운 벽이 되었다. 예를 들어 '한권의 책'이라는 통상적인 표현에서 '권'에 대응하는 것은 일본어 冊[さつ], 중국어 本[běn], 한국어 卷(권)이며, '책'에 대응하는 것은 本[ほん], 書[shū], 冊(책)으로 조수사와 명사가 각각 보란듯이 어긋나 있다(물론 자체 등은 더더욱 다르다). 일본에서는 나가노현(県) 마쓰모토시(市)처럼 현 아래에 시가 있지만 중국에서는 거꾸로 시 아래에 현이 있다.

또한 사람의 이름에 사용되는 한자를 보면, 중국에서는 일본에서 그다지 사용하지 않는 玉(옥), 珍(진)을 사용한 사례가 매우 많고 또 靈(령) 자를 쓰는 여성도 있다. 한국에서는 玉, 珍 외에 東(동), 種(종), 그리고 植(식), 其(기) 등도 많이 사용하고 있다. 乭(돌)과 같은 한국의 국자도 찾아볼 수 있다. 일본에서는 1945년 즈음까지 龜[거북 구]가 인기를 누렸지만 지금은 狼[이리 랑]을 쓰고 싶다는 부모들의 요청이 등장하는 실정이다. 동물 자체가 갖는 이미지가 변화했음을 알 수 있는데, 일본은 독특한 양상을 보이는 중이다. 마찬가지로 일본에서 인명으로 쓰고자 하는 청원이 있었떤 妖[요사할 요]는 요정(妖精)이나 요염(妖艶)의 이미지에서 비롯된 것이겠지만 중국에서는 요괴(妖怪)나 유령의 이미지가 강하다고 한다.

2자 이상 단어에서는 중국과 비교하면 같은 한자를 쓰는 단어[同形語]일지라도 汽車(기차), 汽水(기수), 新聞(신문), 老婆(노파), 幽玄(유현) 등 의미가 어긋나거나 전혀 다른 것이 대단히 많다. 平和(평화)를 和平, 言語(언어)를 語言으로 글자 순서가 뒤바뀐 것도 있다. 手紙[데가미: 편지]라는 단어를 일본어를 모르는 중국 사람에게 보여주면 '화장실 휴지'로 오해한다고도 알려져 있다. 중국어에서 letter[편지]는 信(신)이라는 한 글자가 된다. 일본어에서도 '私信(사신)'이라고는 하지만 信 한 글자로는 신용 정도밖에 떠오르지 않을 것이다. 참고로 한국에서는 한자로 단어를 적는 일이 드물어졌지만 '편지'라는 단어를 사용한다. 이것을 한자로 적으면 '便紙'인데 우편(郵便)으로 주고받는 종이[紙]라는 뜻이겠으나[9] 이것도 중국 사람들이 보면 '화장실 휴지'를 연상하게 되고 일

9 옮긴이: 한국어에서 便紙(편지)는 '우편'이라는 단어가 일본에서 유입되기 전부터 존재했던 단어이다. 본래는 片紙였으나 늦어도 18세기

본인들도 마찬가지 반응을 한다. '남편'을 男便이라고 하는 것도 어째서 便[편할 편]을 쓰는지 중국과 일본 사람으로선 이해하기 어려울 것이다. 중국의 便当[biàndāng: 도시락]도 궁금할 수밖에 없다. 先生이라는 한자어의 의미나 쓰임새도 한중일이 각기 다르고 學習(학습), 工夫(공부), 勉强(면강)도 얽히고 설켜서 의미나 뉘앙스에 차이를 낳았다. 베트남에서는 博士[bác sĩ, 박씨]는 주로 의사를 가리키고 일본어의 박사는 進士[tiến sĩ, 띠엔 씨]로 과거제도가 있던 시절의 한자어가 전용되고 있다. 또한 쩐 번 토[Trần Văn Thọ] 와세다대학 교수에 따르면 베트남에서는 修士[tu sĩ, 뚜 씨]는 수도사를 가리킨다고 한다[10].

일본의 '珈琲'

한 가지 더 친숙한 예를 들어 보자. 일본에서는 커피를 음역표기인 珈琲로 적은 것을 거리, 특히 찻집에서 자주 볼

중반에는 便紙라는 표기가 등장했다. (연규동, 「한국 한자어 '편지(片紙/便紙)'의 형성 과정」, 『국어국문학』 194, 2021. 참조.)

10 옮긴이: 일본어에서 修士는 석사를 뜻한다.

수 있다. 대개 간판이든 메뉴든 珈琲라고 쓰여져 있다. 'ICE珈琲 HOT珈琲'라는 표지판을 내건 찻집도 있지만 이것도 가타카나로만 적은 것과는 차별화된 표현 효과를 얻을 수 있기 때문일 것이다. 이 효과를 노리고 캔 커피 등도 본격적인 풍미나 고급스러움을 나타내기 위해 역시 珈琲를 채택하고 있다. 이것은 일본에서의 표기이다.

커피에 대해서는 일본과 중국에서 실로 다양한 한자표기가 시도되어 왔다. 중국에서는 청나라 때부터 모리슨이 엮은 사전인 『오차운부(五車韻府)』(1819)에 나와 있듯이 '咖啡[kāfēi]'와 같이 입구변(口)으로 적어 왔다. 청나라 때의 야사를 모은 『청패류초(清稗類鈔)』 음식류에도 '飲咖啡'라는 항목이 있고, 톈진[天津]이나 상하이[上海]에 '咖啡店'이 있다고 서술되어 있다. 이러한 표기의 오른쪽 편방인 '加非'는 네덜란드어[koffie]나 영어[coffee]의 철자에서 유래한 '코히[コーヒー]'가 아니라, 영어 발음이나 프랑스어의 '카페[café]' 등에서 유래하는 중국 남방 표기일 것이다.

오늘날 중국에서도 입으로 마시니까 '입구변(口)'을 쓰는 표기가 되었다고 생각하는 사람도 있는데, 이는 본래 입구변 이외의 글자 구성요소[旁]로부터 표의성을 배제하고 의미를 지워서 소리만 나타내는 표음문자(음역자)로 사용하고 있음을 나타내기 위한 것이다. 예로부터 중국에서 불교경전의 한역(漢譯) 등에 사용되어 온 수법이었다. '口'을 사용하는 것은 다른 한자에 나타난 것처럼 '입에서 나오는 소리' 정도의 의미였을 것이다. 음을 나타내는 경우에 입구변(口)을 붙이는 예로는 '모르핀'을 뜻하는 嗎啡[mǎfēi]와 '카레'를 뜻하는 咖喱[gālí]와 같이 그 외에도 많이 있다. 후자는 일본에서도 레토르트 카레의 제품명에 쓰이곤 한다.

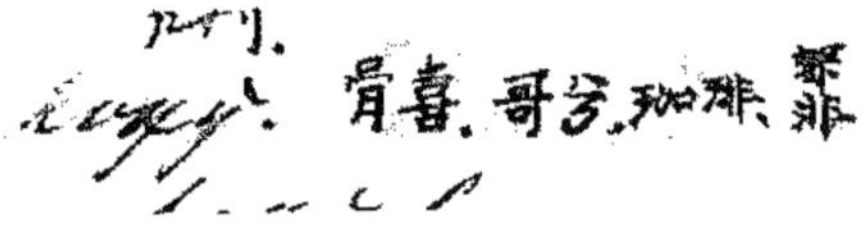

우다가와 요안(宇田川榕庵) 『박물어휘(博物語彙)』(와세다 대학 도서관 소장)

일본에서 커피를 나타내는 한자는 에도시대에 우다가와 요안[宇田川榕庵]이 잉크로 쓴 초고본인 『박물어휘(博物語彙)』에 등장하는 '珈琲'라는 구슬옥변(玉)을 갖는 한자가 메이지 시대에는 '咖啡'와 나란히 쓰였다. 모리 오가이[森鷗外]처럼 입구변이 들어간 글자를 선호한 이도 있었고 한편 아마누마 야스시[天沼寧] 씨가 말한 바와 같이 '珈啡'처럼 구슬옥변과 입구변이 혼재된 사례도 등장했다. 그러다가 점차 중국과는 달리 구슬옥변이 들어간 글자가 우세가 되어 정착하기에 이른 것이다. 이는 커피원두를 구슬에 빗댄 것이라고도 이야기되는데 아마 그럴 것이다.

또한 食[먹을 식]에 입구변을 더해서 喰이 되면 훈도 たべる[먹다]에서 くう, くらう가 되는 것처럼[11] 口가 붙는 것에는 무언가 직접적이고 생생한 뉘앙스가 느껴진다. 그래서 구슬옥변을 취함으로써 애둘러 표현함과 동시에 이미지를 향상시키려고 했을 수도 있다. 일본인은 중국의 豆腐脑(dòufǔ nǎo), 臭豆腐(chòu dòufu)라는 식품명에 놀라는 것에서 짐작할 수 있듯이 간접적인 표현을 선호하며, 게다가 글자의 시각적 구조로 표의성을 추구하고 이미지를 부풀리는 경향이 있는데, 구슬옥변을 취한 글자는 그것에 부합했을 것이다.

찻집 등의 상호에는 珈司[こうし], 亜羅琲珈[アラビカ] 등처럼 이러한 글자를 다양하게 응용하기도 한다. 1945년 이후에 생긴 도쿄도내의 찻집의 이름에 '珠珈'가 있었다. 첫 글자는 珈琲에서 유추하여 구슬옥변으로 맞춰 만든 글자일 것이다. 내가 방문했을 때에는 가게 주인이 바뀌어서 간판, 메뉴 등에는 가타카나로 'モカ[모카]'라고 적혀 있었고 한자로 표기된 상호는 전화번호부와 간판 하나에서 볼 수 있었을 뿐이었다.

11 옮긴이: くう와 くらう도 '먹다'라는 의미이지만 다소 거칠고 저속한 어감을 갖는다.

자체의 통일은 가능한가?

한자의 자체를 통일하면 모든 의사소통이 잘 될 것이라는 의견이 지금도 들려오곤 한다. 그것이 실현된다면 확실히 일정한 이해를 가능하게 해주는 편리함은 있을 것이다. 그러나 그 이전에 일본의 한자가 처한 사정은 차치하더라도 한국이나 특히 북한에서는 한자를 사용하지 않는 상황이고, 베트남에서는 한자를 완전히 폐지했다는 사실을 감안해야 한다. 한국에서는 실제로 간판도 한글표기가 대부분이며 한자로 표기 가능한 한자어라도 한자표기가 붙어 있는 것은 역시 드물다. 서울 시내에서는 危險도 대부분 한글로 '위험'이라고만 적혀 있었다. 한자가 존재는 하지만 장식품 같은 존재가 된지 오래다.

필자는 한국의 이화여자대학교에서 일본의 문자에 대해 강연할 기회가 있었는데, 그 때 일본의 거리에서 간판 등에 쓰이는 문자에 대한 실태조사의 경과를 소개하면서 가장 많이 사용되는 문자체계가 한자임을 이야기했다. 그러자 한국 대학생들은 하나같이 놀라워했다. 일본과 한국은 거리의 풍경도 어딘가 비슷한 부분이 있고 또 간판 등에 적혀 있는 것은 모두 고유명사나 명사, 수사가 대부분을 차지하는데, 한국에서는 거의 모든 간판이 한

글과 로마자, 아라비아숫자로만 되어 있다고 봐도 무방한 상황이기 때문일 것이다.

즉 한자의 자체를 통일한다 한들 그 한계가 자명함을 우선 보아야 한다. 애당초 제각각인 자체들 중 어느 것을 채택하면 좋단 말인가? 대만, 한국에서 쓰는 專, 일본의 신자체 専, 중국의 간체자 专 중 하나를 채택했다고 한다면, 세 가지 자체를 사용하는 각 주체들이 제각기 구축해 온 규범의식 등을 바탕으로 이질감을 표명하게 될 것이다. 실제로 컴퓨터상의 국제적 문자 기준으로서 제정된 유니코드에서 일본의 '骨'이 중국의 '骨'과 '자체통합(字體統合, unify)'된 때에는 강한 비판이 잇따랐다. 이런 감각을 서로 느끼게 되는 것이다. 신자체나 간체자를 보면 그저 자체라고 해도 각각의 언어에 입각한 변화를 거친 것이 있음을 알게 될 것이다.

일본에는 憂鬱(우울)이 忧郁이 되고 穀物(곡물)이 谷物로 바뀌는 것을 용납하기 어렵다는 사람이 적지 않겠지만 중국 학생들은 도리어 鬱(울)이라는 한자를 보면 대단히 놀라워 한다. 중국과 대만 간에도 차이가 있는 마당에 이미 자체를 간략하게 한 국가들에서는 이른바 강희자전체로 되돌리는 것에도 상당한 어려움이 따를 것으로 예상된다. 이러한 복잡한 인식과 걸림돌을 극복

하고 자체를 통일하는 것은 어렵다고 할 수밖에 없다. 한자는 각각의 언어 안에서 최적화를 모색해 왔다. 그리고 그것은 지금도 여전히 진행중이라고 보아야 할 것이다.

한자문화권이라고 부를 만한 것이 일찍이 분명 존재했었고, 상당한 변용을 거친 지금도 여전히 부분적으로는 통용될 만한 개념일 것이다. 그러나 그러한 변질을 거친 한자를 어떻게 파악하는 것이 좋을까? 그것을 위해서는 우선 각각의 언어를 학습하는 수밖에 없다. 문자는 언어를 표기하기 위해 생겨난 것이다. 중국어, 한국어, 그리고 베트남어를 외국어로 배우면서 그것과 얽혀 있는 한자를 관찰한다. 주변 국가의 언어와 한자의 발음과 의미를 함께 이해할 수 있는, 적어도 사전을 찾아서라도 이해할 수 있는, 그것은 교양이라 해야 할 것이다. 그리고 자신의 모국어라는 존재가 당연하게 여겨진다면 그것도 자각적이고 객관적으로 다시 바라보아야 한다. 그렇게 한다면 자국의 한자는 다른 나라의 한자와는 다른 존재이며 그것을 자국의 문자로서 존중한다는 것이 어떠한 의미인지를 몸소 실감할 수 있을 것이다.

일본어 표기에 적합한 한자

중국어는 언어의 형태로 볼 때 개별 단어의 형태가 변화하지 않는 '고립어'로 분류된다. 그러한 언어를 표기하는 데에는 한자는 적합하다고 할 수 있다. 시대에 따른 발음의 변화도, 드넓은 판도를 가진 나라라면 피하기 어려운 방언의 차이도, 한자가 지닌 표의성으로 감쌀 수 있는 것들이었다.

한편 중국과 달리 일본어는 명사나 동사, 형용사 등과는 별도로 조사, 조동사 등이 있고, 또한 동사 등의 활용어에는 활용어미가 나타나는 '교착어(膠着語)'에 속한다. 그것들을 구분해서 적는 데에는 한자와 가나가 공존하는 문자체계가 큰 도움이 됐다. 문절이 끊어지는 위치를 분명히 하고 가독성을 높였다는 점은 틀림이 없을 것이다. 더욱이 한자가 지닌 단어를 창조하는 힘을 이용할 수 있었기 때문에 세계적으로도 손에 꼽을 만한 풍부한 어휘를 갖게 된 것도, 그것을 통해 개념을 늘리고 과학과 문화 발전에 일정한 역할을 할 수 있었던 것도 부정하기 어렵다.

한자가 일본어 표현을 풍요롭게 만들어 온 것도 사실이다. 傾く[가부쿠: 자유분방하고 화려하게 행동하다]라는 단어에서 유래하는 歌舞'妓'[가부키]가 남자들만 연기하게 되면서 歌舞'伎'로 고쳐 적게 된 것처럼 실질의 변화에 입각해서 표기를 변화시키는 야무진 구석이 있다. '키리시탄'의 한자 표기가 吉利支丹에서 切死丹으로 바뀐 것도 마찬가지이다.[12] 또한 같은 もみじ[단풍]라도 黄葉과 紅葉 중 어느 것을 쓰느냐로 상황의 차이를 나타내고, いとこ[사촌]나 おじ·おば[부모와 같은 항렬의 어른]와 같은 단어도 한자를 통해 어느 정도 구분해서 표시할 수 있다.[13] きょうだい[형제]처럼 본래는 한자어 兄弟의 독음일지라도 실제 구성에 따라 兄妹[오빠/형과 언니], 兄姉[오빠/형과 언니/누나], 姉弟[언니/누나와 남동생] 심지어는 姉妹(자매)라고 쓰고 '형제'라고 읽는 일까지 벌어진다. 蘆(芦), 葦, 葭는 똑같이 あし[갈대]라는 훈으로 읽는다지만 한자가 다르니 종류도 다를까도 싶고, 柳와 楊, 蔵과 倉은 어떠려나[14]

12 옮긴이: '키리시탄(キリシタン)'은 포르투갈어로 '기독교도'를 뜻하는 크리스탕(Christão)에서 유래하는 말로 16세기 이후 일본의 로마 가톨릭 신도와 신앙을 의미했다. 당초 吉利支丹 등 긍정적인 글자로 음역되어 표기되었으나 엄격한 금교령이 실시되던 에도 막부에 들어서는 切支丹, 切死丹처럼 부정적인 인상을 주는 한자로 표기하게 되었다.

13 옮긴이: いとこ[사촌]의 한자표기는 성별과 나이에 따라 従兄, 従弟, 従姉, 従妹, 従兄弟, 従姉妹, 従兄妹, 従姉弟 등으로 적을 수 있다. おじ[부모와 같은 항렬인 남자 어른]와 おば[부모와 같은 항렬인 여자 어른]도 부모보다 나이가 많다면 伯父, 伯母, 나이가 적다면 叔父, 叔母로 적는다.

14 옮긴이: 柳와 楊은 やなぎ[버들], 蔵과 倉은 くら[창고]라는 같은 훈을 갖는 글자이다.

하고 찾아보게 되는 계기도 된다.

다만 한자는 앞에서도 말한 바와 같이 일본어의 본질을 뒤덮어 가리기도 한다. '扉が開く[문이 열리다]'라고 쓰는 순간 開く를 あく[아쿠]로 읽을지 ひらく[히라쿠]로 읽을지는 독자의 몫이 된다. 代える와 替える, 換える의 구분에 괴로워하는 것은 어떠한 의미가 있는 것일까? 또한 淫ら[미다라: 외설스러움]와 妄り[미다리: 함부로]와 乱れ[미다레: 혼란] 사이에 느껴지는 모종의 연관성이 한자의 시각적 인상에 의해서 차단되고 있지는 않을까? 筍[다케노코: 죽순], 茸[기노코: 버섯]을 '竹の子', '木の子'라고 적은 메뉴를 보고 신선함을 느끼는 것도 그러한 의미 상의 연관성을 새삼 깨닫기 때문이 아닐까?

$와 弗

- 외국문자와 일본문자

에도 시대에는 쇄국정책에도 불구하고 난학(蘭學)이 두드러진 발전을 보였다. 중국에서 축적되어 온 가치관이나 지견과는 전혀 다른 것을 일본인은 부심하면서 받아들였다. 腺이라는 글자를 만든 우다가와 신사이[宇田川榛齋]가 쓴 『원서의방명물고(遠西醫方名物考)』(1822)에는 범례에 서양의 도량형으로서 㕤로 '온스'를 나타낸다고 적혀 있다. 이것은 'Oz.'에서 유래하는 곡선적인 기호가 서양에 있었고 그것을 다시 한자에 가깝게 고친 것이다. 액량 온스에는 또한 㕤에 삼수변(氵)을 덧붙이게 된다.

이처럼 에도 시대에는 네덜란드 등 서양의 로마자 표기에 기초한 단위를 일본어의 문자열 안으로 가져올 때에 히라가나나 가타카나로 장황하게 적거나 尺(척), 貫(관) 등과 같도록 그 형태를 한자화할 필요가 있었다. 그렇게 함으로써 붓으로 쓰기 쉬운 형태가 되어 필기의 경제성에 부합하는 친근한 글자로 만들 수 있었을 것이다. 에도 막부 말기부터 등장한다고 알려진 弗[달러 불]도 그러한 흐름에서 본다면 결코 유희적인 한자 용법이라고는 할 수 없다.

『후쿠자와 전집 서언[福澤全集緖言]』[15]에 "어떤 학우가 서양 문장에 있는 달러 기호 $를 보고 일본어 문장에 이와 비슷한 弗자를 써서 달러라고 읽게 하였다"[16]고 전한다. "우리들 친구 사

15 福澤諭吉, 『福澤全集』, 時事通信社, 1897.

16 원문: 或る學友(がくいう)が橫文(わうぶん)にあるドルラルの記號(きがう) $を見て竪(たて)に似寄(によ)りの弗の字を用ひドルラルと讀(よ)ませ

이에서 만든 새로운 글자"[17]였으나 이것을 생각해 낸 학우의 이름은 잊어버렸다고 한다. 후쿠자와 유키치[福澤諭吉, 1835~1901]는 1855년에 데키주쿠[適塾]에 들어갔는데 그 무렵일까? 또한 일본의 국어학자 히로타 에이타로[広田栄太郎] 씨의 설명대로 시부사와 에이이치[澁澤榮一, 1840~1931] 등이 지은 『항서일기(航西日記)』의 1867년(慶應3년) 부분에도 弗이 보이므로 에도 막부 말기와 메이지 시대 초 무렵에 여러 사람들이 자연발생적으로 弗을 표기에 사용하게 된 것이라고 보아도 무방할 것이다. 사물의 형태를 한자로 비유하는 것은 井田法(정전법), 田字面(전자면)[네모진 얼굴], 金字塔(금자탑)[피라미드], 十字路(십자로)[사거리], 丁字路[삼거리], 丁定木[T자]처럼 한자권에서는 늘 쓰여온 방식이었다.

弗은 한문에서는 "斧鉞之威弗能禁[도끼의 위협으로도 금할 수 없다]"(『장자(莊子)』 등과 같이 부정사로서 일반적으로 쓰이는 글자이고 아직 이 글자를 당연스레 이해할 수 있는 소양을 가진 계층이 존재했던 시대였다. 한편 '문명개화'의 시기라고는 하지만 메이지 시대 초기에는 아라비아 숫자를 일본인에게 외우게 하는 것조차 꺼려지던 시절이기도 했다.

たる

17 원문: 吾々(われ／＼)友人(いうじん)間(かん)にて作りたる新字(しんじ)

그 외에 센트를 仙, 실링을 志, 파운드를 封, 프랑은 法으로 적는 것은 음역에 의한 한자표기에서 첫 글자를 딴 것이거나 혹은 첫 음절을 음역하는 방식인데, 역시 한자 한 글자로 받아들이는 정신은 공통적이다. 다스[dozen]를 打로 표기하는 것은 가타카나 ダ[다]로 줄였을 때에는 '다스'라는 독음을 떠올리기 어렵고 서양식 약호인 dz는 껄끄러운 가운데 한자를 훈으로 읽는 방식에 견주어 수용될 수 있었을 것이다. 이들 중에는 歐, 英 등 지명이나 국명에 대한 음역과 마찬가지로 중국에서 들여온 것이 있었을 수 있다.

$ 마크를 본 옛 사람들은 마찬가지로 한자적인 형태를 찾다가 弗에 다다랐고 그것을 전용한 것으로 보인다. 에도 막부 말기 일본인의 기지인 것이다. 弗이라는 글자의 시각에서 보면 새로이 '달러'라는 독음과 의미가 하나 늘어난 셈이다. 圓(円)이나 元 등으로 표기하기도 했는데 이는 헷갈리기 짝이 없었을 것이다.

한국에도 전해진 '弗'

이러한 弗의 용법은 중국에 전파되었다. 1915년에 간행된 『중화대자전(中華大字典)』에 실려 있다. 또한 한국에도 전해졌다. 오늘날 한국에서는 한자를 훈으로 읽는 일이 없기 때문에 弗이라고 적어서 달러라는 뜻을 나타내고 한국한자음인 '불'이라는 발음으로 읽는다. 한국에서는 한국어를 한자로 표기하는 일이 줄면서 달러도 한글로 '100불'과 같이 적게 되었다. 이제는 글자의 모양도 발음도 '달러'와는 아무런 관련이 없는 것이 되었다. 과거에 일본에서 받은 영향을 배제하고 국어를 순화하자는 운동이 국가 정책으로 거세지고 있는데 이 弗(불)도 弗素(불소)[18]의 경우처럼 문제로 인식되어 결국 사라지게 되는 것일까?

일본에서는 弗로 달러를 나타내는 것은 영화 제목이나 가게 이름에서나 볼 수 있는 정도이다. 원소명인 弗素(불소)는 네덜란드어 Fluorine를 일본의 난학자가 음역한 弗律阿里涅에서 비롯됐다. 지금은 한자 대신 가타카나로 고친 フッ素로 쓰는 경우가 많다. 중국에서는 氟[fú]가 되어 여기서도 弗은 대체되었다. 부정사로도 현대어에서는 거의 쓰이는 일이 없다. 阿弗利加[아프리카]도 가타카나 표기인 アフリカ가 되었고 중국에서도 非州(洲)를

18 옮긴이: 대한화학회에서는 불소(F)라는 원소명 대신 플루오린(Fluorine)을 공식명칭으로 사용하고 있으나 실생활에서는 여전히 '불소'라는 명칭이 잔존하고 있다.

사용한다. 弗의 역할은 일본에서는 費用(비용), 煮沸[펄펄 끓임], 佛具[불교용품], 佛前(불전), 佛教大(불교대) 등의 일부분에 지나지 않게 되었다.

일본인은 구미에서 건너온 $라는 외국문자(기호)를 받아들이면서 중국에서 건너온 弗로 바꾸는 것으로 충격이 완화되도록 했다. 앞서 살펴본 '온스'나 '그레인瓜[グレイン]'(G에서 유래) 등과 한자적인 점획을 사용했다는 점에서 동일하다. 단위를 나타내는 한자는 錢이 匁[セン, もんめ]으로 段이 反으로 바뀐 것처럼 자주 쓰이면서 자획이 많은 데 비해 실질적인 의미를 갖지 않는다면 간략화될 수밖에 없었다. 그것은 £, € 등 다른 여러 나라에서도 마찬가지이다. 서구에서 전해진 미터법 단위를 나타내기 위해 기상대가 고안한 糎[센티미터], 瓩[킬로그램][19]과 같은 글자들은 그러한 연장선 상에 위치하는 것으로 볼 수도 있겠다. 이 글자들도 중국, 한국 등 아시아 각지로 건너갔다.

19 이 글자는 중국어의 '킬로와트'(183쪽 참조)와 충돌한다.

현대 중국의 간체자도 영향을 준다

현대 중국의 한자도 일본의 한자에 영향을 준다. 중국어를 간체자로 배우기 시작하면 '말씀언변'은 '讠'과 같은 모양이 된다는 것을 알게 된다. 일본어를 적을 때도 경제적으로 쓰고자 이 '讠'을 자주 사용하게 된다. 즉 중국어를 배우면 일본어를 손으로 쓸 때에도 의식적으로 간체자를 도입하기도 한다. 이것은 필기의 경제성이라는 법칙을 통해 설명할 수 있다. 이 말씀언변은 내가 읽을 수 있으면 그만이라고 생각해서 도입한 것이며, 자신의 사용 한자[使用字]에 대한 의식적인 '채택'일 것이다. 한편 '你好[nǐ hǎo]'의 nǐ는 당신이라는 의미로 你라고 쓴다고 배우고 나면 그 글자를 손으로 쓸 기회가 급격하게 늘어난다. 그러다보면 일본어를 적을 때에도 가끔 名称(명칭) 등을 쓸 때 称을 称처럼 적게 되는 사람이 적지 않다.

你로 인한 변화도 삐침으로 적는 편이 실제로도 조금 더 수월하기 때문일지도 모른다. 그러다가 你만 자주 사용하게 되어 자신의 글씨체를 부지불식 간에 변화시킨다. 제2외국어 등으로 학습한 문자가 심적 사전의 의도적인 갱신과 무의식의 갱신을 일으켜 모어의 문자에 간섭하는 경우가 있는 것이다.

대만 사람들은 대체로 간체자를 싫어하는 것으로 알려져 있다. 그러나 실제로는 臺灣(대만)을 台灣이나 台湾으로 쓰는 등 중국 간체자를 여럿 사용하는 경우가 있다. 글씨를 쓰는 본인도 왜 그런지 모르지만 언제부턴가 쓰게 되었다고 한다. 이것은 손 글씨에서는 본래 공통적으로 쓰이던 것이기도 하고 다양한 교류가 자체에도 서로 영향을 미치게 된 데에 따른 것이다.

한자는 학교 교육을 통해 기초적인 부분은 다져지지만 실제로는 배우지 않았어도 저절로 몸에 익혀진 것도 적지 않다. 일본인에게 蜜*, 柑, 俺*, 淋도 그렇고, 홍콩 등 광동어권 사람들은 수많은 광동방언 전용 한자를 생활 속에서 자연스럽게 습득하고 있다.

일본제 한자의 수출

일본에서 오랜 한자사용을 통해 수많은 일본제 한자어나 한자가 만들어졌음은 앞선 장에서 서술해 온 바와 같다. 일본인의 한시문에 일본어의 영향이 나타나는 것을 말하는 단어인 倭臭[わしゅう, 왜취]에 대해서도 그것보다 온건한 표기인 和習[わ

しゅう, 화습]이 선호된다. 근대가 되자 일본에 온 유학생들과 바다를 건너간 일본어 문헌 등을 통해서 그런 일본제 한자어와 한자들이 대량으로 한자권의 다른 지역으로 흘러들어갔다. 그 중에는 예를 들면 일본제 한자 働이 포함된 勞働(노동)처럼 그대로 중국대륙, 홍콩, 대만, 한반도, 베트남 등으로 수출되어 각기 현지식 한자음으로 읽게 된 것이 등장했다. 우다가와 신사이[宇田川榛斎]가 만들어낸 腺도 마찬가지이다. 일본어 단어로 훈독하는 場合[경우]라는 단어마저도 각 나라의 한자음으로 고쳐 읽는다. 일본에서 만든 한자 込이 포함된 申込은 한자음을 유추한 '신입'으로 읽어서 한국어가 되기도 했다.[20]

1945년 이후가 되면 일본의 영향을 배제하는 방향으로 다수의 문자가 바뀌어 갔다. 勞働은 한국에서 勞動(노동), 중국에서도 劳动[láodòng]과 같이 사람인변(亻)을 떼어내서 다른 의미지만 중국 고전에 있던 어형과 같아졌다. 申込과 같은 단어도 한국에서는 국어순화운동의 대상이 되었다.[21] 그 와중에도 腺, 鱈, 달러를

20 옮긴이: 『표준국어대사전』에는 법률용어로 '특정한 내용의 계약을 체결시킬 것을 목적으로 하는 의사 표시'라고 풀이되어 있다.

21 옮긴이: 『국어순화자료 제1집』(문교부, 1977)을 비롯한 자료에는 '신청'과 '청약'으로 다듬을 것을 권장한다.

나타내는 弗 등 일본에서 만든 것으로 의식하기 어려운 단어들은 각국에 남아 있기도 하다. 한국에서는 한자표기가 한글표기로 대체되면서 어형 자체는 잔존되기도 했다.

일본에서 丼은 井 안에 무언가 집어 던졌을 때 나는 소리인 どんぶり[돈부리: 첨벙]이라고 읽었으나 그것이 전용되어 식기나 식품의 명칭이라는 독자적인 의미(국훈)를 가지게 된 것이다. 최근 중국 각지에 일본의 규동[牛丼] 가게가 진출하면서 牛丼[niúdòng]이라는 독음이 점차 확산되고 있다. 일본어 どんぶり[돈부리]를 축약한 どん[돈]이라고 독법에 이끌려서 dòng이라는 중국어음이 생긴 것이다. 중국에서 옛날에는 井[jǐng]을 丼이라고 적었으니 丼[jǐng]이라고 읽는 것도 가능하지만 그렇게 읽는 경우는 드물다. 또한 '超かっこいい'처럼 쓰이는 超(초)라는 접두어 혹은 부사적인 용법도 중국에 전해져서 젊은이들 사이에서 '超人气 [chāo rénqì]', '超棒[chāo bàng]! [棒은 멋지다는 뜻]' 등으로 쓰이게 되었다.

한국에서는 국민의 성씨 인구 통계를 면밀하게 조사하는 모양이다. 과연 성씨를 소중히 여겨 온 나라답고 또한 정보화가 진전된 사회다운 면모이다. 그러한 통계에서 辻라는 성씨 인구가 최근 한국에서 늘고 있는 것으로 나타났다. 이것은 일본의 국자 辻를 사용한 서일본에 특히 많은 성씨인데 그 글자가 포함하는

十의 한국식 한자음인 '십'으로 고쳐 한국에 이주하고서도 사용하는 사람이 있음을 보여준다.[22]

'일본식 약자'를 도입하다

자종뿐만 아니라 자체 차원에서도 이런 수출과 수입이 벌어지고 있다. 중국에서는 중화인민공화국이 성립된 후 국민의 문맹률을 낮추기 위해 한자의 자체를 간략하게 한 간체자(간화자)를 제정했다. 그 때 가령 國(제2장 참조)은 간소화해야 하는데 기존에 쓰이던 약자 国은 나라 안에 王[임금]이 있다는 듯이 보여 봉건사회에 여전히 머무른 것이 되어 좋지 않았다. 그래서 이웃 일본의 사례를 참고하니 이미 「당용한자 자체표」에 의해 國은 国이 되어 있었다. 이것이라면 王이 중앙에 있지 않게 되니 문제 없다며 国이 채택되었다는 이야기가 전해진다. 중국에서도 国은 당나라 때 사용되거나 한 흔적이 있지만 일본에서만큼 널리 유통되고 쓰이지는 않았다.

22 옮긴이: 이밖에도 汁[국물 즙]에 비춰 유추한 '즙'으로 등록한 사례도 있다.

또한 衛[지킬 위]는 제2차 세계대전이 한창이던 때에 중국 대륙에서 일본인들이 가타카나 エ(에)로 생략해 적던 것이 영향을 주어 간체자로 卫[wèi]가 채택된 것으로 여겨진다. 일반적으로 이러한 경위는 의식되지 않는 모양이다. 중국계 주민인 화교가 많은 싱가포르에서도 약자가 쓰이기도 하는데 그 중에도 일본에서 유입된 것으로 의심되는 것들이 포함되어 있었다.

일본으로부터 영향을 받은 자체는 한국에서도 확인된다. 広[넓을 광], 芸[기예 예] 등의 '일본식 약자'를 20~30대들마저 손으로 적더라는 사례가 한국 국립국어연구원(현 국립국어원)의 조사로 보고된 적이 있다. 과거 한국의 신문사 『조선일보』가 일본식이라고 생각되던 약자를 지면에 사용했을 때에 비판이 일었는데, 이것은 공적인 매체라는 점 외에도 손으로 적었을 때 받는 인상과 활자로 쓰였을 때 받는 인상 간의 차이에서 비롯된 것은 아닐까 생각된다. 이처럼 외국인들에 끼친 일본 문자의 영향은 일본인들이 간섭할 수 없는 독자적인 행보를 보이는 경우가 있다.

기호로는 일본에서 引[끌 인]에서 비롯된 것으로 일컬어지는 'ー'(장음부호)가 한국에서도 '코ー트'(테니스 등의 코트)와 같이 호텔

에서 외래어 표기에 사용하는 것을 본 적이 있다.[23] 일본의 반복 기호 '々'도 중국에서 필기를 할 때 쓰이다가 활자에까지 종종 등장하기에 이르렀다. 히라가나 の[노]도 중국과 대만에서 유행하고 있다.

일본어가 유엔 공용어가 될 수 있을지는 불투명하다. 그렇지만 일본의 문자는 다양한 형태의 교류 등을 통해 국제화 사회 속에서 개별적으로 세계로 확산된 사례가 나타나고 있는 것이다.

일본의 한자가 걸어온 길

문자의 역사를 돌이켜보면 한자도 처음에는 제정(祭政)과 관련한 일부 사람들의 전유물이었음이 알려져 있다. 따라서 갑골문보다 후대에 진시황이 통일한 전서체에서 예서체로,

23 옮긴이: 「외래어표기법통일안」(조선어학회, 1940), 「로마자의 한글화표기법」(문교부, 1958), '외래어표기법'(문교부, 1986)과 같은 한국어 어문규범에서는 이 기호를 사용하지 않는다. 그러나 광복 이전부터 신문 광고 등에 관행적으로 쓰였고 그것은 광복 이후로도 상당 기간 이어졌던 것으로 보인다. 이후 어문규범에 준거한 표기가 정착되면서 2022년 현재는 보기 어렵다.

예서체에서 초서체, 행서체, 해서체로 옮아간 것은 사용자들에게 편리한 방향으로 한자가 변화해 온 역사이다. 한편 '동문의 치[同文之治]'를 위한 문서행정을 중시하는 관료제도의 성립은 과거제를 중심으로 하는 '올바른' 한자의 고착화를 희구하는 결과를 낳았다.

문자가 없었던 고대 일본에 한자가 도입되었을 당시에 한문으로 일본어를 기록하려면 상응하는 어학 실력이 필요했는데, 이내 일본어에 이끌린 변체한문(變體漢文), 화화한문(和化漢文)이 생겨났다. 그래도 아직은 '한문'이니만큼 표현에는 문체상의 제약이 뒤따랐다. 만요가나가 성립했지만 여전히 읽기든 쓰기든 한자를 얼마나 많이 아는지가 관건이었고 또한 필기 효율이 낮다는 것이 발목을 잡고 있었다. 그리고 그것에서 진일보한 히라가나나 가타카나가 일본어의 표기에서 커다란 역할을 맡았음은 두말할 나위 없을 것이다. 그리고 앞 장까지 서술한 바와 같이 한자는 개개인의 고안과 정책에 의한 정리 등을 통한 변화를 거쳐 근대에는 국민 생활을 위한 문자로까지 역할이 확대되었다. 교육과 매체를 통해 한자는 일본 국민 대부분이 공유하는 문자가 되었다. 그렇기 때문에 문자 자체도 사람들에게 다가가게 된 것이다.

제2장에서 소개한 일본에서 만든 円의 성립으로 대표되듯

이 일본어 안에서 특정 한자가 많이 쓰이는 상황이 필기의 경제성 추구로 이어졌다. 손쉬운 자체가 만들어지고 그것이 정착되어 마침내 공인된다. 또한 한자의 기능이라는 점에서 보면 중국이나 한국처럼 한자에 음만 존재하는 언어에서는 표음과 표의를 겸해서 만든 형성자(形聲字)가 중시되었지만, 훈으로 읽음으로써 일본어 단어도 한자로 표기하려 한 일본에서는 표의성이 중시되어 왔다. 그것은 이체자를 선택하고 제작하는 것, 그리고 회의(會意) 원리를 통해 국자를 창조한 것에도 작용하는 원칙이었다. 한 단어를 한 글자로 표기하고자 하는 욕구도 그것과 표리를 이루어 글자를 창조하는 원동력이 되었다. 일찍부터 합자(合字)라는 방법으로 한 글자에 의미가 응축되었던 것도 그 때문이다. 즉 일본의 한자는 필기의 경제화와 표의성 강화라는 두 가지 큰 경향을 통해 일본인이 필요로 하는 일본의 언어를 날마다 적어 나타낼 수 있게끔 변화해 간 것이다.

일본의 한자는 어디로 가는가?

외국 사람들이 한자가 프린트된 티셔츠를 입은 것을

보면 일본인이라면 도저히 몸에 걸칠 수 없을 만한 내용들이 적혀 있는 경우가 적지 않다. 하지만 일본인이 입는 로마자가 새겨진 티셔츠도 원어민들이 보기에 얼굴을 붉힐 만한 것이거나 사건에 연루될 만한 내용인 것이 많다고 한다. 본래 일본인들은 일찍부터 서양문자[横文字]로 간판을 쓰는 것을 좋아해서 에도 시대에는 그것을 금지하는 명령이 내려지기까지 했다. 서로 읽지 못하는 문자에 알 수 없는 동경을 느끼는 까닭에 내용이나 기능성보다는 분위기만 즐기려는 의식이 엿보인다. 이른바 가타카나어[외래어]의 융성도 그 뿌리는 같지 않을까?

그러나 뜻은 몰라도 문자가 자아내는 '국제'적인 느낌만을 즐기는 것은, 한자가 본래 지녔던 단어를 나타내기 위한 표의성이 상실되어 온 것과 통하지 않을까? 한자를 고정된 것으로 파악해서 무엇이라 정해진 한자를 '정답'으로 잔뜩 외우거나 퍼즐로 만들어 즐기거나 하는 전례 없는 '한자 붐'이 도래했다고 화제가 된지 이미 오래다. 일본어에 대한 관심도 대중매체를 통해 높아졌다. 한편으로는 독서 기피와 문자 기피현상이 가속화되었다고도 한다. 한자를 문맥에서 떼어내 단 하나의 '정답'을 아는지에만 머물러 있는 것은 아닐까? 이미지에 편중된 한자의 쓰임이 그러한 세태의 종착지가 아니기를 바랄 따름이다.

또한 이바라키현에 있던 勝田市[가쓰타시] はしかべ町[하시카베초]는 최근에 'ひたちなか市[히타치나카시] はしかべ[하시카베]'로 바뀌었다. 이렇듯 언뜻 알기쉬운 표기처럼 보이는 오늘날의 지명을 통해 우리들은 과거에 그 땅에 살았고 그곳에 이름을 붙이고 의미를 부여했던 옛 사람들의 생각을 읽을 수 있을까? 아이 이름을 지을 때가 되어서야 한자를 자각적으로 다루려 하고, 결국엔 이미지만을 중시한 이름을 짓는 세태를 보면 외국인의 티셔츠를 비웃기 어렵지 않을까?

일본의 문자는 중국을 비롯한 세계 문자의 광맥 안에서, 일본인이 일본어를 표기하기 위해 적합한 형태를 찾아서, 부족한 것을 만들어서 채워 넣고, 불필요한 것을 잘라 내거나 하면서 다듬어 온 것이다. 한자의 자체도 생략하고 정리하고 한편으로는 의미도 일본어에 걸맞도록 조정하면서 갈고 닦아 온 것이다. 물론 일본어 그 자체도 계속 변화해 왔지만, 문자를 그것에 맞추고자 한 옛 사람들의 거듭된 노력이 있었기에 지금까지도 살아남아 오늘날 일본의 문장 속에서 살아 숨 쉬는 것이다. 그러한 생명력의 근원은 언어를 적절히 표기하고자 하는 한자가 지닌 의외의 유연한 대응력이다. 좋든 나쁘든 개개인, 지역, 사회라는 다양성을 창출해 온 '근원'에서 표기에 가장 적합한 것을 빨아올려 표현의 가능성을 넓혀서 고갈되지 않고 활력 있는 것으로 만들었다.

활자를 기피하고 손으로 글씨를 적는 기회가 감소하는 경향이 심화하는 가운데 한자를 통으로 달달 외우거나 퍼즐 맞추기 같은 놀이에만 치중하는 것은 한자의 특징적인 성질인 표의성마저 잊게 할 수 있다. 반사적으로 얻어진 직감적인 이미지만으로 한자를 파악하는 것의 위험성은 앞의 장들에서 언급했다시피 이름 짓기에만 머무르지 않게 되었다. 일본인들이 스스로의 문자에 대한 관찰을 포기하고 생각하는 힘을 잃는 때가 오면, 그리고 과거로부터 계속 되어 온 영위를 돌이켜보지도 않으면, 적절한 선택도 창의적인 노력도 이루어지지 않게 되어 일본의 한자는 과거의 유산이 되고 말 것이다.

마치며

일본어학은 일본의 언어를 대상으로 그것의 양상과 동태를 기술하고 변화의 원인을 탐구하는 역할을 담당하는 학문이다. 일반적인 법칙만을 추구하는 것이 아니라 생생한 상태를 파악하는 것도 목적으로 한다. 그것은 고대의 언어뿐만 아니라 현대의 언어도 대상으로 한다. 음운, 어휘, 문법이나 방언 외에 문자와 표기도 다루어져 왔다. 중국문학과에 적을 둔 학부생이었던 나는 그 중에서 현실에 존재하는 한자와 그것에 의한 표기를 정면으로 다루고 싶었다.

한자에는 미지의 사물이나 개념은 말할 것도 없지만 대단히 많은 '상식'이 존재한다. 그러나 그러한 상식들 중에는 충분한 검증을 거치지 않은 것들도 뒤섞여 있다. 그것을 확인하기 위해서는 한자가 사용되어 온 방대한 자취를 쫓는 것이 필요하다. 추적을 시작하면 상식을 뒤집는 사실들과 속속 직면할 것이다. 거기서 결론을 도출한다면 그것이 듣고 따르기 좋은 내용이라면 또 다른 상식이 되어 갈 가능성이 있다. 그러나 한자는 조사를 중단하고 이런 것이라고 단정하는 순간 다시 이상한 존재가 된다. 그리고 무언가를 조사하고 있으면 생각지 못하게 그것이 허구였음을 알리는 사례를 맞닥뜨리는 경우가 있다. 문헌에 발을 들여놓고 조사를 시작하면 한자는 삼라만상과 관련되어 있으니 조사 대상뿐만 아니라 다른 흥미로운 사건들에도 봉착하는 것이다.

한자를 과학의 대상으로 삼기 위해서는 오해를 배제하고 우선은 실제 사례를 열심히 모으는 것이 필수적이다. 언뜻 보기에 매니악해 보일 수도 있겠지만 어휘를 비롯한 어떤 실증적인 연구라도 마찬가지이다. 문자를 연구할 때에는 어휘 연구나 음운 연구 등의 성과에서 배워야 할 점이 많다. 많은 수의 한자를 그저 탐닉하거나, 그 이전에 사전 등을 올바른 것으로 절대시하고, 그것을 달달 외우는 것을 목적화하여 몰입해 버리는 것은, 어떤 의미에서는 부러운 일이기도 하지만, 자기 안에서의 완결에 머무르고 마는 것일지도 모른다.

내가 문자에 흥미를 가지게 된 계기는 한화사전에 수록된 한자가 그저 재미있었기 때문이다. 한화사전을 만난 계기는 '문어'를 鮹라고 적는다고 '하놔'사전이라는 것에 나와 있다더라는 학급 친구의 말을 들은 초등학생 시절로 거슬러 올라간다. 나는 벌

레충변(虫)을 쓰는 蛸가 아니었나 하는 생각에 형의 방에서 한화사전을 찾아서 뒤져봤더니 둘 다 실려 있었다. 그것은 1945년 이전에 태어난 아버지가 어린 시절에 즐겨 읽었다던 다가와 스이호[田河水泡]의 『문어 핫짱[蛸の八ちゃん]』이라는 만화의 복각본을 우연히 본 적이 있었기 때문에 갖게 된 의문이었다. 대수롭지도 않지만 지금 생각해 보면 현실의 문자 사용과 한화사전을 비교하는 작업의 원점이었다.

한화사전에는 아는 한자 옆에 모르는 한자도 나열되어 있었다. 뜻밖의 독음을 가진 글자, 국자라고 쓰여진 글자도 있었다. 특히 한자는 표정에 비유할 수 있는 특징적인 글자 모양을 가지고 있고 더구나 표의성과 표어성에 의해 그러한 모양에는 의미가 내포되어 있다. 그러면서도 다양한 사람들에 의해 공유되는 것이다.

처음에는 그 한화사전에 모든 한자가 수록되어 있을 것이라고 생각했지만, 형에게서 한문 참고서에 64획짜리 한자(龍 네 개나 興 네 개로 된 글자)가 소개되어 있다는 말을 듣고는 큰 서점에서 가장 큰 『대자전(大字典)』을 샀건만 龍이 세 개 겹쳐진 글자까지 밖에 실려 있지 않다. 종국에는 중학생인데도 할아버지 할머니의 지원과 어머니의 허락을 받아 그것보다 세 배가 많은 한자가 수록된 『대한화사전(大漢和辞典)』을 구입해서 통람까지 했건만 이번에는 𥅢, 𪓐, 중국요리집에서 보곤 하는 囍를 찾을 수 없었다. 『이체자 연구자료 집성(異体字研究資料集成)』도 갖추었지만 역시 찾을 수 없었다.

또한 倶楽部[클럽], 型録[카탈로그], 混凝土[콘크리트], 亞米利加[아메리카]와 같은 외래어나 외국의 고유 명사에 대한 음역, 차음 표기를 한화사전이나 국어사전에서 뽑아 본 적이 있다. 사전별로 수록여부를 살펴보았을 때 이유를 추측할 수 없는 차이가 있었고, 뜻풀이에 등장하는 글자가 표제자로는 실려 있지 않기도 하다는 것 등을 깨달았다.

항간에는 한자는 무엇이라느니 국자는 무엇이라느니 하는 추상적 논의가 무성할 때가 있었지만 한 걸음 더 나아가 개개의 글자에 대한 이야기로 들어가면 옥에 티가 드러나기 시작하여 설득력이 떨어지는 사례를 목도해 왔다. 고등학생 시절 국자라고 생각한 글자들을 여러 서적에서 뽑아 사전이나 색인처럼 부수와 획수 순으로 나열하고 출처와 용례를 기입하는 일에 몰두한 적이 있었다. 개개의 문자를 좇는 일에는 끝이 없음을 깨닫고 특색이 풍부한 국자만이라도 속속들이 알고 싶다는 마음으로 시작한 것이었지만, 역시 끝이 없음을 깨닫고 한때는 단념했었다. 그러나 대학에 들어가서 다시금 개개의 문자가 쓰여 온 실태를 알고자 실제 용례를 수집하고 또한 과거의 연구 성과를 더듬어 가게 되었다.

해당 문자에 대해서뿐만 아니라 실제로 그것을 사용해 온 사람들의 글, 그리고 사회적 환경이나 역사적 배경도 알고 싶어졌다. 이쯤 되면 모르는 것들이 폭발적으로 늘어난다. 문자는 언어를 표기하는 역할을 지니기 때문에 언어라는 것을 이해하는 데에도 도움이 된다. 언어는 문자와는 다른 차원에 존재하는 것이기는 하지만 문자가 없는 사회가 아닌 이상은 문자의 영향으로부터 완전히 독립된 상태일 수는 없다. 언어는 문자의 영향을 다양한 방면에서 받으면서 그 모습을 바꾸어 간다. 친숙한 예로는 ひとごと[히토고토: 남 일]를 たにんごと[다닌고토]라고도 이르는 추세가 있는데 'ひとごと'를 人事(인사)와 구별하기 위해서인지 他人事로 표기한 것을 사람들이 잘못 읽는 데에서 생겨난 것으로 보인다. 비슷한 뜻의 他人子[다닌코]라는 표현이 한때 있었던 것도 관련이 있을 수 있겠으나 사용시기로 보면 앞서 추정한 오독설이 맞을 듯하다.

한자와 관련한 다양한 탐색방법을 알고 구체적으로 문헌을 마주하며 조사를 거듭하며 사고를 하다보면 동아시아 사람들이 줄곧 구축해 온 입체적이고 중층적인 세계가 얼마나 깊게 펼쳐져 있는지를 깨닫게 될 것이다. 학교에는 문법을 기피하는 현상이 현저하다는데 일본어학, 중국어학, 언어학 등의 학계에는 문법 연구자가 많다. 반면 한자를 잘 외우는 '한자 박사'나 퀴즈에서 끝까지 살아남아 '한자왕'으로 불리는 사람은 많은데 한자 연구자는 극히 드물다. 이처럼 뒤틀어진 상황은 정해진 답이 있다고 인식되고 있는가 하는 점, 또한 언어나 한자에 대한 객체화와 체계화가 이루어지고 있는가 하는 점, 그리고 그것의 운용 실태와 본질을 탐구하고자 하는가 하는 점에서 생겨나는 것은 아닐까?

조사를 하더라도 어차피 완전히 알 수는 없다면 한자를 즐기면 된다고 생각하는 사람도 있을 것이고, 외우느라 고생하는 것 자체에서 기쁨을 찾아내는 사람이 있는 것도 이해가 된다. 하지만 한자를 허심탄회하게 바라보고 실제 용례를 수집하며 관찰을 지속한다면 그것을 통해 커다란 경향을 도출할 수는 있다. 하물며 개별적이고 구체적인 현상을 찾아내기에는 부족함이 없다. 천성이 게으른 필자조차도 도서관에서 압도적인 사례들을 직면해 왔다. 탐색의 목적과는 다른 부산물을 포함해, 서적은 반드시 응답해 준다. 그 밖에도 서점, 관공서, 교실, 열차 안, 기타 모든 곳에서 문자에 관한 정보를 접할 수 있다. 나는 자료를 펼칠 때마다, 무언가를 볼 때마다, 내가 얼마나 무지한지를 깨닫게 된다.

그것들을 시대나 집단, 지역, 개인, 또는 자료나 상황, 매체에 의한 차이를 염두에 두고 정리할 수 있다면 일본인이 사용한 문자의 전체적인 모습을 밝힐 수 있을 것이다. 일본의 한자가 갖는 한 가지 방향은 국자에서 찾아낼 수 있다. 국자에 관해서는 와세다 대학에 제출한 박사논문을 바탕으로 한 『국자의 위상과 전개[国字の位相と展開]』(三省堂) 등에서 서술하였다. 중국에도 실제 사용되어 온 '속자'들에 대한 연구가 장 융취안[張涌泉] 박사, 허 화전[何華珍] 박사 등에 의해 최근 급속히 진전 중이며, 일본어학 등과 같은 학문분과의 경계를 뛰어넘는 진정한 공동연구를 추진할 수 있는 기운이 무르익고 있다.

한자문화권에서는 일본의 이러한 다채로운 문자 사정을 간단하게라도 소개하면 하나같이 놀라워한다. 중국의 저장재경학원(현 저장재경대학[浙江財經大學])에서도 한국의 이화여자대학교에서도 그러했다. 일본어의 문자 학습은 상당히 힘들 것 같아 보이지만 거기에서 재미를 찾는 것이다. 사실 여러 대학에 재학 중인 일본인 학생들도 놀라워하기는 마찬가지이다. 당연하다고 생각하던 것 중에 뜻밖의 사실이 숨어 있음을 깨닫거나, 전혀 몰랐던 일들에 놀라워하는 것이다. 그것은 사회인 위주의 문화센터나 어르신들의 실버대학에서나 마찬가지였다.

본문에도 적었듯이 외국에 나갔다가 돌아와야 비로소 일본의 문자가 지닌 아름다움을 알아차리게 된다는 이야기를 자주 듣는다. 생각해 봐야 할 것들은 자신의 주변에 얼마든지 존재한다. 그러한 사실을 깨달으면 문자로 둘러싸여 문자를 사용하는 우리들의 삶은 더욱 윤택해질 것이다. 문자는 표기를 위한 단순한 수단이나 외워야 할 대상이라고 생각되기 십상이다. 문자에 대해서 생각해 볼 필요가 없는 것이 아니다. 우리가 문자에 대해 아직 생각해 보지 않았을 뿐이다. 우선 친숙한 글자들을 관찰하면 된다. 이 책이 그것을 시작하는 단초가 된다면 더 없이 행복한 일이겠다.

마지막으로 이 책을 기획할 때 큰 신세를 진 이와나미쇼텐의 마스이 하지메[増井元] 씨, 기획하고 편집하는 과정에서 줄곧 이해하고 힘써 주신 하야사카 노조미[早坂ノゾミ] 씨께 깊이 감사드린다. 이 책은 또한 다양한 것들을 많은 분들께 배운 결과이기도 하다. 그분들 모두께 감사드린다.

옮긴이의 말

이 책의 원저 『日本の漢字』는 2006년 1월에 이와나미쇼텐에서 '이와나미신서[岩波新書]'의 한 권으로 출판되었다. 일본어에서 신서[新書]라는 말은 가로 105mm, 세로 173mm의 판형을 가리키는 용어이며, 또한 이와나미쇼텐을 비롯한 일본의 여러 출판사에서 해당 판형으로 출판해 오고 있는 교양독자를 위한 전문서적 총서를 가리키는 말이기도 하다. 특히 이와나미신서는 1938년 창간 이래로 시대가 필요로 하는 교양과 지식의 공급원으로서 일본 사회를 이끌어 온 총서이다. 그러한 총서 중 한 권인 『日本の漢字』는 천년이 넘는 세월 동안 일본어를 표기하는 문자로서 구실해 온 한자라는 문자에 대한 일본인들의 통념과 인식을 뒤흔든 저작이었다.

저자 사사하라 히로유키 선생님은 이듬해인 2007년 3월에 전문연구서인 『国字の位相と展開[국자의 위상과 전개]』를 통해 일본 국자에 대한 체계적 규명을 제시하여 학계에 큰 반향을 일으켰

다. 그것은 언어와 문화에 대한 뛰어난 연구 업적에게 수여되는 긴다이치상[金田一賞]을 수상하는 영예로 이어졌다. 그 책에서는 그보다 1년 앞서 출판된 『일본의 한자』에서 언급된 사항들에 대해 보다 상세한 고찰을 찾아 볼 수 있다.

문화와 관념은 언어를 통해 영위되고 또한 언어에 투영되며 그것은 다시 문자 표기에까지 미친다. 이 책에서는 한자를 비롯한 일본어의 문자에 대한 탐색과 고찰을 통해 일본인들의 관념과 문화를 들여다 볼 수 있게 한다. 그것은 동아시아 문명의 구성원으로서 일본과 이웃한 한국 독자들에게도 흥미롭고 유익한 것들이라 할 수 있다. 옮긴이인 나는 일본인이 만든 근대 이전의 한자 사전들을 통해 일본인들이 동아시아 문명의 맥락 위에서 영위해 온 지적 활동의 흔적을 좇는 연구를 해 왔다. 이 책은 그러한 나의 관심사와 부합하는 동시에 경성대학교 인문한국플러스 사업단의 아젠다인 '한자와 동아시아 문명연구'과도 들어맞는 내용이라 할 수 있다.

이 책에서는 일본어를 표기하는 문자로서 일본인들에게는 너무도 당연한 것으로 치부되던 것들을 독자들이 다시금 돌아보게 하는 계기를 제공한다. 또한 여러 시대와 지역, 그리고 분야를 넘나들며 저자가 수행해 온 실증적인 연구를 바탕으로 한자의 다채로운 쓰임새와 그것에 투영된 사람들의 언어관과 세계관에 대해 생각하게 한다. 그리고 이 책 곳곳에 단편적으로나마 언급된 내용을 통해 마치 구도자와 같은 절실함과 끈질김으로 연구와 조사에 임하는 저자의 모습을 그려볼 수 있었다. 참으로 존경과 부러움을 느끼지 않을 수 없다.

'알고 있다는 착각'은 지적 탐구를 위한 호기심을 가로막고 인간의 삶을 따분하고 뻔한 것 투성이로 전락시키는 독이라는 생각을 자주 한다. 이 책의 원저는 일본의 문자와 표기에 대해 '알고 있다는 착각'을 일본 독자들의 뇌리에서 걷어내고 그 너머에 펼쳐진 새로운 지평을 내다보게끔 이끌었다는 점에서 큰 의의가 있다 할 수 있다. 옮긴이로서 바라건대, 한국의 독자들에게는 이 책이 일본의 문자와 표기, 나아가서는 일본인과 일본이라는 사회에 대한 '알고 있다는 착각'을 불식시키고 그 너머에 있는 다양한 지평을 내다보는 계기가 되었으면 한다.

상정된 독자층과 총서의 특성상 원저에는 각주가 드물다. 일본의 교양독자들의 상식을 기반으로 간결하고 명료한 서술이 이루어졌다. 그러나 이러한 특성은 원저를 한국어로 옮기는 과정에서 큰 고민거리로 작용할 수밖에 없었다. 고민 끝에 일본과 일본어에 대한 지식이 없는 독자들도 읽기 수월하게끔 곳곳에 옮긴이의 부연설명을 달 수밖에 없었다. 결과적으로 원저의 간결함과 명석함은 퇴색될 수밖에 없었다는 아쉬움이 남는다. 혹여 이 책에서 독자들이 명쾌하게 이해하기 어려운 서술이 있다면 그것은 응당 옮긴이의 잘못이다.

본문 곳곳에는 유니코드에 등재되어 있지 않거나 하여 입력과 구현이 쉽지 않은 글자들이 다수 포함되어 있다. 다행스럽게도 한자의 꼴을 손쉽게 만들어서 위키 형식으로 공유하는 '글리프위키(glyphwiki.org)'를 통해 상당 부분을 해결할 수 있었다. 필요로 하는 글자가 이미 만들어져 있기도 했고, 더러는 직접 글리프(자형)를 생성해서 사용하기도 했다. 집단지성의 힘을 새삼 실감할 수 있었다. 해당 위키를 운영하는 가미치 고이치(上地宏一) 선생님과 그곳에서 활동하는 제현들께 감사를 전한다.

이 책의 번역을 흔쾌히 승락해 주신 저자 사사하라 히로유키 선생님께 정중히 감사의 인사를 올린다. 선생님께서 지난 2022년 봄에 한국어판 서문까지 친히 적어 보내 주시며 마음 써 주셨음에도, 옮긴이의 부족함으로 인해 1년 가까이 출판이 지체되는 누를 끼쳐 그저 부끄럽고 죄송할 따름이다.

경성대학교 한국한자연구소에 재직하면서 이 책을 번역총서의 대상 서목으로 올리고 실무를 진행하는 과정에서 함께 재직하였던 여러 동료 선생님들의 도움을 크게 받았다. 특히 양영매 선생님, 이지영 선생님, 전국조 선생님은 지적 대화와 교유를 통해 나를 가르치고 북돋워 주신 고마운 분들이었다. 친애하는 그 분들이 아니었더라면 나의 부족한 역량만으로 이 일을 일으키기도 마치기도 어려웠을 것이다. 마지막으로 이 책이 세상에 나올 수 있도록 제반 실무를 살펴주신 이태곤 이사님을 비롯한 도서출판 역락의 관계자 여러분께도 감사의 말씀 올린다.

癸卯年 元夕 譯者 申雄哲 謹識

지은이

사사하라 히로유키(笹原宏之, Sasahara Hiroyuki)

1965년 도쿄에서 태어난 일본어의 언어 및 문자 연구자이며 특히 일본 국자 연구의 일인자이다.

학부시절에는 와세다대학에서 중국문학을 공부하였고(1988), 이후 일본어학으로 전공을 바꿔 같은 대학 대학원에서 문학석사(1990)와 문학박사(2005)를 취득하였다. 박사학위 논문을 바탕으로 출판된 저서 『国字の位相と展開』(2007)는 같은 해 金田一京助博士記念賞(2007)를 수상하는 등 높이 평가되었다. 이후 그의 일본 국자 연구에 대한 일련의 업적이 높이 평가되어 白川静記念東洋文字文化賞(2017)을 수상하였다.

분카[文化]여자대학 전임강사(1993~1996), 국립국어연구소 연구원 및 주임연구관(1996~2005)을 거쳐 현재 와세다대학 교수(2005~)로 재직중이다. 일본 정부의 한자 관련 시책에 직접 참여하여 경제산업성에서 JIS 한자 및 범용전자정보(1995~2013), 법무성 법제심의회에서 인명용 한자 및 호적통일문자(2004~), 문화청 문화심의회 국어분과회에서 상용한자(2007~2016) 등의 책정에 각각 관여해 왔다.

저서

『漢字系文字の世界』(花鳥社, 2022년, 공저), 『漢字ハカセ, 研究者になる』(岩波ジュニア新書, 岩波書店, 2022년), 『日本語ライブラリー：漢字』(朝倉書店, 2017년, 공저), 『謎の漢字: 由来と変遷を調べてみれば』(中央公論新社, 2017년), 『日本人と漢字』(集英社インターナショナル, 2015년), 『漢字の歴史: 古くて新しい文字の話』(筑摩書房, 2014년), 『漢字に託した「日本の心」』(NHK出版, 2014년), 『方言漢字』(角川学芸出版, 2013년), 『漢字の現在：リアルな文字生活と日本語』(三省堂, 2011년), 『訓読みのはなし: 漢字文化圏の中の日本語』(光文社, 2008년), 『図解日本の文字』(三省堂, 2011년, 공저), 『当て字·当て読み漢字表現辞典』(三省堂, 2010년), 『国字の位相と展開』(三省堂, 2007년), 『日本の漢字』(岩波書店, 2006년)

옮긴이

신웅철(申雄哲)

1983년 서울에서 태어난 일본어학(사전, 어휘) 연구자이다.
숭실대학교 일어일본학과를 졸업하고(2009), 홋카이도대학 문학연구과에서 일본의 12세기 한자사전인 図書寮本『類聚名義抄』에 대한 연구로 문학박사 학위를 취득하였고(2015), 교토대학 문학연구과 외국인특별연구원(2015~2017), 경성대학교 한국한자연구소 HK연구교수(2018~2022)를 거쳐 현재 단국대학교 한문교육연구소 연구교수(2022~)로 재직중이다. 동아시아 사람들이 고전을 향유한 방식과 사전의 편찬 및 이용에 관심을 가져왔으며, 앞서 살다간 이들이 남긴 문헌에 애정을 갖고 그것을 통한 언어 연구를 지향하는 philologist(愛文者)이다.

저서

『디지털 인문학과 사전』(용인: 단국대학교출판부, 2022년), 『日本語文字論の挑戦：表記·文字·文献を考えるための17章』(東京: 勉誠出版, 2021년, 공저), 『일본 백씨문집 훈점본의 해독과 번역: 국립중앙도서관 소장 『백씨문집』권3·4 <신악부>를 대상으로』(서울: 박문사, 2020년, 공저), 『일본 중용장구 훈점본의 해독과 번역: 동경대학 국어연구실 소장 『중용장구』를 대상으로』(서울: 박문사, 2020년, 공저), 『일본 논어 훈점본의 해독과 번역 : 일본 동양문고 소장 『논어집해』를 대상으로 上·下』(서울: 숭실대학교 출판국, 2014~2015년, 공저).

경성대학교 한국한자연구소 번역총서 2

일본의 한자

(원제 日本の漢字)

초판1쇄 인쇄 2023년 2월 15일
초판1쇄 발행 2023년 2월 27일

지은이 사사하라 히로유키(笹原宏之, Sasahara Hiroyuki)
옮긴이 신웅철(申雄哲)
펴낸이 이대현
편집 이태곤 권분옥 임애정 강윤경
디자인 안혜진 최선주 이경진
마케팅 박태훈

펴낸곳 도서출판 역락
출판등록 1999년 4월 19일 제303-2002-000014호
주소 서울시 서초구 동광로 46길 6-6 문창빌딩 2층 (우06589)
전화 02-3409-2060
팩스 02-3409-2059
홈페이지 www.youkrackbooks.com
이메일 youkrack@hanmail.net

ISBN 979-11-6742-438-9 94730
979-11-6742-333-7 94080(세트)

정가는 뒤표지에 있습니다.

이 저서는 2018년 대한민국 교육부와 한국연구재단의 지원을 받아 수행된 연구임
(NRF-2018S1A6A3A02043693)